KB003245

기업 사회공헌,
문화재와의 만남

기업 사회공헌, 문화재와의 만남

문화재 사회공헌의 이해

장 영 기 지음

도서출판 역사문화

기업 사회공헌, 문화재와의 만남

출 간 일 2017년 12월 21일
초판 1쇄 발행

지 은 이 장영기
펴 낸 이 김경현
펴 낸 곳 도서출판 역사문화
02708
서울시 성북구 솔샘로7길 19 태웅빌라 303호

등록번호 제 6-297호
전 화 02) 942-9717
팩 스 02) 942-9716
홈페이지 http://www.ihc21.com
E-mail ihc21book@hanmail.net

ISBN 979-11-86969-37-3 (03300)

값 19,000원

들어가는 글

기업 사회공헌이 활발하다. 우리나라 기업의 사회공헌 규모는 연간 3조원 가량이며, 지출 비율(매출액과 세전이익 대비)은 가까운 일본과 비교해 1.7배나 높다. 수치를 언급하지 않더라도, 언론을 통해 기업의 사회공헌 활동 모습 또한 자주 접할 수 있다. 기업의 사회공헌 활동은 현금·현물 기부와 기술지원, 직원들의 재능기부와 봉사활동, 전문기관과의 공익 프로그램 개발 등 다양한 형태로 진행되고 있다. 하지만 기업의 사회공헌을 바라보는 시선은 대체로 부정적이거나 크게 관심을 두지 않는 경우가 많다. 기업의 영리적 성격 탓에 사회공헌을 기업 홍보와 마케팅, 때로는 도덕적 면책을 위한 준조세쯤으로 여기기 때문이다. 그러나 기업 사회공헌을 통해 사회복지, 교육, 문화예술 등 여러 분야에서 이루어낸 성과를 평가절하하기에는 그 역할과 기여가 상당하다. 기업 사회공헌의 참여와 기여가 사회의 건강한 성장에 일조하는 만큼 긍정적인 부분과 성과는 활성화시키고 서로 협력하고 지원하는 공동체 문화로 발전시키는 것이 중요할 것이다.

기업의 사회공헌이 활발한 가운데 문화재 분야 사회공헌도 성장하고 있다. 참여 기업 수와 후원규모가 증가하는 추세다. 그러나 문화재 사회공헌 후원 규모는 전체 사회공헌은 물론 문화예술 후원 규모와 비교하더라도 미미한 수준이다. 한편 기업에게 문화재 분야는 문화재가 주는 이미지 때문에 낯설고 접근이 어려운 대상으로 여겨진다. 하지만 전통문화와 문화재에 대한 사회적 관심이 높아지면서 새로운 사회공헌 분야를 개척하고 차별화된 사회공헌을 기획하고자 문화재 분야에 문을 두드리는 기업들이 많아지고 있다. 그래서 새롭게 문화재 사회공헌을 준비하는 기업 담당자들은 문화재 사회공헌이 다른 사회공헌 분야와 어떻게 다른지, 무엇을 어떻게 기획하며 실행해야 하는지 등 많은 질문을 던지곤 한다.

'새로운 사회공헌 사업을 문화재 분야에서 찾는데, 어떠한 활동이 있나요?'
'문화재 보호를 위해 자원봉사를 하고 싶은데 어디에서 가능할까요?'
'기부를 하고 싶은데 문화재 보호에 도움이 될 만한 곳이 있을까요?'
'기업 활동과 연결되고 차별화된 문화재 사회공헌 사업이 있을까요?'

이러한 문화재 사회공헌의 관심과 질문에 답하기 위한 것이 이 책을 출간하는 계기가 되었다. 언론과 각종 자료를 통해서 문화재 사회공헌의 성과와 사례가 소개되고 있지만 지면과 매체의 특성상 요약 또는 부분적인 내용이 주로 언급되기 때문에 좀 더 자세한 내용을 전달하는 것이 필요하다고 생각했다.

그래서 문화재 사회공헌의 활동 영역을 유형별로 구분하고 각 유형별로 어떠한 기업 참여와 후원이 있는지 정리해 보았다. 유형별 활동 사례가 문화재 사회공헌을 이해하는 기초적인 현황자료라면 기업마다의 세부적인 운영방식을 이해하기 위해 기업별 사례도 추가하였다. 11개의 기업 사례는 2부에서 확인할 수 있으며 단순히 상세한 설명을 부가한 것이 아니라 기업(사회공헌) - 문화재(보호)와의 연관성 및 성과, 의미를 종합적으로 설명하고자 했다. 이러한 배경에서 기업 일반 현황과 함께 기업의 전체 사회공헌을 소개하고 기업(사회공헌)과 문화재와의 연결고리를 찾아서 문화재 보호에 참여하게 된 배경과 계기, 과정, 성과, 의미 등을 기업 중심으로 엮어보았다.

'Love actually is all around (사랑은 어디에나 있다)'
'Cultural Heritage love actually is all around (문화재 사랑은 어디에나 있다)'

기업별 소개는 재능기부·봉사, 보수정비·복구, 시설, 안전, 홍보 등 분야별로 대표되는 11개의 사례로 구성했으며, 참고로 기업별로 11가지 유형 사례를 제시했지만 기업의 여러 활동 중에서 특화된 사례를 선정한 것이다. 11개의 사례는 개인적으로 영화 '러브 액츄얼리'에서 영감을 얻었다. '러브 액츄얼리'는 11가지의 다양한 사랑 이야기를 전하면서 '사랑은 어디에나 있다'라는 메시지를 전하고 있다. 영화처럼 11가지 문화재 사회공헌 사례를 통해 기업의 다양한 문화재 보호 활동을 소개하면서 낯설고 생소할 수 있는 기업의 문화재 사랑 실천이 곳곳에서 진행되고 있음을 알리고 싶었다. 다만 역량과 지면의 한계로 더 많은 기업 사례를 모두 담아내지 못하고, 추후 또 다른 기회를 통해 못다한 기업 소개를 추가하고자 한다.

문화재 사회공헌의 현황과 사례 소개도 중요하지만, 실질적인 문화재 사회공헌의 프로그램 기획과 접근방법을 설명하는 것도 필요하다고 생각했다. 3부의 '문화재 사회공헌의 특징과 성공 전략' 부문은 그 동안 진행해왔던 사례와 성과를 바탕으로 종합적인 문화재 사회공헌의 특징과 성과를 분석해 보고 효과적인 사회공헌 프로그램 기획이 가능하도록 전략적 기획요소, 실행방안, 접근방법 등을 정리해 보았다.

'우리가 후원하는 문화재가 그렇게 중요하고 의미가 있는지 몰랐네요'
'설명을 들은 문화재는 학교 다닐 때, 국사 시간에 배웠던 기억이 납니다.'
'흑돼지, TV, 태극기도 문화재라구요?'

한편 기업(담당자)과 문화재 사회공헌 관련 업무를 협의하다 보면 처음에는 일 중심의 사회공헌 운영과 성과 등에 대해 주로 이야기하지만 문화재 관련 이야기도 자주 나누게 된다. 기업(담당자)들은 딱딱하고 부담되는 업무 얘기보다 문화재 이야기를 더 흥미롭게 여기면서 예전 학창시절에 배웠던 기억이 떠오른다며 반가워하거나 역사과목이 어렵고 힘들었다는 고충을 고백하기도 한다. 그리고 천연기념물, 등록문화재 등 다양한 문화재의 종류에 대한 이야기를 하면 "천연기념물이요? 동물, 식물도 문화재에 속하나요?", "세탁기, TV, 태극기도 문화재라구요?"라며 호기심을 보이기도 한다. 이러한 경험은 의미 있게 사회공헌을 진행하려면 문화재의 이해가 선행되어야 한다는 생각을 갖게 했다.

문화재 사회공헌은 ‘문화재를 다루는 사회공헌’이며, ‘문화재를 위한 사회공헌’이기에 문화재가 그 중심에 있다. 오히려 문화재가 중심이 되어야 한다는 표현이 더 적당할 것이다. 문화재의 이해는 기업(담당자)에게 지식과 소양의 차원을 넘어서 문화재 사회공헌의 깊이 있는 참여와 기획에도 도움을 줄 것이다. 결국 문화재 사회공헌의 출발점은 문화재의 이해부터 시작해야 한다. 그래서 이 책에서도 문화재 소개를 첫 부분에 담았다. 문화재의 소개는 개념과 종류, 선정 기준 등 기본적인 내용과 함께 문화재를 둘러싼 인식, 관리체계, 보호 주체 등의 변화를 설명하면서 문화재 보호의 지향점을 공유하고자 했다. 그리고 문화재를 소개하는 1부에서 문화재 사회공헌의 현황을 정리하고 사회공헌의 기본적인 이해를 돕고자 사회공헌의 개념과 함께 문화예술 분야를 포함한 전체 사회공헌의 현황을 함께 소개하였다.

집필 목적에 따라 설명하다보니 책의 구성이 혼동될 수 있지만 정리하자면 크게 문화재, 사회공헌, 문화재 사회공헌의 기업 사례와 특징 그리고 전략적 기획과 실행으로 구성하였다. 문화재에 대한 이해에서 출발하도록 꾸몄지만 현황, 사례, 기획 등 필요한 부분을 선택해서 읽어도 무방하다.

문화재 사회공헌을 소개하는 이면에는 더 많은 기업이 문화재 보호에 참여하기를 바라는 희망을 담고 있다. 부족하지만 이 책을 통해 문화재 사회공헌이 활성화되는데 기여하기 바란다. 그렇다고 무조건 양적 확대와 성과만을 기대하는 건 아니다. 성공적인 결과도 중요하지만 문화재와 문화재 보호를 바라보는 인식과 태도의 변화도 중요하다. 기업이 문화재의 생산·향유·보호의 주체라고 인식하며 문화재 보호에 참여하는 NGO·공공기관·학교 등 여러 주체와의 소통과 협력에서 중심을 잡을 때 진정한 의미에서 지속가능한 문화재 사회공헌의 발전과 성공이 가능하고 건강한 공동체문화를 형성할 수 있기 때문이다.

이 책은 기업, 정부, 공공기관, NGO 등이 문화재 보호를 위해 가는 여정에서 얻은 노력과 성과를 정리한 내용이다. 그들의 노고와 성과에 누가되지 않기를 바라며, 혹시 부족하거나 잘못된 부분이 있다면 필자의 역량이 미흡해서 생긴 오류이므로 추후 수정하여 보완하겠다. 아울러 문화재 사회공헌을 위해 애써 준 기업, NGO단체, 전문기관 등의 관계자와 함께 도움을 준 문화재청 직원들에게 이 자리를 통해 고마움을 표하고 싶다. 그리고 대학시절부터 역사문화와 문화재의 소중함을 일깨워주신 지두환 교수님, 항상 따뜻한 격려와 함께 사람과 문화를 존중하고 배려하는 것이 삶의 중요한 가치라고 알려주신 김종규 이사장님, 문화재를 깊이 있게 바라보도록 영감을 주고 늘 조언을 아끼지 않는 장호수 교수님, 원고 작성과 검토에 함께 고민하고 조언해준 정민용 대표님과 임경희 선생님, 그리고 일일이 적지 못하지만 원고 검토와 사진 제공에 도움주신 분들에게도 고마움을 표하고 싶다. 끝으로 항상 응원하고 이해해주시는 양가 부모님, 삶의 희망을 함께 일궈가는 아내와 딸아이에게도 깊은 고마움을 전하고 싶다.

둔천재(屯泉齋)에서

CONTENTS

들어가는 글

제1부 문화재와 기업 사회공헌

■ 문화재 보호와 시민참여

1. 문화재의 가치와 구분 _ 12
문화재는 무엇인가 / 문화재 선정 기준 / 문화재의 분류 / 지정문화재의 유형과 종류 / 등록문화재 이야기

2. 문화재 보호의 지향점 _ 37
과거와 현재를 넘어 미래로 / 문화재를 둘러싼 문화환경 조성 / 함께 지켜가는 문화공동체

3. 문화재 보호의 참여와 활동 유형 _ 48
문화재 보호 시민참여 현황 / 활동 대상별 참여 유형 / 참가 주체별 참여 유형

■ 기업 사회공헌과 문화재 보호

1. 사회공헌과 문화재 사회공헌 현황 _ 60
사회공헌의 개념과 현황 / 문화예술 분야 사회공헌 / 문화재 분야 사회공헌

2. 문화재 사회공헌의 운영 _ 87
문화재 사회공헌의 활동 유형 / 문화재 사회공헌의 파트너십(정부 · 비영리)

제2부 문화재 사회공헌 기업 사례

■ 봉사 · 재능기부

한화호텔&리조트 행복한 에너지를 나누기 위해 왕릉으로 간다 _ 134
신한은행 문화재 보호를 위한 가장 빠른 길, 동행 _ 148

■ 무형문화재 보호

한독 무형문화재의 건강을 돌보며 전통문화를 가꾼다 _ 166

■ 천연기념물 보호

하림 춥고 배고픈 천연기념물 독수리를 보호한다 _ 180
에쓰-오일 자연환경, 천연기념물 보호로 새로운 길을 찾다 _ 190

제2부

- 시설관리
  | 신세계조선호텔 | 최고의 호텔서비스를 넘어 문화재관리의 서비스 달인을 꿈꾸다 _ 208
- 안전관리
  | 삼성생명 · 에스원 | 목조문화재를 향한 흰개미의 습격 그리고 탐지견의 반격 _ 222
- 환수 및 유물구입
  | 라이엇 게임즈 | 게임을 사랑하듯 문화재를 사랑하다 _ 240
- 전시 및 공연
  | LG생활건강 | 문화재의 아름다움을 찾아가는 여정 _ 262
- 홍보 및 캠페인
  | LG전자 | 제품과 기술을 활용해 문화재를 알린다 _ 278
  | 스타벅스커피 코리아 | 문화재의 향기를 전하다 _ 294

제3부

문화재 사회공헌의 특징과 성공 전략

- 문화재 사회공헌의 특징과 성과
  1. 문화재 사회공헌의 특징 _ 310
  2. 문화재 사회공헌의 성과, 기여 _ 316
- 문화재 사회공헌의 성공 전략과 실행
  1. 전략적 기획의 특성 _ 323
     차별성 / 지속성 / 확장성 / 화제 연계성 / 파트너십
  2. 전략적 기획과 실행 _ 329
     사례조사 / 문화재 이슈 대응 / 기획요소와 실행방안 / 파트너 기관 선정
  3. 또 다른 전략적 접근 _ 339
     기업이 만든 문화재도 보호하자
     / 사회공헌 방법에 차이는 없다. 현금 · 현물 기부도 중요하다
     / 문화재마케팅, 문화재를 중심에 둔 문화마케팅이어야 한다

부록. 참고자료, 사진출처

제1부

문화재와 기업 사회공헌

기업 사회공헌, 문화재와의 만남

문화재 보호와 시민참여

1. 문화재의 가치와 구분

● 문화재는 무엇인가?

문화재, 우리에게 너무나 익숙한 말이지만 문화재가 무엇인지 물어본다면 대답하기 쉽지 않다. 마치 공기처럼 우리에게 소중한 것임에 틀림없지만 딱히 무어라 말하기 어려운 그 무엇이기도 하다. 하지만 사람들은 머뭇거리면서도 문화재에 대한 생각을 말한다.

잘 알려진 몇 가지 문화재를 설명하면서 자랑스러운 역사문화를 이야기하거나 '선조들이 남겨준 소중한 유물', '보존해야할 가치가 있는 유물' 등 이라고 말한다. 그리고 항상 뒤따라오는 수식어처럼 '잘 가꾸고 지켜서 후대에 물려주어야 한다'는 점을 강조하고 있다. 문화재의 소중함과 함께 보존의 필요성을 중요하게 생각하는 것이다.

소중한 문화재를 잘 가꾸고 지켜가려면 우선 문화재에 대한 이해가 필요하다. 문화재 사회공헌 역시 문화재에 대한 관심과 이해에서 출발할 때 의미 있는 사회공헌의 성과를 얻을 수 있을 것이다. 그래서 문화재가 무엇인지에 대한 기본적인 내용부터 시작하겠다.

문화재, 과거와 현재를 넘어 미래를 담아내는 문화DNA

세상에는 다양한 생명체가 살아가고 있다. 생김새도 다르고 습성도 제각각이다. 자연생태 관련 TV다큐멘터리를 볼 때마다 흥미롭고 놀랍기도 하며 신비롭기도 하다. 어떻게 저런 생김새를 가졌는지? 어떻게 저런 습성을 가졌는지? 여러 궁금증과 호기심이 생기며 기후·지형 등 다양한 자연환경 조건에 적응하면서 살아가는 모습이 놀랍고 신비로운 생태계에 감탄하게 된다.

동식물의 생김새와 습성 등을 결정하는 중요한 요소가 유전자이며 유전자의 본체를 구성하는 것은 DNA이다. 이중나선의 구조로 된 DNA는 생물체 고유의 형질과 특징을 담아내며 복제를 통해 후손에게 전달되는데, 생명체의 모든 정보가 담겨져 있어서 생명체의 구성과 작용원리 등을 이해할 수 있으며 유전자의 변화와 함께 질병의 원인 등도 알 수 있다고 한다.

DNA가 생명체의 모든 정보를 담아내고 그 형질과 특징을 이해하는데 중요한 요소인 것처럼, 인류 문화의 중요한 정보와 특징을 보여주는 기능을 '문화재'가 갖고 있다. 그래서 문화재를 인류문화의 DNA로 비유하기

도 한다. 예를 들어 도자기를 살펴보자. 생활용·의례용·관상용 등 도자기의 제작용도와 기능에 따라 각 시대의 삶의 방식과 가치관이 어떠했는지?를 알 수 있고 도자기에 그려진 그림과 조각 등을 통해 당대의 예술성과 미적 감각을 이해할 수도 있다. 또한 토기, 청자, 분청사기, 백자 등 다양한 형태와 제작기법은 재료와 지역 환경과의 관계, 기술적인 변화 등 문화양식의 특징과 흐름을 이해하도록 도와준다.

이처럼 문화재는 인류가 걸어온 삶의 흔적과 기억을 담아내어 과거에 우리가 경험했던 생활 · 생각 · 예능 · 기술 등 다양한 정보를 제공하고 삶의 방식과 역사 · 전통문화를 이해하는데 도움을 준다. 또한 우리 삶의 터전, 즉 자연환경 역시 중요한 문화적 요소로 인식하여 문화재의 한 분야로 포함시키고 있다. 그래서 '문화재'는 '사람과 자연이 어우러져 만들어낸 전통문화의 산물이며 역사적 증거로서 가치가 있는 것'이라고 설명하고 있다.

문화재가 옛 전통과 역사문화를 이해하는 매개체 역할을 한다면 우리에게 문화재는 어떠한 의미를 가질까? 달리 표현해서 문화재가 과거를 이해하는 것 이외에 어떤 기능을 하는지? 궁금할 수 있다.

먼저 문화재가 전달하는 과거의 이력은 현재 우리 삶의 본질을 바라보게 만들어 자신과 자신이 속한 사회의 특징·성향 등을 이해하게 하며, 현재의 생활·관습·규범 등을 이해할 수 있도록 단초를 제공한다. 또한 본받을만한 선조들의 삶과 정신은 현재에 교훈과 가치관 등에 영향을 주어 미래의 비전과 목표를 제시해주기도 한다. 때로는 과거의 경험과 교훈이 현재에 직면한 문제를 해결하는데 도움을 주기도 한다.

이외에도 문화재는 교육 목적의 수단으로서 활용되거나 문화향유의 대상이 되기도 한다. 또한 디자인·공예·회화·영화·드라마 등의 예술과 콘텐츠 분야에 문화적 요소나 스토리텔링 등을 제공함으로서 새로운 문화 창작의 기반이 되며, 콘텐츠산업·관광·문화상품 분야에 활용되어 새로운 경제적 가치를 생산하기도 한다.

이렇듯 문화재는 과거와 현재를 이해하는 매개체이며, 과거–현재–미래를 서로 연결하면서 미래적 가치를 확장시키는 역사적 실체이자 우리의 삶을 풍요롭게 만드는 문화자산이라고 말할 수 있다.

문화재, 문화유산, 문화자원, 문화자산...

문화재는 문화유산, 문화자원, 문화자산 등 다양한 용어로 표현되기도 한다. 왜 다르게 사용되는지? 그 차이가 무엇인지? 궁금할 수도 있고 비슷한 듯 다른 용어 때문에 혼란스럽기까지 하다. 그럼, 문화재 용어부터 각각의 뜻과 차이점을 알아보자

우선 가장 일반적인 용어가 '문화재(文化財; Cultural property)'이다. 문화재는 문화재의 기본 법률체계를 보여주는 '문화재보호법', 문화재행정을 총괄하는 정부기관 '문화재청' 등의 명칭에서도 알 수 있듯이 '문화재'라는 용어가 공식적으로 사용되고 있다. 문화재가 갖는 단어의 의미를 보면, '문화(文化)'의 산물이며 그 증거로서 '가치[재(財)]있는 대상'을 뜻한다. 그래서 '문화(文化)'와 '재(財)'를 합성하여 '문화재(文化財)'라고 표현한 것이다.

문화재 이외에 '문화유산(文化遺産; Cultural heritage)'이라는 용어도 자주 사용하고 있다. 문화유산은 가치 있는 문화 산물을 뜻하는 문화재와 동일한 의미를 가지면서도 문화재를 소중히 잘 가꾸고 지켜 후대에 온전히 물려줘야한다는 '유산(Heritage)'적 의미가 강조된 표현이다. 유네스코의 세계유산(World Heritage), 인류무형문화유산(Intangible Cultural Heritage) 등의 용어가 자주 언급되면서 점점 대중적으로 익숙해진 용어이기도 하다. 물론 '문화재'라는 용어적 표현도 가치 있는 문화 산물을 뜻하기 때문에 잘 보존해서 후대에 전달해야한다는 계승과 유산적 의미, 책임을 담고 있다. 하지만 '문화유산' 용어가 '유산(遺産)'이라는 단어를 통해 문화 산물의 계승과 그

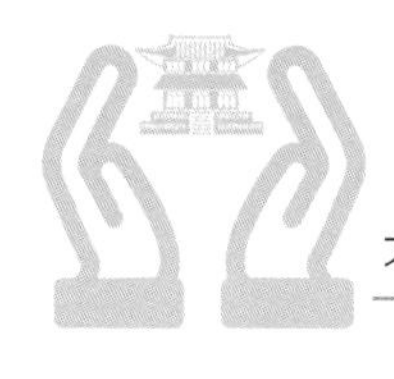

책임을 좀 더 직접적으로 표현하고 강조한 용어라고 볼 수 있다.

문화재, 문화유산 이외에 문화자원, 문화자산 등의 용어도 있다. 생활 속에서 가치 있게 사용될 만한 대상(물)을 '자원(資源)'이라고 하며, 재산과 유사한 표현으로 유무형의 가치 있는 대상(물)을 '자산(資産)'이라고 한다. 자원과 자산의 용어가 문화와 결합된 '문화자원', '문화자산'은 문화의 가치 효용성을 인식하면서 문화를 통해 우리의 삶을 풍요롭게 만드는 유무형의 가치 있는 대상(물)을 말하며, 관광·국토개발·문화콘텐츠·문화산업 등과 함께 문화재를 여러 문화자원과 문화자산 중 하나로 인식하고 있다. 다시 말해 문화재를 경제적·사회적 가치물로 이해하면서 '문화자원'·'문화자산'의 용어를 사용하는 것이다.

국가별 문화재 관련 용어

- 문화재(文化財) : 한국, 일본 / 문물(文物) : 중국
- 문화자산(文化資産) : 대만 / 문화유산(文化遺産) : 북한
- 문화자원(Cultural Resource) : 미국 / 국가유산(National Heritage) : 영국
- 세계유산(World Heritage) : 유네스코(문화유산, 자연유산, 복합유산)

  * 세계유산은 유적 · 건축물 등 부동산 형태의 문화유산(Cultural Heritage)과 생물학적 군락지, 멸종위기의 동식물 서식지, 지질학적 생성물 등을 자연유산(Natural Heritage)으로 구분하고 문화유산과 자연유산의 가치를 함께 갖추면 복합유산(Mixed Heritage)이라고 한다.

그런데, 왜? 문화재, 문화유산, 문화자원, 문화자산 등 다양한 용어를 사용할까? 그 배경에는 문화재가 사회적으로 점점 더 중요해지고 다양한 가치를 만들어내는 대상으로 인식되어 나타난 현상이라고 볼 수 있다. 문화재는 과거의 소중한 전통문화와 역사로만 평가받고 보호돼야할 대상만이 아니라, 풍요로운 문화생활의 확장과 새로운 문화 창조의 바탕이 되는 핵심적 문화요소로서 인식되기 때문에 사회·경제적 가치, 잠재적 가

치, 미래적인 가치 등이 더해지게 되었다. 그래서 문화재를 후대에 물려주어야 할 문화적 '유산(遺産)', 풍요로운 문화를 만드는 '자원(資源)'과 '자산(資産)'으로 보고 다양한 가치를 담아내기 위한 노력과 과정, 고민과 희망이 여러 가지 용어로 나타난다고 할 수 있다.

● 문화재의 선정 기준, 역사성 · 예술성 · 학술성 · 경관성 가치를 가져야 한다.

문화재는 문화의 산물로서 가치 있는 대상을 뜻한다면, 과연 어떠한 가치를 기준에 두고 어떤 것은 문화재가 되고 어떤 것은 잊혀져 가는 걸까? 우리의 일상을 돌아보면 집안을 정리하거나 이사를 가게 될 때, 어떤 물건은 보관하고 어떤 것은 버리게 된다. 각자 나름의 판단 기준이 있겠지만 대개는 가치가 있고 특별한 의미가 담긴 물건은 계속 보관하게 된다.

문화재의 경우에도 일정한 기준을 정해서 지정도 하고 취소도 하고 때로는 새로운 가치를 밝혀내어 추가 지정도 한다. 문화재의 지정 기준은 국가마다 조금씩 다르다. 우리의 경우 역사, 예술, 학술, 경관적 가치에 기준을 두고 문화재를 지정하고 있다. 역사, 예술, 학술, 경관이라는 의미가 너무 포괄적이라 간단히 정의 내리기에 어렵지만 간략히 설명해 보면 다음과 같다.

먼저 역사적으로 중요한 사건·인물·지역·생활양식 등과 관련된 증거로서의 '역사적 가치'가 있다. 다음으로 진경산수화·고려청자·판소리 등과 같이 과거의 뛰어난 예술적 정신·기술·재능 등을 담고 있는 '예술적 가치'이다. 그리고 학

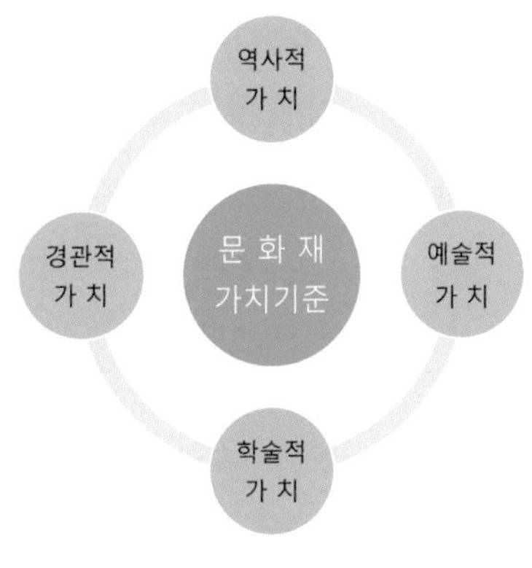

'문화재보호법' 상 문화재 선정의 4가지 기준으로 역사, 예술, 학술, 경관적 가치를 삼고 있다.

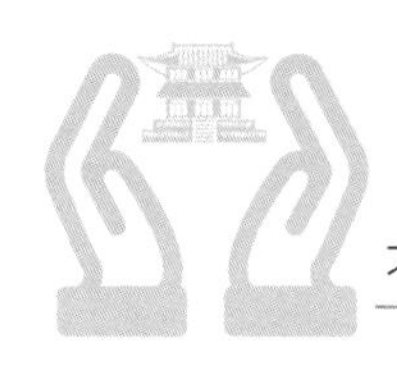

문 발전에 기여하는 '학술적 가치'가 있으며 예를 들어 세계기록유산 조선왕조실록(태조~철종)은 472년간 역대 왕들을 기준으로 서술된 역사 기록물이다. 신뢰성 높은 방대한 기록과 함께 정치·경제·사회·문화·과학 등 다방면에서 조선시대를 종합적으로 조망해 볼 수 있는 세계적인 역사서로 평가받고 있다. 끝으로 자연지형과 동식물, 인공적인 건축 및 조형물 등이 개별적 또는 복합적으로 어우러져 아름다운 경치를 보여주거나 자연환경의 온전함을 담고 있는 것 등을 '경관적 가치'로 보고 있다.

우리의 문화재 선정기준이 역사, 예술 ,학술, 경관의 4가지 가치 기준이라면, 유네스코에서 관리하는 세계유산은 좀 더 세부적으로 구분하고 있다. '세계 문화 및 자연유산 보호에 관한 협약'에 가입한 국가들이 모여서 각 나라의 뛰어난 유산들을 공동으로 지켜가기 위해 세계유산 목록을 정하는데, 유네스코의 등재 기준은 10가지 기준이며 문화유산과 자연유산으로 구분하고 있다. 우선 세계유산이 되기 위해서는 유산의 '완전성(유산의 가치를 온전하게 보여주는 일체의 요소)'을 기본적으로 갖추어야 한다. 문화유산의 경우 '진정성(형태·재질·기법 등에서 신뢰할만한 본래의 가치를 보유)'도 추가된다. 그리고 10가지 등재 기준 중 1가지 이상 항목에 부합해야 한다. 이 모든 요소를 종합해 '탁월한 보편적인 가치'가 있는 것을 세계유산(목록)에 등재한다. 10가지 기준과 그에 해당하는 세계유산 사례는 오른쪽 표를 참고하면 된다. 10가지 기준에서 ⅰ~ⅵ항목은 문화유산, ⅶ~ⅹ항목은 자연유산의 등재 기준으로 구분된다. 참고로 문화유산과 자연유산 모두 해당되면 복합유산이라고 한다.

▌세계유산 등재기준▐

구 분		기 준	사 례
문화유산	i	인간의 창의성으로 빚어진 걸작을 대표할 것	호주 오페라 하우스, 석굴암 · 불국사
	ii	오랜 세월에 걸쳐 또는 세계의 일정 문화권 내에서 건축이나 기술 발전, 기념물 제작, 도시 계획이나 조경 디자인에 있어 인간 가치의 중요한 교환을 반영	러시아 콜로멘스코이 성당, 창덕궁, 독일 · 영국 로마제국 국경
	iii	현존하거나 이미 사라진 문화적 전통이나 문명의 독보적 또는 적어도 특출한 증거일 것	태국 아유타야 역사도시, 창덕궁, 조선왕릉, 독일 · 영국 로마제국 국경
	iv	인류 역사에 있어 중요 단계를 예증하는 건물, 건축이나 기술의 총체, 경관 유형의 대표적 사례일 것	종묘, 조선왕릉, 석굴암 · 불국사, 창덕궁, 독일 · 영국 로마제국 국경
	v	특히 번복할 수 없는 변화의 영향으로 취약해졌을 때 환경이나 인간의 상호 작용이나 문화를 대변하는 전통적 정주지나 육지 · 바다의 사용을 예증하는 대표 사례	리비아 가다메스 옛 시가지
	vi	사건이나 실존하는 전통, 사상이나 신조, 보편적 중요성이 탁월한 예술 및 문학작품과 직접 또는 가시적으로 연관될 것 (다른 기준과 함께 적용 권장)	일본 히로시마 평화기념관(원폭돔), 조선왕릉
	* 모든 문화유산은 진정성(authenticity) 필요 * 진 정 성 : 유산의 형태, 재질, 기법 등에서 신뢰할만한 본래의 가치를 보유		
자연유산	vii	최상의 자연 현상이나 뛰어난 자연미와 미학적 중요성을 지닌 지역을 포함할 것	케냐 국립공원, 베트남 하롱베이, 제주 용암동굴 · 화산섬, 미국 옐로스톤 국립공원
	viii	생명의 기록이나, 지형 발전상의 지질학적 주요 진행과정, 지형학이나 자연지리학적 측면의 중요 특징을 포함해 지구 역사상 주요단계를 입증하는 대표적 사례	제주 용암동굴 · 화산섬, 베트남 하롱베이, 미국 옐로스톤 국립공원
	ix	육상, 민물, 해안 및 해양 생태계와 동 · 식물 군락의 진화 및 발전에 있어 생태학적, 생물학적 주요 진행 과정을 입증하는 대표적 사례일 것	케냐 국립공원, 미국 옐로스톤 국립공원
	x	과학이나 보존 관점에서 볼 때 보편적 가치가 탁월하고 현재 멸종 위기에 처한 종을 포함한 생물학적 다양성의 현장 보존을 위해 가장 중요하고 의미가 큰 자연 서식지를 포괄	중국 쓰촨 자이언트팬더 보호구역, 미국 옐로스톤 국립공원
공통	* 완 전 성 : 유산의 가치를 충분히 보여줄 수 있는 모든 요소 보유 * 보호 및 관리체계 : 법적, 행정적 보호 제도, 완충지역 설정 등		

* 유네스코 한국위원회 홈페이지(heritage.unesco.or.kr) 참조 및 보완

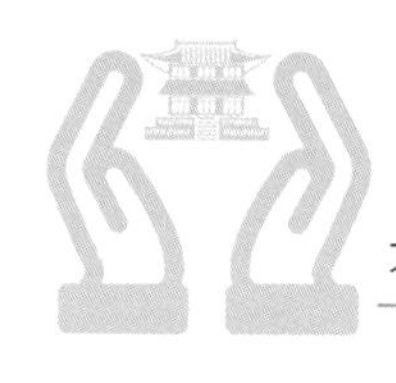

등재기준에 따라 적용된 몇 가지 세계유산의 사례를 보면 더 이해하기 쉽다. 우선, 1995년 세계유산이 된 종묘가 있다. '종묘(宗廟)'는 조선시대 왕과 왕비, 그리고 추존된 왕과 왕비의 신주를 모신 사당이다. 사극에서 종종 나오는 말로 왕과 신하 등이 종묘와 사직을 언급하며 자신의 의견을 피력하는 모습을 볼 수 있다. 왜? 종묘와 사직을 언급할까? 사직(社稷)은 토지 신과 곡식의 신에게 제사를 지낸 곳이기에 국가의 풍요와 안녕을 기원하는 곳이며, 종묘는 역대 왕과 왕비의 혼이 모셔진 곳이기에 국가와 왕실의 정통성을 상징하는 공간이다. 종묘의 세계유산 가치는 ⅳ항목에 해당된다. ⅳ항목은 인류 역사의 중요한 단계를 증명하는 건물·건축, 기술, 경관 등의 유형을 대표 사례여야 하는데, 종묘는 '제왕을 기리는 유교사당의 대표적인 공간으로서 제례공간의 원형을 잘 보존하고 있고, 세계적으로 독특한 건축양식을 가지며 의례·음악·무용이 잘 조화된 전통의식과 행사가 이어져 오고 있다'고 평가받고 있다.

종묘와 같이 오래된 역사와 전통을 담고 있는 대상도 있지만 최근에 만들어진 문화 산물로서 그 가치를 인정받는 세계유산도 있다. 예를 들어 ⅰ항목은 창의성이 뛰어난 걸작을 기준으로 삼고 있다. 대표적인 사례가 호주의 '시드니 오페라하우스'이다. 세계 3대 미항 중에 하나인 호주 시드니 해안가에는 조가비 모양의 지붕을 가진 건축물이 있다. 그 건축물이 오페라하우스이며 마치 시드니항에 돛을 올리고 정박 중인 배와 같은 형상을 하고 있는데, 건축형태와 구조설계 등에서 인간의 창의력과 혁신의 다양한 측면이 반영되고 아름다운 바다 경관과 어우러진 조형물로 평가받고 있다.

또 다른 예로 일본의 '히로시마 평화기념관(원폭 돔)'이 있다. 1945년 8월 6일에 2차 세계대전과 일본 제국주의의 종말을 알리는 원자폭탄이 히로시마에 떨어졌다. 원자폭탄은 순식간에 도시를 폐허로 만들고 14만여명의 목숨을 빼앗아갔다. 원자폭탄과 그 피해는 강력한 무기의 파괴적인 위험성과 참혹한 전쟁의 모습을 상징적으로 보여주고 있다. 원자폭탄이 떨어진 중심지 인근에 유일하게 남은 건물이 타원형 돔을 얹은 3층 건물이었다. 건물 구조의 뼈대만 남긴 채 처참히 파괴되었지만 당시의 피해 모습을 그대로 보존해서 평화를 상징하는 기념관으로 삼고 주변을 평화공원으로 조성하였다. 그래서 히로시마 평화기념관(원폭 돔)은 전쟁과 그로 인한 참혹한 결과의 시간과 현장을 기록한 역사공간이며 핵무기 폐기와 전쟁 방지를 위한 인류 평화의 희망을 담아낸 유산이 된 것이었다. 이러한 배경에서 1996년 세계유산 등재기준의 vi항목으로 등재되었다. 인류 평화를 침해했던 일본 제국주의의 터전에 평화의 상징적 유산이 남겨진 것은 폭력의 악순환과 전쟁의 무의미함을 보여주고 있다.

한국 '종묘'
세계유산 등재기준 iv

호주 '시드니 오페라 하우스'
세계유산 등재기준 i

일본 '히로시마 평화기념관(원폭 돔)'
세계유산 등재기준 vi

문화재의 분류 / 지정문화재, 등록문화재, 미래유산, 시민유산 등

가치 있는 문화 산물로 인정받은 문화재는 지정·등록·선정 등의 절차를 거치거나 개념상의 문화재로 구분할 수 있는데, 어떠한 문화재가 있는지, 어떻게 구분되고 있는지 살펴보자. 우선 '지정문화재'가 있다. 국가와 시·도 지자체에서 문화재의 가치를 인정해 문화재로 지정하는 대상이다. 지정하는 주체에 따라 국가에서 지정하면 '국가지정문화재', 시·도에서 지정을 받으면 '시·도지정문화재'가 된다. 국가지정문화재로 바로 지정되는 경우도 있고 시·도지정문화재로 먼저 지정되었다가 다시 지정조사와 검토를 거쳐 국가지정문화재가 되기도 한다. 한편 지정문화재가 아닌 것 중에서

문화재로 분류되는 것은 등록문화재, 일반동산문화재, 매장문화재가 있다.

'등록문화재'는 50년 이상 지나고 근현대시기를 대표하는 상징성을 갖거나 시대를 반영하는 기술발전, 예술적 경향 등의 가치를 지닌 것 중에서 보존과 활용이 필요해 등록한 문화재를 말한다. 긴급히 보호가 필요하면 50년이 안되어도 등록문화재가 될 수 있다. 등록문화재 제도는 급격한 사회변화와 경제개발로 사라지는 근현대의 문화재를 보호하고자 도입되었고 건축의 경우에 겉모양이 크게 바뀌지 않는 범위에서 내부 수리가 허용되는 특징을 갖고 있다. 한편 50년을 기준으로 한 등록문화재의 범위를 보다 현재적 시점으로 가까이 적용시켜 현재 우리가 공유하는 문화양식 중에서 미래에 전할 만한 것을 미리 찾고 지켜나가기 위해 '미래유산', '예비문화재'로 분류하기도 한다.

그리고 별도의 지정·등록 절차가 없지만 문화재보호법상 문화재로 구분되는 종류가 있다. 예를 들어 국외소재문화재, 외국문화재가 있다. '국외소재문화재'는 말 그대로 나라 밖에 머물고 있는 문화재를 대상으로 한다. 기증·구입 등 정당한 방법으로 반출된 문화재도 있지만 도굴·도난 등의 불법적인 경로로 해외에 나간 문화재도 있다. 불법으로 반출된 문화재는 환수되어 제자리를 찾는 활동이 필요하다. 그리고 국외소재문화재와 달리 한국에 반입되어 소장하고 있는 '외국문화재'도 있다. 인류사적인 관점에서 다른 국가의 문화재를 존중하고 보호하며 만일 불법으로 반입된 외국의 문화재가 있다면 반환에 협조해야한다는 내용이 문화재보호법에 담겨져 있다.

다음으로 세계유산 등 유네스코 등재 유산(Heritage)은 앞서 소개한 세계유산 이외에 인류무형문화유산, 세계기록유산 등 국제협약과 유네스코 프로그램에 따라 등재된 유산을 말한다. 국내의 우수한 문화재를 대상으로 정부(문화재청)에서 신청하게 되는데, 만약 문화재로 지정이 안 된 문화재가 세계유산·인류무형문화유산·세계기록유산에 등재되면 국가지정문화재에 준하여 보호하고 있다.

문화재·문화유산 등의 가치를 인정하고 명칭을 부여하면서 보호 대상을 삼는 일은 정부와 지자체 등 공공기관의 몫으로만 진행되지 않는다. 시민들의 자발적인 참여와 NGO단체가 중심이 되어 아직 지정되지 않은 문화재를 대상으로 보호 대상 문화재를 선정하고 함께 지켜가는 문화재가 있다. 예를 들어 내셔널트러스트문화유산기금의 '시민문화유산', 문화유산국민신탁의 '국민신탁 보전재산' 등이 있다. 예를 들어 '시민문화유산'의 경우 시민모금을 통해 '최순우 옛집'을 매입하고 시민과 함께 가꾸고 지켜가는 문화재로서 별도의 '시민문화유산 1호'로 명칭을 부여하였다. 현재 2호인 도래마을 옛집, 3호인 권진규 아틀리에가 있다. 시민모금은 매입뿐만 아니라 보존관리, 교육, 전시 등의 다양한 보존과 활용 분야 프로그램에도 기여하고 있다.

● 지정문화재의 유형과 종류 / 유형문화재, 무형문화재, 기념물, 민속문화재

다음으로 지정문화재를 통해 문화재의 유형과 종류를 알아보자. 문화재의 유형은 크게 유형문화재, 무형문화재, 기념물, 민속문화재, 문화재자료로 구분되며 이러한 구분법은 시·도지정문화재의 유형에 그대로 적용되고 있다. 국가지정문화재의 종류는 시도지정문화재 종류보다 더 세부적으로 나뉘어져 유형문화재는 국보와 보물로 나뉘며, 보물 중에서 더 가치가 있는 것을 국보로 지정한다. 기념물은 사적, 명승, 천연기념물로 구분된다. 무형문화재와 민속문화재는 명칭 앞에 '국가'를 붙여 '국가무형문화재', '국가민속문화재'로 시·도지정문화재와 구분하고 있다. 참고로 시·도지정문화재는 광역 시·도 지자체별로 문화재를 지정하기 때문에 예를 들어 국가무형문화재는 1호는 1개 종목만 있지만 시·도무형문화재는 서울광역시 무형문화재 1호(칠장), 대구광역시 무형문화재 1호(고산농악), 광주광역시 무형문화재 1호(남도판소리) 등 동일한 지정관리번호가 지역별로 나타난다.

지정문화재의 구분과 유형

구 분	지정 문화재							
문화재 유형	유형문화재		무형문화재	기념물			민속문화재	문화재자료
국가지정	국보	보물	국가무형문화재	사적	명승	천연기념물	국가민속문화재	-
시도지정	시도유형문화재		시도무형문화재	시도기념물			시도민속문화재	문화재자료

유형문화재

'유형(有形)문화재'는 우리에게 익숙한 문화재의 유형이다. 건조물, 책, 조각, 공예, 회화 등 구체적인 형태가 있는 것[유형(有形)]을 말한다. 건조물로는 숭례문, 창덕궁 인정전, 석굴암 등이 있고, 책·고문서로는 목판과 금속으로 인쇄하거나 손으로 직접 기록한 책 종류, 편지 등이 있으며 예를 들어 훈민정음·대동여지도, 의궤 등이 해당된다. 조각·공예품으로는 도자기, 탑, 불상 등이 해당되며 청자류의 매병·주전자, 불국사 다보탑, 금동미륵보살반가사유상 등이 있다. 회화류로는 산수화, 인물화, 불화 등으로 겸재 정선의 진경산수화가 대표적이다.

청자 참외모양 병(국보 제94호)
고려시대(국립중앙박물관)

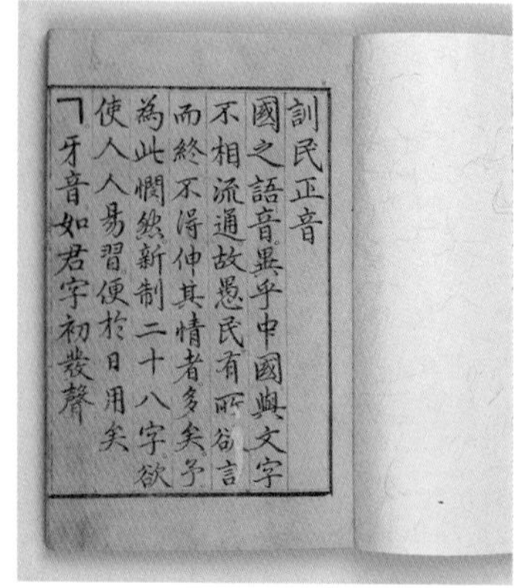

訓民正音
國之語音異乎中國與文字
不相流通故愚民有所欲言
而終不得伸其情者多矣予
為此憫然新制二十八字欲
使人人易習便於日用矣
ㄱ牙音如君字初發聲

훈민정음(국보 제70호)
조선시대(간송미술관)

무형문화재

형태가 있는 유형문화재와는 상대적으로 형태가 없는[무형(無形)] 문화재 종류를 '무형(無形)문화재'로 분류하고 있다. 무형문화재가 형태가 없다고 실체가 없는 것은 아니다. 여러 세대를 거쳐 전해져 온 기술과 예능, 지식, 의식, 관습, 놀이 등이 무형문화재에 속한다.

잘 알고 있는 판소리를 예로 들어보자. 판소리는 한 명의 소리꾼이 고수(북치는 사람)의 장단에 맞추어 소리(창), 아니리(말), 너름새(몸짓)를 섞여가며 노래하는 것을 말한다. 많은 관객 앞에서 삶의 희노애락을 다양한 이야기로 풀어내며 관객의 호응과 참여를 이끌어내는 특징을 갖고 있다. 판소리처럼 물질적인 형체는 없지만 눈과 귀로 보고 들을 수 있으며 전통문화의 예술적 가치를 온 몸으로 체험하고 공유할 수 있는 무형의 문화적 가치를 담고 있는 것이 무형문화재이다. 판소리와 함께 처용무, 봉산탈춤, 남사당놀이, 강강술래 등과 같이 공연·연극·무용·음악 등의 형태로 전해져 온 전통예술과 놀이문화 종류가 있다. 이외에 전통방식의 공예제작과 음식 만들기, 무예 등도 무형문화재에 속하는데, 예를 들어 목재의 건물 창호나 가구류를 만드는 소목장, 한산의 모시로 직물을 만드는 한산모시짜기, 전통악기를 만드는 악기장, 왕실의 음식을 재현한 조선왕조궁중음식, 삼국시대부터 전해져 온 전통무술 택견 등이 있다.

'처용무' 인류무형문화유산(2009년 등재)

'판소리' 인류무형문화유산(2003년 등재)

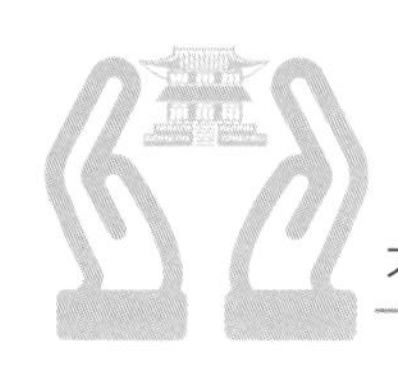

최근에는 무형문화재의 범위와 지정대상이 확대되었다. 무형의 문화적 가치를 담고 있는 예능과 기술을 보유한 개인·단체를 무형문화재로 지정해 왔지만, 보유자나 보유단체가 없어도 무형문화재로 지정할 수 있다. 보유자·보유단체가 없어도 전통적인 생활관습과 지식 등도 우리의 문화를 대표하며 보존할 가치가 있으면 지정하는 것이다. 아리랑이 그 첫 번째 사례가 되었는데(2015년 9월), 아리랑은 우리의 정서와 문화를 대표하는 노래로 일상에서 누구나 언제든지 노래할 수 있으며 지역마다 다양한 음율과 노랫말로 전승되고 있다.

기념물

유형문화재와 무형문화재 이외에 또 다른 분류로 '기념물'이 있다. 기념물은 다시 크게 3가지 종류로 분류된다. 먼저 궁궐이나 성(城) 관련 터, 옛 무덤, 유물이 포함된 지층 등 '역사적으로 중요한 사건이나 시설이 있는 사적지와 특별히 기념이 될 만한 시설물'이 해당된다. 유형별로 보면 선사시대, 종교·신앙, 정치·국방, 산업·교통, 교육·사회사업 관련 유적 등이 해당되며 예를 들어 조선시대 왕과 왕비 등이 돌아가신 후에 모신 '왕릉'을 사적으로 지정하거나 생전에 살았던 경복궁·창덕궁 등 '궁궐'도 사적으로 지정하고 있다. 또한 '서울 암사동 유적'처럼 당대(신석기)의 생활모습을 살필 수 있는 유물이 포함된 유적지도 해당되며 '경주 황룡사지'처럼 황룡의 전설과 함께 외적의 침입을 막기 위해 지어진 9층 목탑 등이 고려시대에 몽고 침입으로 모두 사라지고 건물의 주춧돌만이 남아있지만 중요한 역사적 장소(시설물)였기에 사적지로 지정되었다. 참고로 사적지는 넓은 역사문화 공간을 포함하고 있어서 사적지 안에는 건물이나 유물의 형태로 국보, 보물 등에 지정된 다양한 문화재 유형이 공존하고 있다. 예를 들어 창덕궁(사적) 영역 안에는 인정전(국보), 금천교(보물), 향나무(천연기념물), 총석정절경도(등록문화재) 등 다양한 문화재 유형을 볼 수 있다.

문화재 사적(창덕궁) 안에 포함된 다양한 문화재 유형

총석정절경도(등록문화재)

향나무(천연기념물)

금천교(보물)

인정전(국보)

기념물의 다른 종류로 '명승'이 있다. 명승은 말 그대로 경치가 훌륭하여 이름난 곳 중에서 아름다운 자연경관과 함께 예술적·역사적인 가치가 담겨진 대상을 명승으로 지정하고 있다. 경치가 좋은 산, 바다, 계곡, 하천, 해안, 섬 등이 명승의 대상이다. 현재의 명승은 옛날에도 명승이었을 것이다. 당연히 아름다운 자연경관 안에는 자연과 함께 했던 옛 사람들의 흔적과 기억이 남게 마련이며 때로는 전설과 신화로, 때로는 역사적 인물과 사건이 어우러진 인문 공간으로 공존하고 있다.

예를 들어 '괴산 화양구곡(槐山 華陽九曲; 명승 제110호)'은 속리산국립공원에서 흐르는 화양계곡의 아름다운 자연경관과 역사적인 장소가 어우러진 곳이다. 조선시대 대학자이며 정치가였던 송시열은 벼슬에서 물러난 후 아름다운 화양계곡에서 머물며 제자들을 만나고 후학을 양성하였는데, 중국의 대표 명승지로 알려진 무이구곡(武夷九曲)을 본받아 화양계곡에서 볼 만한 9곳의 이름을 지은 것이 화양구곡이다. 화양구곡에는 치솟은 바

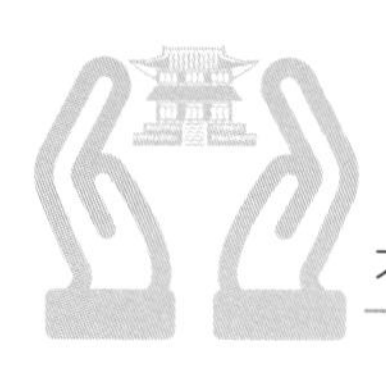

위가 마치 하늘을 떠받치는 것처럼 보이는 '경천벽(擎天壁)', 물이 너무 맑아 구름이 제 모습을 비춘다는 '운영담(雲影潭)', 희고 매끈한 바위 위로 흐르는 계곡 물을 바라보면 마치 신선이 머문 곳에 온 것 같은 생각에 젖게 하는 '파천(巴串)' 등의 아름다운 경관을 품고 있고, 또한 돌아가신 효종을 위해 송시열이 새벽마다 울었던 장소인 '읍궁암(泣弓巖)' 등 역사적인 장소도 구곡 안에 포함된다. 이외에 구곡의 주변에는 구곡 이름과 충절을 뜻하는 글자 등이 바위에 새겨져 있다.

괴산 화양구곡(명승 제110호) 중 제4곡 '금사담(金沙潭)'

기념물의 또 다른 종류로 '천연기념물'이 있다. 천연기념물은 동물·식물·곤충의 생물학적인 특성, 희귀한 종 또는 멸종 위기에 처한 동식물과 그 서식지·번식지·도래지·자생지 등을 대상으로 지정하고 있다. 그리고 지질, 광물 분야도 포함되어 해안가·동굴·화석·암석 등이 천연기념물로 지정되어 보호받고 있다. 한국의 특산종으로 잘 알려진 '진돗개', '삽살개', '제주 흑돼지' 등과 함께 중국과 일본 등지에서 서식하다가 추위를 피해 한국으로 찾아오는 '두루미', '독수리' 등이 있으며, 식물로는 헌법재판소 안에 있는 600년 수령의 '서울 재동 백송', 우리나라에서 문주란이 유일하게 자생하는 '제주 토끼섬 문주란 자생지', 딱정벌레 종류 중에서 가장 몸집이 크며 희귀종 곤충류로 '장수하늘소'가 천연기념물로 지정되어 보호받고 있다. 이외에 지질, 광물 분야로 '단양 고수동굴', '제주 한림 용암동굴지대' 등 동굴류, '해남 우항리 공룡·익룡·새발자국화석 산지' 등의 공룡 발자국·알·둥지 관련 및 동식물, 어패류 등의 화석류, '태안 신두리 해안사구'·'옹진 백령도 남포리 콩돌해안' 등의 해안류, '부산 전포동 구상반려암' 등의 암석류가 있다.

'제주 흑돼지' (천연기념물 제550호)
제주 고유의 재래종이며 화장실(돗통)에서 사육되어 일명 '똥돼지'로 알려져 있다. 주거환경 변화와 개량으로 인해 개체수가 급감한 후, 종 보호와 유전자원 확보를 위해 순수계통번식사업을 80년대에 시작하고 현재 제주축산진흥원에서 사육 중인 260여마리(표준품종 등록)가 천연기념물로 지정되어 보호받고 있다.

'독도 천연보호구역' (천연기념물 제336호)

그리고 천연기념물 중에서 생물학, 지질 지형학, 역사문화 등 다양한 특성과 가치가 종합적으로 어우러져 일정한 구역을 정하여 보호하는 '천연보호구역'이 있다. 대표적인 천연보호구역 사례가 '독도천연보호구역

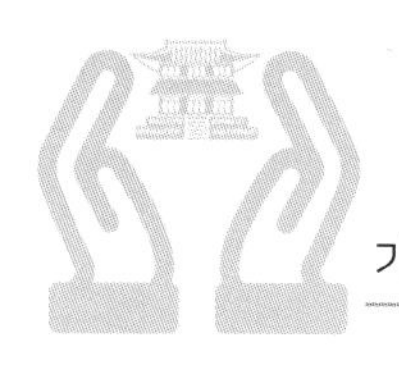

(천연기념물 제336호)'이다. 우리 국토의 동쪽 끝에 위치한 독도는 우리의 영토와 주권의 상징성을 담고 있어서 전 국민의 관심과 사랑을 받고 있다. 많은 사람들이 독도에 대해 많이 알고 관심도 높지만 독도가 문화재(천연기념물)이라는 사실에 놀랍고 의외라는 반응을 보일 때가 많다. 독도에는 바다제비, 괭이갈매기 등이 유일하게 집단 서식하는 곳이며 독특한 동식물이 섬과 주변 바다에 살고 있다. 또한 화산폭발로 만들어진 지질학적인 가치와 함께 기록상으로 신라시대 이후 우리의 역사와 함께 호흡해 온 역사문화공간이기도 하다. 이러한 역사·생물·지질 등의 다양한 자연, 문화적 요소가 종합적으로 담겨져 있어 동도, 서도와 89개 부속도서 전체가 천연기념물로 보호받고 있다. 또 다른 천연보호구역 사례로 '창녕 우포늪', '홍도', '설악산', '한라산', '마라도' 등이 있다.

민속문화재

민속문화재는 주로 의식주, 신앙, 생업 등 풍속과 관습, 사회활동과 관련해 생활문화의 특징을 이해하는데 중요한 것들을 그 대상으로 삼고 있다. 주거문화를 이해할 수 있는 고택, 국왕·왕실여성의 복식과 관료의 예복 등 의복류, 마을의 민속신앙을 보여주는 제단·당산·장승, 마을의 종합적인 생활문화를 담고 있는 민속마을 등이 지정되어 보호받고 있다.

문화재자료

국가 또는 시도에서 지정한 문화재가 아니지만 시·도(지사)가 향토문화를 보존하는데 필요하다고 인정해 시도의 조례에 따라 지정한 문화재 종류를 말한다.

● 등록문화재 이야기 / 태극기, 세탁기, 만화책도 문화재이다.

근현대 시기는 우리에게 서구 문물의 본격적인 도입과 함께 커다란 변혁기를 여러 번 거친 굴곡의 역사였다. 개항 이후 대한제국의 건국, 일제강점기, 광복, 6·25전쟁을 거치고 60~70년대 급격한 경제발전과 함께 80년대 민주화를 이룩하였다. 이러한 근현대 시기의 역사문화와 문화예술, 기술발전 등의 변화와 특징은 다양한 곳에서 찾을 수 있지만 당시의 역사와 문화적 가치를 담아낸 등록문화재를 통해 보다 구체적으로 많은 이야기를 전하고 있다. 등록문화재는 시간적으로 현재와 가까운 근현대의 모습을 담아내고 있어서 친숙할 수 있지만, 근현대의 역사문화가 문화재로 인정받고 그 가치를 담아내는 모습은 낯설 수 있기에 몇 가지를 사례를 통해서 등록문화재에 대한 이야기와 함께 그 안에 담겨진 역사문화의 가치도 알아보겠다.

독립운동과 백범 김구 유물

1941년 대한민국 임시정부의 김구 주석은 미국으로 선교활동을 떠나는 벨기에 신부(매우사 梅雨絲; 미우스 오그)를 만난다. 그리고 태극기 하나를 건네주었다. 그 태극기에는 김구 주석이 미국 동포에게 전하는 친필 서명과 글이 적혀져 있었다. 그 내용은 다음과 같았다.

> '나라 잃은 서러움을 면하고 자유와 행복을 누리려거든 정력과 인력과 물력을 광복군에게 바쳐 강노말세(强弩末勢)인 원수 일본을 타도하고 조국의 광복을 완성하자'

조국의 광복을 위해 광복군을 지원하자는 내용은 선교사를 통해 미국 동포들에게 전달되고 공유되었을 것이며, 그 내용이 태극기에 담겨져 조국 광복을 향한 염원의 메시지는 더 강렬했을 것이다. 매우사 신부는 뉴욕에서 1년간 선교활동을 하다가 중국으로 돌아갈 때 안창호 선생 부인(이혜

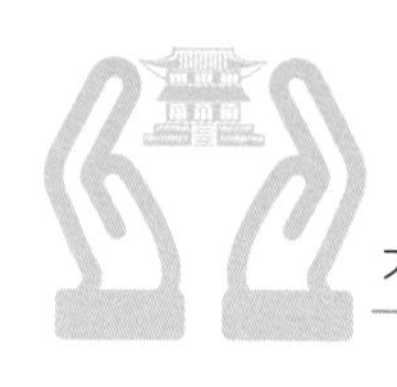

련 여사)에게 태극기를 전달하였다. 이후 이혜련 여사의 유족들이 독립기념관에 태극기를 기증하였고 '김구 서명문 태극기'는 2008년 문화재로 가치를 인정받아 등록문화재(제388호)가 되었다. 태극기가 갖는 국가 상징적 가치에 더해 대표적인 독립운동가 김구 선생의 친필과 독립운동 활동의 역사성이 담겨져 문화재가 된 것이다.

백범 김구 선생과 관련된 또 다른 등록문화재로 '회중시계'가 있다. 회중시계는 백범 김구 선생의 유물이지만 윤봉길 의사의 유물이기도 하다. 원래 윤봉길 의사가 소유하던 시계였는데, 1932년 상해의거를 위해 떠나는 길에 백범 김구 선생의 시계와 본인의 회중시계를 교환해 백범 김구 선생이 간직하고 있던 유물이었다. 이외에도 김구 선생의 도장과 붓글씨, 경교장에서 총격을 받아 서거할 당시 입고 있던 의복류 등이 등록문화재로 등록되었다.

김구 서명문 태극기
등록문화재 제388호
미국 선교활동을 떠나는 매우사 신부에게 전해준 태극기

백범 김구 회중시계
등록문화재 제441호
원래 윤봉길 의사가 소유하던 시계였지만 상해 의거(1932년)를 시행하기 전에 김구의 시계와 교환하여 이후 김구의 유품이 되었다.

백범 김구 인장
등록문화재 제440-1호
김구가 1940~1945년 간 사용하던 도장으로 중국 정부 주요 인사에게 보내는 서한에 사용하였다.

백범 김구 혈의(血衣) 일괄
등록문화재 제439호
김구 주석이 1949년 6월 26일 경교장에서 총격을 받고 서거할 때에 입고 있던 10종의 의복류 중에서 조끼적삼

그리고 낯선 듯 낯익은 근현대 시기의 다양한 등록문화재

근현대시기를 대표하는 백범 김구 선생과 관련된 등록문화재 이외에도 교통수단, 가전제품, 영화, 스포츠 선수의 운동기구, 교육시설, 만화책 등 다양한 근현대 문화양식의 결과물들이 등록문화재로 등록되었다.

근대 문물의 도입으로 가마 등의 전통적인 교통수단이 자동차로 바뀌게 되는데, 순종황제가 탔던 미국 GM사의 캐딜락 리무진(1918년 제작)과 순종효황후가 탔던 영국 다임러사의 리무진(1914년 제작)이 등록문화재이다. 또 다른 교통수단의 사례로 대통령 전용 객차, 이승만·박정희 대통령 업무용 및 의전용 세단, 증기기관차, 디젤기관차 등도 있다.

문화예술 분야로 영화와 관련해 현재 가장 오래된 국내 영화인 '청춘의 십자로'를 비롯해 큰 인기를 끌었던 '자유부인' 등 1930년~50년대의 국내 영화(필름), 김소월 시인의 초판본 시집, 애국가·애국창가·광복군가 등의 악보 그리고 체육 분야로 손기정 선수가 베를린올림픽 마라톤 우승으로 받은 메달 · 상장 · 월계관, 한국 최초의 프로골퍼였던 연덕춘의 골프채, 엄복동 선수의 자전거 등이 있다.

일상생활에서 쉽게 접할 수 있는 가전제품 중에서도 등록문화재가 있다. 생활문화와 기술발전의 변화를 보여주는 것으로 처음 국내에서 제작한 금성사(현 LG전자)의 라디오(진공관식), 세탁기, 냉장고, 흑백 텔레비전과, 삼성의 반도체 64K DRAM 등이 산업분야의 등록문화재로 등록되어 있다. 또한 1883년 인천이 개항되면서 청나라 사람들이 많이 거주하게 되어 중국 음식점들도 성행하는데 그 중에서 국내 짜장면의 발상지로 알려진 '공화춘' 건물도 등록되어 있다. 1953~55년에 만화 단행본으로 출판하여 현대문화의 시초를 보여주는 '코주부 삼국지', 1950년부터 일간지·월간지 등에 연재된 최장수 시사만화 '고바우 영감 원화' 등 만화(책)도 포함되고 있다.

등록문화재의 종류

◀ 데니 태극기 (등록문화재 제382호)

우리나라에서 가장 오래된 태극기. 고종이 미국인 외교고문 데니(O. N. Denny, 1838~1900)에게 하사한 것으로 알려져 있다.

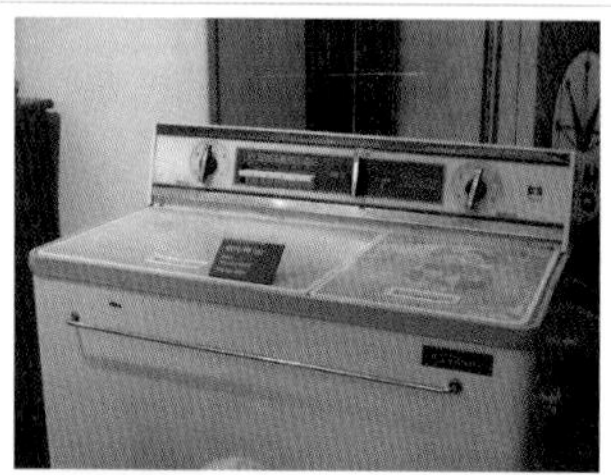

◀ 금성 세탁기 WP-181 (등록문화재 제562호)

1969년 금성사에서 만든 우리나라 최초의 세탁기. 세탁과 탈수 공간이 구분된 2조 수동식 구조이며 세탁용량은 1.8kg이다. 세탁기의 보급은 여성의 사회진출에 기여하며 위생의식과 경제여건이 높아지면서 가정의 필수품이 되었다. 사회 여건과 기술 채택의 상관관계를 보여주는 중요한 가치가 있다.

◀ 서울 이준 묘소 (등록문화재 제514호)

이준 열사는 대한제국의 법관양성소 1회 졸업생이다. 고종의 명을 받아 이상설 · 이위종과 함께 네덜란드 헤이그에서 개최되는 만국평화회의 특사로 파견되어 일본의 침략을 세계에 호소하려고 하였다. 하지만 뜻을 이루지 못하고 현지에서 순국한 인물로, 이준 열사의 애국정신을 기릴 수 있는 역사 · 교육적 가치가 큰 곳이다.

◀ 순종어차 (등록문화재 제318호)

미국 GM사가 1918년에 제작한 캐딜락 리무진으로 순종황제(純宗 1874~1926/재위기간 1907~1910)가 주로 탔던 것으로 알려져 있다. 내부에는 황실문장인 이화(李花 오얏꽃) 문양이 곳곳에 장식되어 황실의 위엄을 보여주고 있다. 일제강점기 당시 황실에서 사용한 역사성, 당시 제작된 캐딜락 중 소수만 남아 있는 희소성 그리고 세계 자동차 발달사 및 교역의 역사에서 중요한 위치를 차지한다.

◀ 구 보성여관 (등록문화재 제132호)

일제강점기에 건축된 주택형식의 여관건물로 ㅁ자형의 중정형 건물 배치 형식을 갖고 있다. 소설 〈태백산맥〉에서 남도여관으로 등장한 곳으로 당시 숙박시설의 공간구성과 형태를 연구하는데 좋은 자료이다. 또한 번성했던 일제강점기 벌교읍의 역사문화를 이해하는 인문학적 가치를 가진다. 현재 문화유산국민신탁에서 위탁관리하며 카페, 숙박, 전시공간으로 운영 중이다.

◀ **청춘의 십자로 (등록문화재 제488호)**

현존하는 가장 오래된 원본 필름으로 1933~1934년경의 서울의 도시사, 생활사에 관한 희귀 정보들을 담고 있다. 안종화 감독의 1934년 작품

◀ **만화 코주부삼국지 (등록문화재 제605호)**

김용환의 작품, 「코주부 삼국지」는 학생잡지 월간 『학원』에 연재되어 큰 인기를 얻었던 장편 서사물 만화를 단행본 3권(1953년, 1954년, 1955년)이다. '그림얘기책' 형식에서 한발 더 나아가 칸이 나뉘고, 말풍선이 등장하는 형식적 진보를 보여주는 등 만화구성과 구도에서 획기적인 전환점의 계기를 마련하여 한국 현대만화의 탄생에 큰 영향을 주었다.

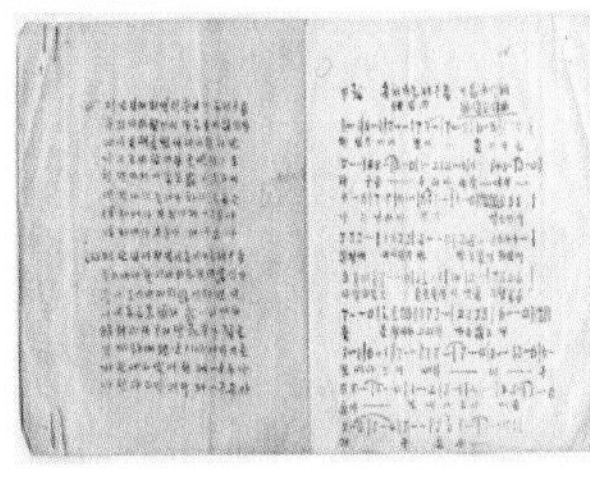

◀ **광복군가집 제1집 (등록문화재 제474호)**

「광복군가집 제1집」은 한유한(한형석, 1910~1996)이 작곡한 〈국기가〉, 〈2지대가〉, 〈광복군가〉, 〈압록강행진곡〉 등을 숫자보로 편찬한 등사본 군가집으로, 한국광복군 제2지대 선전위원회가 1943년에 발간하였다.

광복군가집 제1집은 작사 · 작곡자가 분명히 기록된 총 16편의 광복군가가 실려 있으며, 일제강점기에 발행한 현존하는 가장 오래된 원본 광복군가집으로 역사적, 사료적 가치가 크다.

◀ **제11회 베를린올림픽 마라톤 우승유물 (등록문화재 제489호)**

1936년 베를린올림픽 마라톤에서 우승한 손기정 선수가 받은 금메달(좌), 우승상장, 월계관(우). 금메달 앞면 승리의 여신 니케(Nike)가 올리브관과 월계수 가지를 들고 있으며, 또한 월계관은 승리자를 존경하는 뜻으로 참나무잎으로 화환을 만들어 주었다. 한국인 최초로 올림픽 금메달을 획득한 손기정 옹의 유물로 체육사적, 민족사적 가치가 있다.

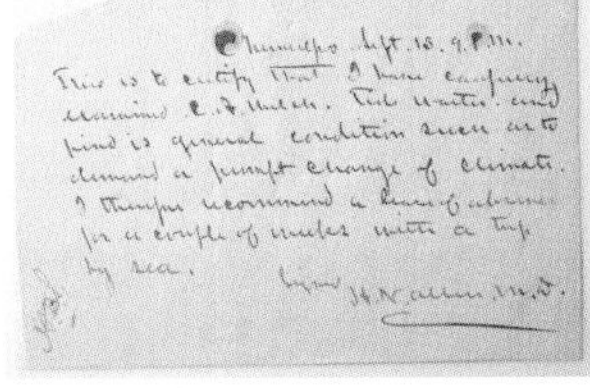

Chemulpo Sept. 13. 9 P.M.
This is to certify that I have carefully examined C. A. Welsch. and find his general condition such as to demand a prompt change of climate. I therefore recommend a leave of absence for a couple of weeks with a trip by sea.
Signed H. N. Allen M.D.

◀ **알렌의 진단서 (등록문화재 제445호)**

우리나라 최초의 근대식 병원인 제중원(濟衆院)의 책임을 맡았던 알렌이 발행한 우리나라 최고(最古)의 근대 서양식 진단서이다. 1885년 9월 13일 알렌이 해관(海關, 옛 稅關) 직원 웰쉬(C. A. Welsch)에게 발급한 것으로 1~2주간의 요양이 필요하다는 내용이 적혀있다.

* 문화재청 홈페이지에서 소개글과 사진을 참조하여 수정

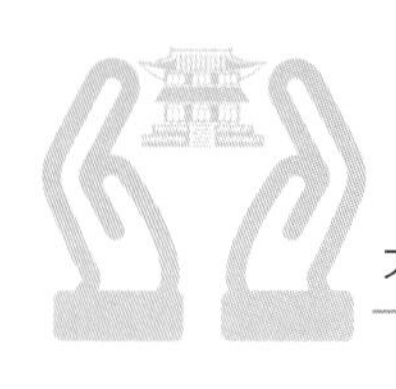

이외에도 장면, 고희동, 홍난파 등 근대사의 역사적 인물이 거처했던 집, 옛 경기고등학교와 이화여대 파이퍼홀 등의 학교 건물, 충북의 옥천성당과 목포의 양동교회 등 종교시설, 부산 임시수도 정부청사와 옛 서울시청사 등 관공서, 급수탑, 양조장, 철도역사, 수력발전소, 상수시설, 창고, 은행, 병원, 터널, 염전, 등대 등 다양한 근현대사의 역사와 상징성을 담은 시설물, 그리고 전통시대 역사공간인 궁궐 안을 들여다보면 창덕궁 희정당, 대조전, 경훈각에 1920년대 근대 시기를 대표하는 화가들이 그린 총석정절경도, 봉황도 등 벽화가 남겨져 있는데 이들 벽화도 등록문화재이다.

등록문화재는 근현대 시기의 역동적인 사회현상과 문화양식을 다양하게 담아내고 있다. 급격한 사회변화 속에서 경제개발에 밀리거나 때로는 잊혀지거나 최신 유행에 뒤쳐졌다고 여겨졌던 우리의 생활문화와 역사적 상징물들이 등록문화재라는 제도를 통해서 우리 곁에서 다시 소통하고 새로운 문화공감대를 형성하고 있는 것이다.

한편, 등록문화재는 문화재 지정제도와 다르게 소유자 신청으로 등록되므로 소유자의 훼손·철거를 엄격하게 제재하지 못하는 제도적 한계를 가지고 있다. 지정문화재와 다르게 건폐율·용적률 특례, 세금 혜택 및 국가보조금 지원 등의 혜택이 있는 제도임에도 불구하고 아직도 많은 사람들이 사유재산권을 일방적으로 규제하는 제도로 잘못 인식하는 경향이 있다. 그래서 문화재청이 등록문화재로 예고 등록을 했다가 오히려 소유자가 철거한 사례가 있었다. 2005년 9월에 서울 을지로의 '옛 대한증권거래소', 그해 12월에는 '스카라극장'이 소유주에 의해 철거되었고, 2007년에는 경기도 시흥시 소래염전의 '소금창고'가 철거되었다. 그리고 2008년에는 등록문화재로 이미 등록된 서울시청사가 신청사 건축을 이유로 철거되어 훼손되기도 하였다.

2. 문화재 보호의 지향점

● 과거와 현재를 넘어 미래로

문화재의 지정·등록 제도는 가치 있는 문화재를 찾아내며, 그 가치를 공유하면서 온전히 보존하기 위한 제도적 보호 장치로 운영되고 있다. 등록문화재 제도의 도입으로 현재적 시점과 그 간격을 좁혀 50년 이상 된 범위까지 확대해 왔다. 문화재 보호대상의 범위를 넓혀왔지만 문화재로서의 가치를 아직 인정받지 못하거나 그 가치를 인식하지 못하는 경우도 있다. 이러한 대상들은 급격한 사회변화 속에서 우리도 모르게 사라질 수 있다.

최근에는 인식되지 못하고 평가받지 못한 채 사라지는 문화재를 놓치지 않기 위한 노력들이 이루어지고 있다. 그리고 과거 지향적인 관점이 아니라 잠재적 가치와 미래적 가치에 기준을 두고 앞으로 50년, 100년 이상이 지나면 문화재가 될 수 있는 대상을 조사하고 수집하고 평가하고 공감하는 활동들이 진행 중이다.

이러한 움직임은 예비문화재, 미래 문화재 등의 명칭으로 불리고 있다. 정부 차원에서는 현대 한국인의 삶을 대표하면서 시대성·희소성·지역성의 가치를 담는 유산들이 사라지거나 훼손되는 것을 사전에 막기 위해 '예비문화재 인증 제도' 도입을 검토 중이다. 전문가들이 참여해 다방면의 예비문화재 현황을 조사하고 있으며 첨단산업분야의 최초 국산품, 유명인의 생가와 작품, 국제대회우승 기념물 등이 인증 대상이 될 수 있다. 예를 들어 박세리 선수가 98년 US여자오픈 우승할 때 사용한 골프채가 인증될 수 있다. 박세리 선수는 한국인 최초로 국제골프대회에서 우승해 스포츠 역사의 큰 획을 남겼으며, 신발을 벗고 물웅덩이에 빠진 공을 쳐내어서 우승까지 일구어 낸 과정은 역경을 딛고 얻어낸 쾌거를 보여주었다.

또한 당시 IMF로 경제적 위기에 처한 한국 사회에 희망의 메시지를 전달하는 사회적인 가치도 담아내고 있다. 이외에도 김연아 선수가 2010년 밴쿠버동계올림픽에서 우승할 때 신었던 피겨스케이트, 88올림픽 개막식에서 보여준 굴렁쇠 등이 포함될 수 있다.

2010년 밴쿠버동계올림픽에서 우승한 김연아 선수의 경기장면(좌)과 당시에 신었던 스케이트(우). 현행 등록문화재 제도를 보완하여 예비문화재 인증 제도를 검토 중이다. 예비문화재는 50년이 안된 근현대 시기의 역사 · 문화 · 예술, 스포츠 분야 등에서 기념이 될 만하거나 상징적인 유물을 문화재로 편입하여 보호하려는 제도이다. 예비문화재 사례로 언급되는 것이 김연아 선수가 동계올림픽 피겨에서 처음 우승할 때 신었던 스케이트이다.

한편 지자체에서도 새로운 문화재의 발굴과 가치 공유를 위한 활동이 진행 중이다. 서울시는 미래유산의 보존관리·활용을 위한 조례를 제정하고(2015년) 조례 제정에 앞서 2012년부터 '서울 미래유산' 사업을 진행해오고 있다. '서울 미래유산'은 문화재로 지정·등록되지 않은 서울의 근현대 문화재를 대상으로 서울시민, 전문가, 시민단체 등이 제안한 것 중에서 서울시민이 함께 만들고 기억·공유할 가치가 있는 것을 심사하여 선정하고 있다. 공공기관·산업시설·유적지·공원 등 이외에도 현재 운영 중인 약국, 식당, 여관, 미용실 등 실생활에서 가까이 보고 접할 수 있는 대상등도 포함하고 있다. 그리고 서울 미래유산의 관심과 참여를 확대하고 접근·체험의 폭을 활성화하기 위해 미래유산 역사탐방 프로그램을 운영하거나 사용되지 않는 '구의취수장'을 새로운 문화공간으로 탈바꿈시켜 서울거리예술창작센터로 운영하고 있다. 이러한 활동은 다른 지역으로 이어져 전주시 등에서 근현대 문화재 관련 지정과 보호 활동을 위한 조례를 제정하고 있다.

서울 미래유산의 선정기준과 유형

▲ 서울 미래유산 선정기준

▲ 서울 미래유산 유형

* 서울시 미래유산 사이트 참조(futureheritage.seoul.go.kr)

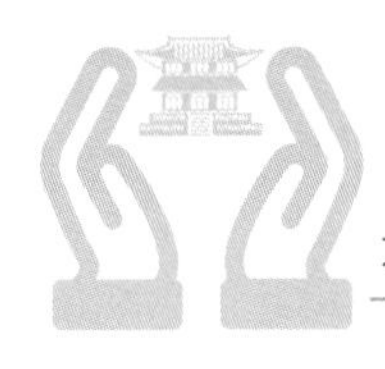

또한 서울시의 서울문화재단은 '문화자원기증센터'를 통해 2015년 12월부터 1년간 근현대 시기 서울시민의 추억과 기억을 담고 있는 기록물(사진·문서·공연티켓·편지 등), 의식주 관련 생활용품(교복·주방도구 등), 상업(전단지·간판 등) 관련 자료·정보를 수집하는 박물관도시 서울 프로젝트 '서울을 모아줘' 캠페인을 진행했다. 캠페인은 사라지거나 훼손될 수 있는 개인 소장품들을 발굴해 서울시민과 공유하면서 기록과 보존의 토대를 만들고 후대에 물려주기 위한 문화자원을 확보하고자 시행하였다. 온·오프라인에서 수집된 정보와 자료는 서울시 박물관 등과 공유되고 전시콘텐츠로 활용될 예정이며 가치 있는 수집품은 서울 미래유산으로 선정된다.

수집내용

서울 시민들이 공유할 수 있는 공통의 기억과 감성을 지닌 근현대 서울과 관련된 유·무형의 정보·개인 애장품
- 상업(광고 전단지, 오래된 가게의 간판 등)
- 생활기록(사진, 편지, 일기장, 공연티켓 등)
- 의식주 관련 각종 생활용품(교복, 주방도구, 간판 등)
- 여가생활(통기타, 하모니카 등)
- 서울지역 특정 사건, 인물에 관련된 기록이나 유물 등
- 로봇, 공예, 민속, 사진, 봉제, 도시재생, 한양도성 관련 자료 등
- 기타 개인이 소장했으나 공공의 가치가 있다고 생각하는 모든 물건

박물관도시 서울 프로젝트 '서울을 모아줘'
서울문화재단(문화자원기증센터) 홈페이지 발췌

이러한 '서울 미래유산'과 '문화자원기증센터' 프로젝트는 미래형 문화재 보호의 실천을 보여주는 정책이라고 볼 수 있다. 그 성과를 보면 지역의 문화재를 발굴하는데 시민이 자발적으로 제안하고 참여할 수 있는 환경을 조성한다는 점, 미지정문화재를 대상으로 문화재를 사전에 보호하고 가치평가할 수 있는 기반을 조성하고 있다는 점이 있다. 그리고 문화재가 실생활과 가까운 곳에 있으며 시민들과 함께 공통의 기억과 감성을 공유할 수 있는 문화공동체를 형성하는데 기여한다는 점이다.

● 문화재를 둘러싼 문화환경 조성

시간적으로 문화재 보호가 과거와 현재를 넘어서 미래를 지향한다면, 공간적으로는 어떠할까? 공간적인 지향점은 문화재만이 아니라 문화재를 둘러싼 주변 지역과 환경까지도 포함한다. 문화재를 중심으로 입체적인 문화공간과 문화환경 조성을 지향하는 것이다.

현재의 문화재 보호체계를 보자. 문화재가 지정되면 문화재만이 아니라 문화재가 차지하는 구역도 함께 보호 대상이 된다. 예를 들어 옛 건물이 문화재로 지정이 될 때 건물과 함께 건물이 자리한 일정한 구역(문화재 구역)도 보호 대상이 된다는 의미이다. 그런데 문화재(구역)만을 보호 대상으로 삼으면 문화재(구역)이 외부 영향에 쉽게 노출되어 보존관리가 어려울 수 있다. 이러한 단점을 보완하고자 문화재(구역) 주변에 추가로 일정한 면적을 '문화재보호구역'으로 설정하고 있다. 문화재(구역)을 보호하기 위한 완충구역으로서 문화재보호구역을 포함해서 함께 보호하는 것이다.

문화재 보호 체계는 문화재를 안전하게 보호하는 것과 함께 주변의 경관과 포괄적인 역사문화 공간조성을 위해 문화재(구역) 이외에 보호구역, 보존지역을 추가로 설정하고 있다.

그런데 '문화재(구역)' - '문화재보호구역'의 단계로 보호하는 것이 최선일까? 아니다. 문화재를 둘러싼 자연경관과 가치 있는 역사문화공간을 연결시켜 종합적이고 입체적으로 문화재 환경을 조성하도록 그 범위를 확대하고 있다. 그래서 문화재를 중심으로 500미터 이내 또는 더 넓게

보호 대상을 확대해 '역사문화환경 보존지역'을 설정하기도 한다. 해당 문화재만 잘 보호하면 충분할 것 같은데, 왜 주변 환경까지 보호할 필요가 있는지 궁금할 수 있다. 예를 들어 문화재 주변에 현대식 건물들과 화려한 상가들이 둘러싸여 있다면 문화재의 존재는 초라해 보이거나 주변지역과 연결된 역사문화공간이 단절되고 문화재가 지닌 가치도 퇴색될 것이다. 문화재적 가치를 지닌 사찰·교회 등 종교시설은 신성한 공간의 느낌이 감소하고 서원·근대교육시설 등에서는 새로운 이상을 꿈꾸고 지식을 주고받던 스승과 제자의 모습을 상상하기가 어렵다. 그리고 아름다운 자연과 어우러진 문화공간이 전달하는 경이로움과 감흥도 사라질 수 있다.

문화환경의 중요성과 유네스코 등재 삭제 사례

문화재를 둘러싼 자연경관과 문화환경의 중요성을 보여주는 사례가 있다. 독일의 '드레스덴 엘베 계곡'이 유네스코 세계유산목록 등재에서 삭제된 사례이다. 2009년 6월 스페인 세비야에서 유네스코 세계유산위원회가 열렸다. 이때 우리나라는 '조선왕릉'을 세계유산에 등재한 경사스러운 날이었다. 하지만 독일 정부는 심각한 분위기였다. 왜냐하면 독일의 '드레스덴 엘베 계곡'이 세계유산목록에서 삭제되고 게다가 세계유산위원회 결정으로 취소된 첫 번째 사례였기 때문이다. '드레스덴 엘베 계곡'은 엘베 강변을 따라 조성된 녹지공간과 19세기 낭만주의 건축양식의 경관이 탁월한 보편적 가치를 가져 2004년 세계유산에 등재되었다. 엘베 강을 품고 있는 드레스덴 지역은 16~19세기에 지어진 궁전, 공원, 교회 등 옛 건축물들이 잘 보존되어 있는 역사도시이기도 하다. 그런데 2006년 독일 정부는 주민들의 교통편의를 위해 기존의 다리 4개 이외에 추가로 800미터 규모의 새 다리 건설을 계획하게 되었고 유네스코는 엘베강 오염과 자연경관 훼손을 이유로 반대하면서 처음에는 드레스덴 엘베계곡을 '위험에 처한 세계유산'으로 분류하였다. 이후 독일정부는 새로운 다리 건설

대신에 대안을 찾기 위해 다양한 연구와 토론 등을 거쳤지만 나중에는 시민투표를 거쳐 생활편의를 위해 새로운 다리를 건설하였다. 이러한 배경에서 결국 2009년 유네스코 세계유산위원회는 세계유산 목록에서 삭제한 것이었다.

유네스코는 드레스덴 엘베 계곡에 대해 '엘베 계곡의 다리 건설이 강물을 오염시키고 엘베 강변 주위의 자연경관과 문화환경을 훼손시켜 결과적으로 세계유산의 자격을 잃어버렸다'고 판단한 것이었다. 세계유산은 등재도 중요하지만 세계유산의 가치를 온전하게 보존하는 것도 중요하다는 국제사회의 강력한 메시지를 보여주는 사례이며 문화경관과 문화환경의 중요성을 되짚어 주는 사례이기도 하다.

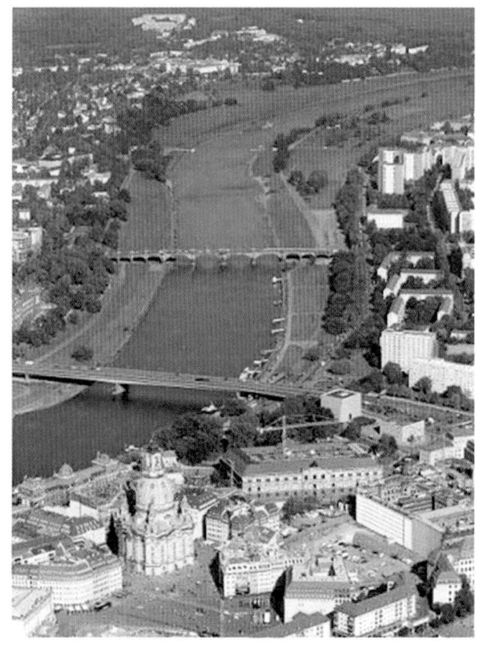

독일 드레스덴 엘베계곡

엘베강에 새로운 다리(아래쪽)를 건설하면서 강 오염과 자연경관 훼손으로 2009년 세계유산 목록에서 삭제되었다.

세계유산 등재 과정은 어떻게 진행될까?

세계유산의 등재 결과는 국민적 관심이 크다. 하지만 세계유산이 되는 과정, 즉 어떤 자격을 갖추어야 하고 어떠한 절차를 거쳐서 세계유산이 되는지 모르는 경우가 많다. 세계유산을 등재하는 기준과 그 절차를 간략히 소개하면 다음과 같다. 우선 세계유산으로 등재되기 위해서는 탁월한 보편적 가치(OUV, Outstanding Universal Value)를 갖추어야 한다. 이는 1) 등재신청 기준, 2) 진정성과 완전성, 3) 보존관리계획이 충족되었을 때 성립한다.

'탁월한 보편적 가치(OUV)'는 해당 유산(Heritage)이 국경을 초월할 만큼 독보적이며 현재는 물론 미래세대까지도 포함해 전 인류에게 공통적으로 중요한 문화 · 자연적 가치를 말한다. 그 가치에 대한 평가는 10가지로 구분된 기준 중에서 1개 이상의 기준에 적합하면 된다. 두 번째로 해당 유산의 가치를 구성하는 근본적인 요소가 진실되며, 신뢰성이 있는지에 대한 평가 기준인 '진정성'이다. 유산을 보수 · 복원할 때 기록과 증거가 아니라 추정에 의해서 보수 · 복원이 이루어지면 진정성이 없게 된다. 그리고 '완전성'은 탁월한 보편적 가치를 표현할 수 있는 일체의 요소가 포함되었는지, 유산을 이루는 구역이 온전하게 잘 보존되었는지, 개발 등으로 유산의 가치를 훼손하는 위험요소는 없는지, 위험요소가 있다면 대응이 가능한지를 평가하는 기준이다. 다음으로 '보존관리계획'은 세계유산으로서의 가치를 온전히 지켜가기 위한 약속이자 구체적인 실천 계획을 말한다.

세계유산의 등재 절차는 크게 잠정목록 신청 → 등재신청 대상 선정 → 등재 신청 → 심사 → 등재 결정의 단계로 진행된다. 잠정목록은 세계유산에 등재할 예비 목록이다. 잠정목록이 된지 1년이 지나야 세계유산에 등재할 신청 자격이 주어진다. 다음으로 본격적인 등재를 위해 신청 국가는 잠정목록 대상 중에서 등재 신청대상 유산을 선정한다. 우리나라의 경우에 잠정목록 중에서 등재 신청할 후보군을 2~4개로 우선 선정하고 다시 2개로 대상을 좁혔다가 최종 신청대상을 선정하는 과정을 거친다. 등재 신청대상 유산은 문화재청 명의로 외교부를 거쳐 세계유산위원회의 사무국인 세계유산센터(WHC)에 제출된다. 등재심사는 세계유산위원회의 자문기구에서 진행되는데 문화유산은 국제기념물유적협의회(ICOMOS), 자연유산은 국제자연보존연맹(IUN)에서 담당하며 복합유산은 두 자문기구가 합동으로 진행한다. 심사절차는 서류 검토, 현지 실사, 패널심사를 거쳐 등재, 보류, 반려, 등재불가의 결과를 세계유산위원회에 전달한다. 세계유산위원회는 회의를 통해 최종적으로 등재 여부를 결정한다.

● 함께 지켜가는 문화공동체

많은 사람들이 '문화재는 소중하기 때문에 잘 가꾸고 지켜가야 한다'고 쉽게 말하지만 소중한 문화재를 보호하기 위한 참여 활동은 어렵게 생각한다. 문화재는 내용도 어렵고 접근하기가 쉽지 않기 때문이다. 다시 말해 문화재 보호를 위해 열정적으로 지지하고 응원할 수 있지만 자신이 직접 문화재를 가꾸고 지켜가는 일은 조금 동떨어진 이야기이며 국가나 전문가, 소유자의 몫이라고 생각하는 경향이 있다.

과연 문화재는 소중하지만 문화재를 보호하는 일은 평범한 우리가 아닌 다른 전문가나 공공기관만의 몫일까? 평범한 우리가 문화재 보호에 참여하는 활동은 가능하다. 오히려 우리 모두가 문화와 문화재 보호의 주체로서 인식하고 적극적으로 참여해야 한다는 인식이 필요하다.

우선, 우리는 문화재를 함께 가꾸고 지켜야할 의무와 책임이 있다. 문화재를 만드는 것도 사람이고 문화재가 만들어진 배경과 가치를 공유하는 주체도 바로 사람이기 때문이다. 또 다른 주체를 언급하자면 사람들의 삶의 터전인 자연을 들 수 있다. 결국 자연 안에서 사람들은 살며 사랑하며 고민하며 부딪히며 겪게 되는 다양한 삶의 양식이 문화로 남게 되고 후대에 공유된다. 공유된 문화 산물 중에서 가치 있는 것을 문화재로 삼고 있으니, 문화와 문화재를 함께 만들고 공유하는 주체로서 사람들은 그 문화(재)를 온전히 가꾸고 지켜야할 의무와 책임이 있는 것이다.

한편 문화재 보호의 참여 의무와 책임은 흔히 '우리 것'이라는 배타적 인식을 바탕으로 한 집단, 지역, 국가, 민족 등의 제한된 문화 산물만을 대상으로 삼지 않는다. 다양한 문화 산물이 존재하고 서로 교류되는 과정을 거치기 때문에 집단과 경계를 넘어 각각의 문화(재) 주체를 존중하고 배려해야 하는 의무와 책임도 함께 뒤따른다. 지역과 국가를 넘어 인류 모두를 위한 공동의 문화재로서 세계유산이 존재하는 이유와도 연결된다.

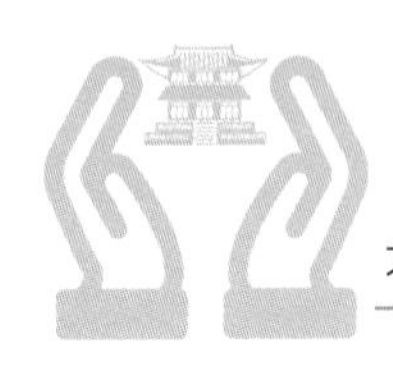

문화(재)의 주체와 관련해서 특정인, 특정집단만을 문화재의 주체로서 봐야하는가라는 또 다른 질문을 가질 수 있다. 예를 들어 한 특정인·특정집단이 만든 문화재가 있다고 하자. 그 문화재는 개인과 집단의 창작물에서 그치지 않는다. 문화재가 새로 만들어지는 당시의 시대상(사상·기술·풍습 등)과 서로 영향을 주고받게 되며, 축적된 문화적 성과와 역량에 기반해서 또 다른 개인·집단의 능력과 경험이 더해져 빚어낸 성과물이라고 볼 수 있다. 그래서 특정인 · 특정집단만의 문화재가 아니라 시간, 공간, 인간이 서로 어우러져 이루어낸 합작품이자 공동 · 공공의 문화자산이라는 가치를 갖게 된다.

아리랑 영화 포스터 (1957년 김소동 감독)

또한 사회구성원 모두가 참여해서 만든 공동의 문화재도 있다. 예를 들어 국가무형문화재이자 인류무형문화유산으로 지정된 '아리랑'이 있다. 아리랑은 전 국민이 부를 수 있는 노래이자 우리네 삶의 희노애락을 담아 한민족의 정서를 대변하는 노래로 한국의 문화를 대표하는 문화상징체이다. 한민족이 갖는 공동의 기억과 문화가 세대를 거쳐 전승되어 지금도 아리랑을 흥얼거리고 있으니 우리 모두가 문화재의 주체이자 공유자인 셈이다. 또 다른 사례로 인류무형문화유산 '김장문화'가 있다. 겨울나기 음식인 김장김치를 만드는 과정과 생활풍습이 창의적인 음식문화를 대표하며, 가정·지역공동체의 협동과 결속을 보여주면서 김장김치를 이웃과 나누는 사회적 가치도 담고 있다. 김장문화 역시 집단화된 공동·공공의 문화 산물이며 문화재로서 대한민국 국민 모두가 문화재의 주체이다.

이처럼 우리는 문화재의 생산, 공유, 발전의 주체로서 문화재를 가꾸고 지켜가야 할 의무와 책임이 있으며, 또한 세대와 세대를 거쳐 변화·발전해 온 문화재를 온전히 후대에 전달해야 할 중간 계승자로서 사명감이 부여되기도 한다. 책임감과 사명감은 문화재 보호에 동참해야 한다는 강제성이 아니라 주체성을 그 중심에 두고 있다. 모두가 문화재의 주인이라는 주체의식을 갖는 것이 필요하며 이러한 인식에서 출발할 때 우리 모두가 자발적으로 문화재를 가꾸고 지켜가는 문화공동체의 가치를 만들어 낼 수 있다.

많은 사람들이 스스로 문화재 보호에 참여해서 문화재를 후대에 온전히 물려주는 활동은 문화재 보호의 성과뿐만 아니라 실천하는 행동의 문화적 가치를 보여준다. 문화재 보호에 동참하는 우리의 손길 하나하나는 역사가 되고 때로는 감동으로 전해져 후대에 존경받고 본받을 만한 시민 참여의 교훈과 모범 사례로 회자될 것이다. 그래서 문화재를 함께 가꾸고 지켜가는 참여는 또 하나의 아름다운 문화재를 만들어가는 과정이며 건강한 문화공동체를 형성하는 길이기도 하다.

문화재 보호의 동참은 현 시대에만 존재하지 않았다. 과거에도 문화재를 함께 지켜왔던 전통과 유산을 경험해 왔다. 예를 들어 조선왕조실록이 임진왜란과 정유재란으로 사라질 위기에 처했을 때 개인 재산과 가솔을 이끌어 실록을 안전한 곳으로 옮기도록 헌신을 다했던 유생 안의·손홍록이 있으며, 문화재를 수집해 우리의 문화와 나라를 지키려 했던 전형필, 프랑스 유학 중에 세계 최고의 금속활자본인 직지심체요절의 존재를 세상에 알렸던 박병선 등 수많은 사람들이 가치 있는 문화와 문화재를 보호하기 위해 많은 노력을 기울여 왔다.

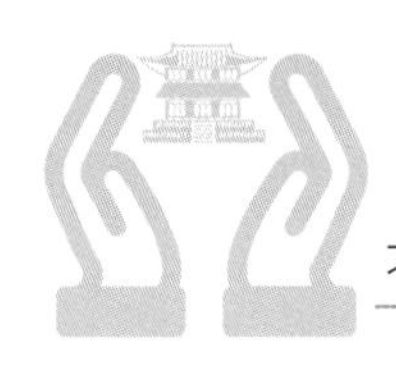

결국 문화재는 모두의 문화재이며 모두가 함께 가꾸고 지켜가야 할 대상이다. 또한 가치 있는 문화재를 함께 지켜갈 때 더 큰 가치를 만들어갈 수 있다. 문화재뿐만 아니라 문화재를 함께 지켜가는 참여와 실천이 또 하나의 문화(재)로 공유되고 만들어지는 과정이며, 새로운 문화와 문화재를 만들어가는 토대이자 개인과 사회, 문화가 건강하게 성장할 수 있는 문화공동체를 형성하는데 기여하는 길이 될 것이다.

3. 문화재 보호의 참여와 활동 유형

● 문화재 보호 시민참여 현황

1980년대만 해도 문화재는 주로 학술적인 연구대상이며 엄격한 보존관리를 받아야하는 관리와 통제의 대상이었다. 공공기관과 연구자, 소유자·관리자 등만이 제한적으로 접근이 가능했고 일반인들은 접근이 어려운 대상이었다. 그런데 1970~80년대부터 점차 경제 발전과 함께 자유·평등의 민주주의 원리가 확산되면서 정치적으로 민주화의 과정을 걷게 되고, 시민의식·시민사회도 함께 성장하게 되었다. 그리고 문화적으로 민족·민속·민중문화 등 다양한 경로를 통해 전통문화의 이해가 높아지고 풍요로운 문화생활을 지향하려는 움직임도 왕성해지기 시작하였다. 이렇듯 정치·경제의 발전, 시민사회의 성장을 배경으로 90년대 이후 본격적으로 역사·전통문화·문화재에 대해 사회적 관심이 증가하였다.

2016년 '내고장 문화재 가꾸는 날' 행사
전국의 문화재지킴이들이 문화재를 가꾸고 지켜가기 위한 실천과 홍보캠페인을 위해 매년 '내고장 문화재 가꾸는 날' 행사를 지역별로 동시에 개최하고 있다.

문화재 답사, 지역문화 소개 등을 다룬 대중서도 활발히 출간되고 지역과 지역을 넘어 전 국토를 대상으로 문화재를 찾아가는 답사·여행과 동호회 활동도 활성화되었다. 또한 지역문화와 문화재를 올바르게 이해하고 가꾸기 위한 풀뿌리 문화운동이 지역별로 일어나 지역 기반의 문화재 시민단체들이 초창기 시민참여형 문화운동을 주도하며 활발히 문화재 보호 활동을 전개하였다.

이러한 사회 변화 속에서 정부(문화재청)도 문화재 보호의 민간참여를 확대하고 협력방안을 모색하는 관련 정책을 추진해 갔다. 1985년부터 '문화재명예관리인제도'를 시행해 지자체별로 문화재 인근 지역주민을 명예관리인으로 위촉하고 문화재의 도난·훼손·화재 등을 예방하거나 관리·보호하도록 하였으며, 2000년부터는 문화재 현장의 목소리를 통해 문화재 보존관리의 문제점과 개선방안을 찾고 문화재행정에 반영하고자 광역 지자

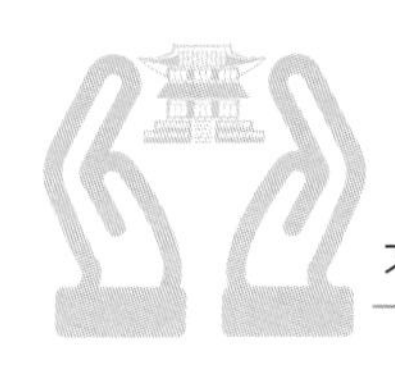

체 단위별로 소수 인원을 선발하여 운영하던 '문화재행정모니터'제도가 있었다. 문화재명예관리인과 문화재행정모니터 제도는 시민참여의 제도적 장치를 마련하고 미흡한 문화재 행정을 보완하는데 기여하였지만 정부·지자체 주도로 진행되는 제한된 참여로 한계를 가지고 있었다. 그래서 2005년부터 전 국민이 자발적으로 문화재를 가꾸고 지켜나가며 서로 협력할 수 있는 '한문화재 한지킴이(이하 문화재지킴이)'제도를 시행하게 된다.

문화재지킴이 제도는 문화재 NGO단체에서 시행하던 지역별 주민참여형 문화운동 사례를 참조해 개인·학교·NGO 등의 문화재 보호 활동을 지원하면서 전국적인 민간참여형 문화재 보호 운동으로 확산시키고자 하였고, 동시에 기업 사회공헌 등의 공익활동을 문화재 분야로 확대·적용시키기 위한 정책이었다. 결국 시민사회의 자원봉사·재능기부를 연결하는 볼런티어쉽(voluteership)과 기업·전문기관·NGO단체 등과의 파트너십(partnertship)을 기반으로 하는 문화재 보호 거버넌스(governece) 정책이며 개인·학교·NGO·기업 등의 자발적인 문화재 보호 활동이 활성화되도록 지원하는 제도적 도입이었다.

제도 도입 이후 개인·가족·학교·NGO단체·기업 등 다양한 참여주체들이 자유롭게 문화재 보호에 참여할 수 있는 기회를 제공하고 참여자들의 문화재 이해와 효과적인 봉사활동이 가능하도록 교육과 현장 활동지원 프로그램을 운영하고 있다. 또한 학교·NGO단체들의 개별적인 문화재 보호 활동과 참여 주체 간의 협업과 협력이 가능하도록 네트워크 사업을 지원하고 있다.

▌문화재 보호 거버넌스 정책 개념도▐

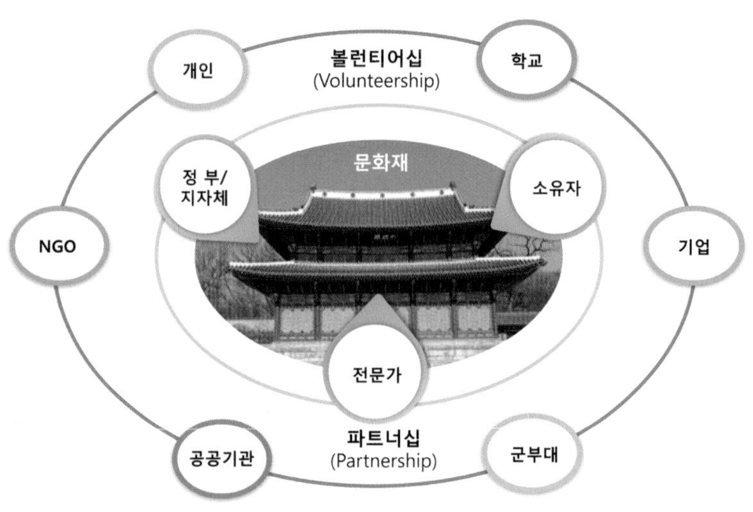

한편, 시민들의 사회의식과 공익활동의 참여 의지가 높아지고 자원봉사, 청소년활동 진흥, 문화예술 후원 등 관련 제도·법률이 뒷받침되면서 문화재 분야의 자원봉사, 기업 사회공헌, 청소년 활동 등도 활발해졌다. 청소년은 교과 과정과 연계된 지역사회와 역사문화의 이해를 돕기 위해 문화재를 배우고 체험하면서 자원봉사와 사회활동의 일환으로 문화재 환경정화 봉사활동, 문화재 홍보 등에 참여하고 있다. 최근에는 문화재와 연결된 창의체험, 진로체험 프로그램 덕분에 청소년에게 다양한 문화체험과 진로탐색의 기회를 제공함으로서 문화재와 청소년이 더 친숙하게 되었다.

또한 기업에게 기업 본연의 수익창출과 기업 성장 이외에 공익활동의 기여도 중요한 사회적 책임과 의무가 되었다. 그리고 공익활동이 경영과 무관한 것이 아니라 기업 성장과 이미지 향상에도 도움을 준다는 인식이 공유·확산되면서 자선·기부 형태의 사회공헌만이 아니라 비즈니스와 연

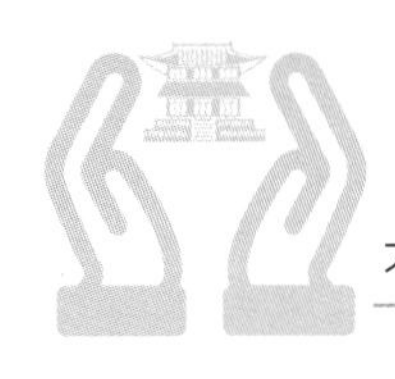

결된 공유가치창출(CSV) 유형도 활성화되고 있다. 사회공헌의 주 대상이 사회복지 분야이지만 점차 전통문화와 문화산업이 주요 사회적 관심사가 되면서 문화재 분야의 참여와 지원도 증가하고 있다. 특히 외국계 기업들도 국내 소비자와의 커뮤니티 활성화와 마케팅 효과의 증대를 위해 지역문화의 대표성을 지닌 문화재에 대해 큰 관심을 갖고 문화재 사회공헌에 적극적으로 참여하고 있다.

이외에도 주부·은퇴자·고령자층 등의 사회활동 진출이 높아지고 있는데 그들의 주 관심 대상이 전통문화와 역사문화 분야이기도 하다. 지역의 문화재 NGO단체에 가입하여 문화재를 보존관리하는 자원봉사에 참여하거나, 자기계발을 위해 역사문화를 배우고 이를 활용해서 지역의 문화재를 해설하는 봉사활동에 참여하고 지역의 문화재를 홍보하면서 교육체험 활동을 지원하기도 한다.

● 활동 대상별 참여 유형

문화재 보호의 참여 방식은 자원봉사·재능기부, 현금·현물의 기부, 기술 및 장비를 지원하는 활동 등이 있다. 그리고 활동 유형으로 보면 문화재 보존관리 분야로 환경정화와 모니터링, 보수·정비 지원, 조사연구, 도난방지 순찰 등이 있으며 활용 분야로 문화재 체험·교육, 홍보, 안내해설, 전시, 공연 등이 있다.

활동 유형 중에서 개인, 가족, 학교, NGO 등은 주로 자원봉사와 재능기부 방식으로 환경정화, 모니터링, 조사연구 등에 참여하며 기업·전문기관은 재원·기술·인력을 활용해 보수·정비, 환수 등 보전관리와 함께 전시·공연·체험 등 다양한 활용 프로그램을 지원하거나 직접 운영하기도 한다.

환경정화 활동 참여

문화재 보호 활동 중에서 가장 기본적인 활동으로 문화재와 그 주변을 쓸고 닦고 정리하는 환경정화 활동이 있다. 예를 들어 건물 안의 먼지를 털고 바닥을 쓸고 닦을 수 있다. 목조건물의 경우에 낡고 찢어진 창호지를 교체하거나 마루의 먼지를 제거하면서 기름으로 닦아내어 윤이 나게 할 수도 있다. 건물 밖에서는 지저분한 흙먼지를 쓸어서 정돈하거나 잡초를 뽑고 떨어진 낙엽·고목, 생활쓰레기 등을 치우고 정리하는 활동도 가능하다.

날씨와 계절에 따라 비가 많이 오면 오물과 낙엽 등이 하수구를 막지 않도록 정리하거나 눈이 많이 오면 쌓인 눈을 치울 수도 있다. 이외에 문화재를 찾아 온 관람객들을 위해 지저분해진 안내판을 닦거나 의자, 쉼터, 주차장 등의 관련 시설물을 깨끗하게 관리해주는 일도 가능하다. 환경정화 활동은 마치 집, 사무실 등 일상공간을 청소하는 일과 비슷해서 쉽게 참여가 가능한 활동이며 문화재의 일상적인 관리와 함께 쾌적한 관람환경을 만드는데 도움을 준다.

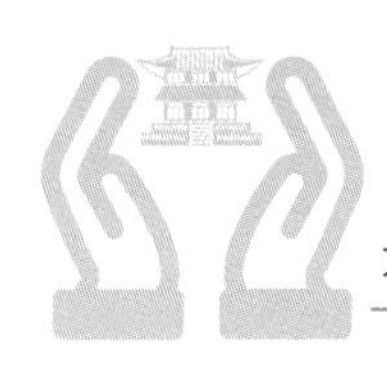

안내, 교육, 홍보 활동 참여

문화재를 직접 가꾸는 일 이외에 문화재의 가치와 의미를 널리 알리고 함께 공유하는 안내, 교육, 홍보 활동도 있다. 아는 만큼 보인다고 하는데 문화재를 더 잘 이해한다면 보다 많은 사람들과 우리의 역사문화, 지역사회, 공동체 등에 대한 이해도를 높일 수 있고, 또한 문화재를 보호하는데 더 많은 사람들이 참여할 수 있는 환경을 만들 수도 있을 것이다. 그래서 문화재의 가치와 의미를 전달하고 나누는 일은 문화재 보호에 직접 참여하는 활동만큼 중요하다. 환경정화 활동에 직접 참여하면서 활동 대상 문화재를 소개하거나 블로그·카페, 소셜 미디어 등을 활용해 문화재를 홍보하는 일도 가능하다. 청소년·대학생이 참여하는 문화재 홍보기자단 등의 프로그램을 통해 문화재 홍보활동도 가능하다.

그리고 요즘에는 지역 또는 문화재별로 관람객에게 문화재를 안내하는 해설 프로그램이 많이 운영되는데, 무급 또는 약간의 활동비가 지급되는 자원봉사 유형의 안내해설사 양성 프로그램에 참여해 문화재도 배울 수 있고 직접 현장에서 적극적인 문화재 홍보 활동에도 참여할 수 있다. 이외에도 기업·NGO·공공기관 등 조직력과 전문성을 갖춘 단체는 보유한 재원과 인력을 활용하거나 전문기관과의 협력 사업을 통해 직접 안내, 교육, 홍보, 캠페인 프로그램을 기획하여 적극적인 문화재 홍보 활동에도 참여하고 있다.

모니터링 참여

모니터링 활동은 문화재뿐만 아니라 문화재 주변의 시설물, 관람환경 등을 그 대상으로 삼을 수 있다. 문화재가 온전하게 잘 보존되고 있는지, 훼손 또는 훼손이 우려되는 곳은 없는지, 관람에 불편함은 없는지 등을 살피는 일이다. 예를 들어 낡고 오래되어 훼손된 벽체와 기와·담장, 낙서로 인한 훼손 등을 발견하거나 폭우와 태풍·폭설·산불 등 자연재해로 훼손되거나 훼손될 우려가 있는 경우 관리단체나 정부·지자체에 그 사실을 알리는 활동이다.

문화재뿐만 아니라 문화재 관련 시설물도 모니터링 대상이다. 예를 들어 문화재 보호를 위한 안전펜스와 비개방 지역을 둘러싼 울타리 등이 훼손되지 않았는지, 관람객 대상의 의자·쉼터, 장애인 통행로 등 관람 편의시설이 부족하거나 파손된 곳은 없는지, 안내판이 훼손되거나 내용의 오류가 있는지, 관람객의 출입으로 훼손이 우려되는 곳은 없는지 등 시설물과 관람환경에 대한 모니터링이 가능하다. 이외에도 문화재 관련 도로 표지판의 파손 및 내용 오류, 홍보 안내물 및 홈페이지·온라인 게시물의 내용 오류 등을 바로잡는 모니터링 활동도 있다.

문화재훼손신고센터(한국문화재돌봄협회) 모바일 웹 첫 화면

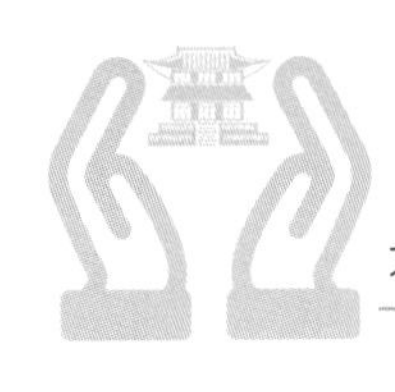

참고로 문화재지킴이, 문화재훼손신고센터(한국문화재돌봄협회), 지역별 문화재돌봄사업단 홈페이지와 나만의 문화재 해설사 모바일 앱 등을 통해서 문화재 훼손과 안전, 재난방재, 안내판 오류 등을 건의하고 신고할 수 있다. 이러한 온라인 매체를 활용하면 모니터링 활동에도 도움이 될 것이다. 문화재 모니터링 활동은 환경정화, 교육·홍보 등 다른 활동과 병행하면서 자연스럽게 문화재의 보존관리 상황을 관찰할 수 있기 때문에 환경정화, 교육·홍보 등과 모니터링 활동을 동시에 실시한다면 일석이조의 문화재지킴이 활동이 될 수 있다.

지원 및 기부 참여

다음으로 문화재 보호를 위해 기술·장비 지원과 기증, 현물·현금 기부, 안내판·관람 편의시설 설치, 문화향유 확대를 위한 교육·체험·전시·공연 프로그램 지원 등이 있다. 이러한 분야는 전문적인 기술과 현금·현물 등의 재원이 뒷받침되어야 하기에 전문기관이나 기업 등이 주로 참여하고 있다. 부족한 공공예산을 보완해주거나 공공사업 영역을 확장하는데 도움을 주며 전문적인 기술·장비 등의 후원을 통해 문화재 보존관리의 역량을 높이고 다채로운 문화향유 프로그램을 제공할 수 있는 활동이다.

문화재 보호 참여를 위한 효과적인 사전 준비

문화재 보호의 열정과 애정만으로 문화재를 가꾸고 지킬 수는 없다. 본격적인 문화재 보호 활동에 앞서 먼저 고려할 사항들이 있다. 활동 대상, 활동 방법, 활동 규모, 활동 사례 등을 스스로 확인하는 일이다. 참여자(기관)가 어떠한 문화재에 관심을 갖고 있는지, 다음으로 참여자(기관)가 어떠한 방법으로 참여할 것인지, 즉 활용 가능하거나 동원할 수 있는 재능 · 기술 · 재원 · 장비 등을 확인하는 일, 그리고 활동 가능한 시간 · 횟수 · 인원 등도 고려해야 한다. 이외에 문화재의 관리 상태, 다른 참여자(기관)의 활동 사례도 확인하고 대상 문화재의 가치와 역사적 배경을 이해하고 참여한다면 더 유익한 활동이 될 것이다.

또한 참여자(기관)는 활동 대상 문화재를 어떻게 선정해야하는지 고민이 될 수 있다. 모든 문화재가 활동 가능한 대상이라고 보면 된다. 국가와 시도에서 지정한 문화재와 등록문화재가 포함되며 아직 그 가치를 인정받지 못해 지정 · 등록되지 않은 문화재 유형도 가능하다. 그리고 문화재 관련 전문기관과 박물관 등에서 문화재 보존관리 이외에 전시 · 안내 · 교육 등을 돕는 지원활동도 문화재 보호의 또 다른 참여방법이다.

다음으로 활동 대상 문화재는 어떤 기준에서 선정하는 것이 좋을까? 문화재 선정 기준은 참여 목적과 여건에 따라 차이가 나지만 환경정화 등 자원봉사 참여형태를 기준으로 국가와 지역을 대표하는 문화재를 활동 대상으로 선정하거나, 참여가 쉽도록 거주지역과 위치상 가까운 대상이거나, 문화재로 지정되었지만 외진 곳에 위치해 관리의 손길이 미치지 못하는 소외 대상이거나, 관련기관에 추천을 받거나 또는 참여자가 잘 알거나 관심을 갖게 된 문화재 등이 있다.

그런데 모든 (미지정)문화재가 활동 가능한 대상이지만 활동이 모두 가능한 것은 아니다. 반드시 문화재 소유자, 관리자 등 관계자에게 사전에 확인하고 협조를 구해서 실제로 활동이 가능한지를 파악하는 것이 필요하다. 경우에 따라 활동 참여가 불가능하기 때문이다. 예를 들어 국가 · 지자체가 문화재 현장에 관리자를 두어 관리 상태가 양호하거나 별도의 도움이 필요 없는 시기일 때, 문화재 보호 목적으로 출입을 통제하는 비공개지역일 때 등 관리환경에 따라 활동 가능여부가 결정될 수 있기 때문이다. 그리고 보호 활동 참여가 가능할 때는 어떠한 일을 할 수 있고 어떠한 일이 실제로 도움이 되는지 등을 사전에 협의하여 진행한다면 더 효과적으로 문화재 보호에 참여할 수 있다. 만약에 활동 가능한 문화재, 활동방법 등을 잘 몰라서 참여가 어렵다면 거주하는 곳의 지자체(문화재 또는 문화 관련 부서)와 문화재 관리기관, 지역을 기반으로 한 문화재NGO, 문화재청 등에 문의해 도움을 받을 수도 있다.

● 참가 주체별 참여 유형

다음으로 참가 주체별로 어떻게 문화재 보호 활동이 이루어지는지 알아보자. 참가주체로는 개인·가족, 학교, 민간단체, 기업, 군부대 등이 있다.

개인 · 가족

우선 개인·가족은 거주 지역의 문화재를 대상으로 집 안팎을 청소하듯 문화재와 그 주변을 깨끗하게 청소하고 정리하는 활동에 참여할 수 있다. 환경정화 활동은 참여자에게 문화재 관리에 기여한다는 자긍심을 갖게 하고 문화재 현장에서 직접 보고 체험할 수 있는 현장학습 기회도 제공하기에 만족도를 높여준다. 또한 가족이 함께 문화재 보호 활동의 보람을 공유할 수 있어서 가족 간의 소통과 신뢰가 높아지고 가족애도 커질 수 있다.

학교

학교에서는 학생과 교사가 함께 학교·학급·동아리 단위로 환경정화, 홍보, 안내, 교육 등에 참여할 수 있다. 직접 문화재 현장에 나가서 환경정화, 모니터링, 홍보 활동에 참여하면 학생들의 사회활동에도 도움이 되며 수업과 연결된 현장학습의 기회도 가질 수 있다. 현장 활동 이외에 문화재 신문 제작하기, 홍보물·기념품 만들기, 온라인에서 홍보하기, 문화재 행사에 참여하기 등 다양한 활동이 있으며 문화재와 진로 탐색 기회를 경험하는 문화재 진로체험 프로그램 운영도 가능하다.

문화재NGO

문화재 분야 NGO단체는 문화재 보호 활동의 주요한 역할을 하고 있다. 지역사회를 중심으로 환경정화, 모니터링, 교육, 문화체험 등 다양한 문화재 관련 프로그램을 기획, 운영하면서 보호 활동에 참여하는 개인·가족·기업 등을 지원하고 있다. 예를 들어 문화재 보호 봉사활동의 참여기

회를 제공하고 전시·공연·체험 등 문화향유 프로그램을 운영하고 있다. 또한 지역의 문화재 전문가(기획·안내해설 등)를 양성하는 교육 프로그램 운영 이외에 공공기관·기업 등과 파트너십을 맺고 문화재 보호 활동의 다양한 프로그램을 개발·지원하고 있다. 최근에는 NGO단체들이 연합회를 구성하여 문화재 활동성과 공유, 전국 단위의 문화재 보호 프로그램 개발, 민간전문가 양성과 지역간 문화교류 등을 실시하면서 활동 영역과 시민참여의 기회를 확대하고 있다.

기업 및 군부대

기입은 사회공헌·메세나 형식으로 기업이 보유한 재원·기술·장비 등을 지원하거나 임직원이 환경정화 자원봉사 활동에도 참여하고 저소득층·다문화가족, 고객, 국내외 협력업체 직원 등을 대상으로 문화재를 활용한 문화향유·문화체험 프로그램을 운영·지원하기도 한다. 한편 군부대에서도 장병들이 부대 내의 문화재를 가꾸는 활동에 참여하거나 비무장지대(DMZ) 등의 군사시설 내 문화재 보호 활동을 지원하기도 한다.

올바른 문화재 보호 참여를 위한 활동 윤리

- 문화재의 이해 : 문화재와 관련된 역사, 인물, 문화적 가치 등을 충분히 이해한다.
- 문화재 보호 활동방법 숙지 : 문화재 유형, 관리상태 등을 확인하고 올바른 활동방법을 익힌다.
- 문화재 소유자, 관리자와의 충분한 협의 : 활동대상 선정, 사생활 보호와 도난피해 오해 방지
- 문화재와 문화(생활) 존중 : 종교, 지역, 문화적 차이 등 문화다양성을 존중하고 금기사항을 준수한다.
- 안전수칙 준수 : 문화재가 훼손되지 않도록 주의하며 지킴이활동 참여자의 안전사고도 주의한다.
- 문화재 관람자 배려 : 지킴이활동으로 관람객에게 피해를 주거나 관람질서를 저해하는 행동을 자제한다.
- 문화재의 훼손, 도난, 피해 우려 등 발견 시 즉시 국가 · 지자체 · 문화재NGO 등에 알린다.

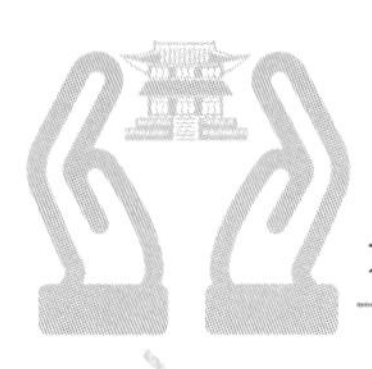

기업 사회공헌과 문화재 보호

1. 사회공헌과 문화재 사회공헌 현황

● 사회공헌의 개념과 현황

사회공헌과 기업의 품격

기업을 설립하고 운영하는 목적은 수익을 창출하는 것이다. 제품과 서비스를 많이 팔아서 수익도 많이 내고 새로운 수익모델을 꾸준히 만들어 내야 기업 운영도 안정적이고 기업이 성장할 수 있다. 기업의 영리추구가 가장 기본적인 기업 활동이지만 기업만이 홀로 존재하면서 기업을 경영할 수 없다. 기업은 상품의 제작과 유통, 판매과정에서 직원과 협력업체, 상품을 구매하는 소비자, 기업을 지원하거나 규제하는 정부 등 다양한 이해관계자와 관련을 맺고 있다. 다양한 이해관계자와 직간접적으로 영향을 주고받기에 기업은 기업만이 홀로 존재하는 것이 아니라 사회 안에서 존재하며 기업을 둘러싼 사회 전체를 고려해야 한다.

인간은 사회적 동물이라고 하는데, 사람이 모여서 만든 기업(조직) 역시 사회성을 가진 '사회적 조직'이다. 사람마다 삶의 철학과 방식이 달라도 사람으로서 지켜야할 도리와 양심, 책임이 있어야 인간으로서 자격과 품격을 갖추었다고 한다. 인간답게 살기 위한 자격과 품격은 사람이 모인 기업에도 적용된다. 기업도 이윤추구의 방법과 과정이 달라도 사회적 가치기준과 도덕적 책임에 부합하는 정당한 방법으로 올바르게 운영해야 한다. 그래야 사회의 일원으로서 좋은 평판과 이미지를 가질 수 있고 좋은 기업으로 인정받을 수 있다. 좋은 평판과 인정은 지속적이며 안정적인 기업 활동을 가능하게 하며, 사회적인 조직으로서 자격을 갖추고 존경받을 수 있는 기업의 품격을 높이게 한다.

최근 가습기 살균제 피해, 대리점 횡포, 항공기 회항 등으로 나타난 기업의 폐해는 기업의 이미지와 평판을 하락시키고 더 나아가 불매운동으로 이어져 기업매출에도 상당한 피해를 입혔다. 결국 환경오염, 유해성 재료 사용, 담합, 횡령, 불공정거래 등 기업의 잘못된 경영 활동은 사회적인 비판과 함께 기업 안팎으로 기업 이미지 훼손과 매출 하락, 그리고 조직문화에도 상처를 입히게 된다. 반면에 기업의 윤리적 경영과 나눔을 실천하는 공익활동은 기업에 대한 호의와 긍정적 평가로 이어져 기업의 이미지와 브랜드 가치가 높아지고 소비자의 구매에도 긍정적인 영향을 주고 있다.

사회공헌의 개념

이처럼 기업은 사회적 조직으로서 수익창출의 과정뿐만 아니라 기업을 둘러싼 이해관계자(직원·고객·협력업체·NGO·국가 등)와의 관계를 사회적 가치기준에 맞게 적용해야하며, 경영 활동을 합법적이고 윤리적으로 운영하는 것이 중요해졌다. 또한 공공의 가치를 존중하고 준수하면서 새로운 공익 창출과 사회문제 해결에 참여하는 일도 중요해지고 있다. 이러한 윤리적 · 사회적 기준에 적합한 기업 활동 그리고 공공 이익 및 사회문제 해결을 위한 계획과 실천을 '기업의 사회적 책임(CSR, Corporate Social Responsibility)' 또는 '사회공헌'이라고 한다. 다시 말해 기업의 사회적 책임과 사회공헌은 기업이 건전하게 경영활동을 하면서 사회를 위해 지원자 · 후원자 역할을 수행하는 활동이라고 볼 수 있다.

많은 사회공헌 전문가들은 사회공헌의 범주를 크게 법과 윤리적 기준에 따라 정당하게 기업을 운영하면서 기업 이익을 극대화하는 부분, 사회

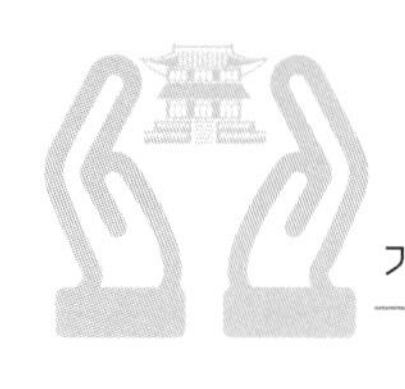

전체를 위한 공공이익 창출과 사회문제 해결에 참여하는 부분으로 구분한다. 그리고 양자 모두 충실해야 지속가능한 경영활동이 가능하다고 말한다. 유명한 사회공헌 전문가 아치 캐럴(Archie B. Carroll) 교수는 기업의 사회적 책임을 4가지로 구분하면서 건전한 경영활동을 위한 경제적 책임, 법적 책임, 윤리적 책임 그리고 사회 기여를 위한 자선적 책임으로 설명하고 있다.

한편, 기업의 지속가능한 생존과 성장을 위해서 사회적 책임과 사회공헌이 중요하다고 하지만, 기업 안팎의 일을 모두 대응하기 어렵기 때문에 견해에 따라서 기업 사회공헌의 활동대상을 제한하기도 한다. 건전한 경영활동만으로 충분하다거나, 기업과 직접 관계가 있는 이해관계자만을 대상으로 한정하거나, 기업 스스로 윤리적·사회적 가치 기준에 맞추어 의사결정을 내리는 경영활동만으로 한정시켜 좁은 범주의 사회공헌 역할을 주장하기도 한다.

그런데 기업의 사회적 책임과 사회공헌을 기업의 내부 - 외부 활동, 경영-공익 활동 중에서 기업 중심의 일부 활동만을 중시하거나 선택적으로 적용하는 견해는 기업 활동이 미치는 영향과 사회적 관계를 볼 때 너무 제한된 시각일 수 있다. 왜냐하면 기업은 다양한 사회구성원 중 하나이며 기업 활동이 기업 내부뿐만 아니라 사회문제 및 공공이익과도 직간접적으로 연결되는 부분이 많기 때문이다.

예를 들어 직원의 고용과 복지지원은 사회적으로 안정적인 일자리 확보, 출산·육아 지원, 삶의 질 개선 등과 연결되며 제조·생산과정의 환경오염 문제는 자연재해, 환경훼손, 생물다양성 피해, 보건위생 등에 심각한 악영향을 주고 있다. 또한 소외계층, 노인, 다문화 등 사회안전망과 사회복지 분야의 지원은 안정적인 고객과 잠재적 소비자를 확보하는데 도움을 주어 궁극적으로 지속적인 시장창출과 매출증대를 이끌어내는 기반이 되기도 한다. 그리고 기업 활동을 담당하는 직원은 기업 조직의 구성원이기도 하지만 회사 밖에서는 일반 시민이며 사회구성원의 일원이기에 기업 활동의 결과가 본인 또는 그 가족 등에게 영향을 줄 수밖에 없다.

결국 기업 활동은 사회공동체 안에서 경제 분야의 한 영역을 담당할 뿐 사회공동체와 무관하게 동떨어진 별개의 사회조직이 아니다. 그래서 기업은 본연의 영리활동뿐만 아니라 사회적 활동의 책임과 공헌에 충실해야한다는 의식을 갖고 적극적인 공익활동의 참여와 기여가 필요하다.

아치 캐럴(Archie B. Carroll) 교수의 '기업의 사회적 책임(CSR)' 소개

캐럴 교수는 기업의 사회적 책임에 대해 경제적 책임, 법적 책임, 윤리적 책임, 자선적 책임으로 구분하여 설명하고 있다.

△ '경제적 책임'은 기업이 기본적인 경제단위이며 소비자가 바라거나 필요한 상품 · 서비스를 제공하면서 기업 활동 과정도 정당하게 운영해야 한다는 책임을 말한다. 기업 입장에서 가장 기초적이며 충실해야할 책임이다. 본연의 역할을 다하지 못하고 다른 일을 잘 할 수도 없고 다른 일을 잘한다 해도 언제가는 그 한계를 보이기 때문이다.

다음으로 △ '법적 책임'은 세금납부와 회계투명성, 환경법, 노동법 등 사회적으로 합의되고 용인된 법과 규정을 잘 준수해 사회적인 기준과 규칙 안에서 정당하게 기업 활동을 하는 것이다.

△ '윤리적 책임'은 법에 저촉되지 않지만 사회적으로 기대되는 가치 · 도덕 · 관습 · 기준 등에 준하여 윤리적으로 기업 활동을 하는 것이다.

마지막으로 △ '자선적 책임'은 좋은 사회 구성원이 되기 위해 선의를 베풀고 인류 복지에 기여하는 활동이며, 공공의 이익을 확대하면서 사회문제를 해결하는데 적극적으로 참여하는 것이다. 예를 들어 자연재난, 환경오염의 피해를 돕고 문화예술, 교육 등을 지원하여 건강하고 풍요로운 사회에 기여하는 활동을 말한다.

사회공헌의 구분 / 기업의 사회적 책임(CSR), 공유가치창출(CSV), 메세나

기업 사회공헌을 이야기하다보면 기업의 사회적 책임(CSR; Corporate Social Responsibility), 공유가치창출(CSV; Creating Share Value), 공익연계 마케팅(cause-related marketing), 자선적 사회공헌 활동, 메세나(Mecenat) 등 다양한 용어가 사용되고 있음을 알게 된다. 그리고 기업의 사회공헌 담당부서를 보더라도 사회공헌부, CSR팀, CSV팀 등 다양한 명칭을 사용하고 있다. 왜 이렇게 여러 가지 용어를 사용하고 있을까? 그 배경은 우선 기업의 사회공헌 활동의 인식, 범위, 접근 방식 등에서 차이가 나기 때문이다. 기업 사회공헌이 소비자·종업원·NGO단체·국가 등 다양한 이해관계자의 기대와 요구를 수용하기 위한 '의무·책임의 단계'에서 출발한 이후 착한 기업이 되기 위한 '수단의 단계', 경영전략과 사회적 가치 창출을 위한 '전략의 단계'로 사회공헌에 대한 인식과 접근방식이 바뀌면서 사회공헌에 대한 용어 사용도 시대에 따라 변하고 혹은 사회공헌을 바라보는 시각과 관점에 따라 다양하게 불리고 있다.

일반적으로 '기업의 사회적 책임(CSR; Corporate Social Responsibility)'과 사회공헌은 유사한 개념으로 인식해서 기업의 사회적 책임(CSR)의 용어를 사회공헌으로 번역하기도 한다. 한편 '사회공헌'을 기업의 사회적 책임(CSR) 중에서 경제적·법적·윤리적 책임을 제외하고 자선적 책임의 영역만을 한정시켜 현물·현금 등의 기부와 후원 활동으로 이해하기도 한다. 결국 사회공헌 용어가 넓은 의미에서 기업의 사회적 책임(CSR)과 유사하게 기업 내부-외부의 책임을 모두 포함하거나, 좁은 의미에서 기업 외부를 대상으로 한 자선적 의미로 제한하고 있음을 알 수 있다. 이 책에서는 사회공헌의 용어를 좁은 의미의 '자선적 사회공헌'의 개념을 적용하여 설명하고 있다.

다음으로 기업의 사회적 책임(CSR), 사회공헌과 함께 자주 접하는 용어가 '공유가치창출(CSV; Creating Share Value)'이다. 공유가치창출(CSV)은 마이클 포터와 마크 크레이머가 2011년에 소개한 개념이며 기업이 수익창출 이후에 사회공헌 활동을 하는 것이 아니라 기업 활동 자체가 사회적 가치를 창출하면서 기업의 경제적 수익창출도 동시에 추구하는 사회공헌 방식을 말한다. 공유가치창출(CSV)와 유사한 개념으로 필립 코틀러의 공익연계 마케팅(cause related marketing)이 있다. 공유가치창출(CSV)의 대표적인 사례로, 탐스슈즈는 소비자가 신발을 1켤레를 구입하면 가난한 어린이에게 신발 1켤레를 후원하고 있다. 신발 구입(경제 가치)과 동시에 신발 후원(사회 가치)이 동시에 일어나는 사례이다.

탐스슈즈는 소비자가 1켤레의 신발을 구매하면 1켤레의 신발을 기부하고 있으며, 공유가치창출(CSV)의 대표 사례로 손꼽히고 있다. 'Tomsshoes' 홈페이지 참조

공유가치창출(CSV)은 기업의 사회적 책임(CSR)의 발전적인 모델이며 새로운 대안으로 평가받기도 한다. 하지만 발전적 대안이라기보다는 사회공헌의 또 다른 접근방법 중에 하나라고 볼 수 있다. 기업 입장에서 사회공헌을 의무와 책임만으로 접근하는 것이 아니라 경영전략의 하나로 접근하여 수익창출에도 무게중심을 두자는 것이다. 그러나 이전에도 기업의 사회적 책임(경제적 책임)은 기업 활동의 이윤창출이 정당하게 이루어져

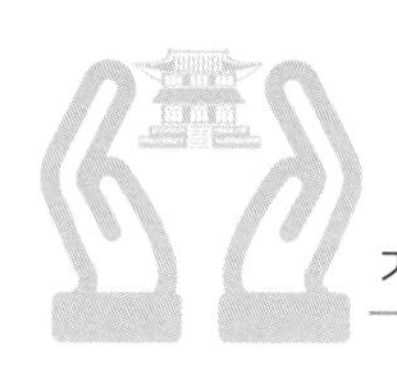

야 한다는 것을 강조한 것이지 수익창출을 억제한 것은 아니었다. 한편 공유가치창출(CSV)은 자칫 사회공헌이 기업의 마케팅과 홍보를 위한 수단으로 전락할 우려가 있어서 공유가치창출(CSV)만을 절대시하는 것은 고려해 볼 필요가 있다.

또 다른 용어로 '메세나(Mecenat)' 활동이 잘 알려져 있다. 메세나는 기업들이 문화예술단체와 예술가 등을 후원하는 활동을 말한다. 과거 로마제국의 정치가인 가이우스 마에케나스(Gaius Maecenas)가 당대의 예술가를 후원한 것에서 유래한다. 메세나 활동은 예술단체·예술가의 후원뿐만 아니라 문화예술을 통한 교육, 체험, 장학사업 등을 후원하는 문화예술 분야의 대표적인 사회공헌 활동으로 운영되고 있다.

Ⅰ 기업의 사회적책임, 사회공헌, 공유가치창출의 구분과 개념 Ⅰ

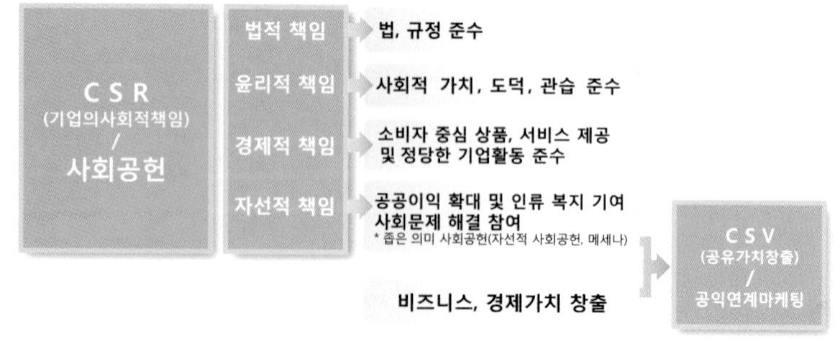

기업 사회공헌의 현황과 특징

전국경제인연합회(이하 전경련)에서는 매년 기업과 기업재단에 대한 사회공헌 현황을 백서로 만들어 왔다. 기업의 경우 2009년~2015년간 해마다 220~255개 기업체가 설문에 참여하고 있으며 설문내용은 사회공헌 비용의 지출현황과 증감의 원인, 활동 대상과 운영 방식, 자원봉사, 사회공헌 인식 등이다. 사회공헌의 범위는 자선적 책임에 해당되는 현금, 현물, 재능기부 등의 기여와 후원에 대한 사회공헌을 그 대상으로 삼고 있다.

2016년 발간된 사회공헌백서(「2016년 주요 기업·기업재단 사회공헌백서」)를 통해서 2015년 기준의 전체 사회공헌 현황과 몇 가지 특징들을 살펴볼 수 있다. 우선 지출규모를 보면 2002년에 1조원대, 2008년 2조원대를 넘어 2011년부터는 3조원에 육박하는 규모로 성장해왔다. 하지만 2013~14년에는 경영실적 부진, 대규모 의료시설건립 등의 사업종료, 재단출연금 감소 등으로 지출규모가 감소하였다. 2015년에는 지역기반 사회간접자본(SOC)과 청년기업가 양성 및 직업훈련·인턴십 등의 청년지원 사업이 활성화되면서 다시 증가해 2조 9천억원에 이르고 있다.

기업의 세전이익 대비 사회공헌 지출비율은 3.54%('14년)→3.32%('15년)로 조금 감소하고 매출액 대비 사회공헌 지출비율은 0.18%('14년)→0.19%('15년)로 조금 늘어났다. 응답기업의 약 60%가 세전이익의 1%이상을 사회공헌에 지출하고 있다. 한편 일본 기업보다 한국 기업이 사회공헌에 더 적극적이다. 일본 기업(303개사)의 사회공헌 지출비율이 세전이익 대비 1.9%, 매출액 대비는 0.11%로 나타나는데 한국 기업이 세전이익과 매출액 대비 사회공헌 지출비율에서 모두 일본 기업보다 약 1.7배 높다.

전경련 백서에서 사회공헌의 운영방식별 지출 현황을 자율 프로그램(자체사업·파트너십), 간접 프로그램(일반기부)으로 구분하고 있다. '자율 프로그램'은 기업이 독자적으로 운영하는 공익사업과 자체 사무국을 운영하거나 기획사·대행사 등을 통해서 사회공헌 사업을 운영하는 '자체사업' 그리고 외부와의 협업을 통해 기업의 보유자원을 투입하는 '파트너십'형태가 있다. 자율 프로그램(자체사업·파트너십)이 사회공헌 지출에서 차지하는 비율은 61.8%이다. 반면에 외부 프로그램 기부후원과 협찬, 재해구호금 기부 등에 해당되는 '간접 프로그램(일반기부)'의 지출비율은 38.2%이다. 기업의 사회공헌 운영방식이 성과관리와 효율성 등의 이유로 점차 독자적

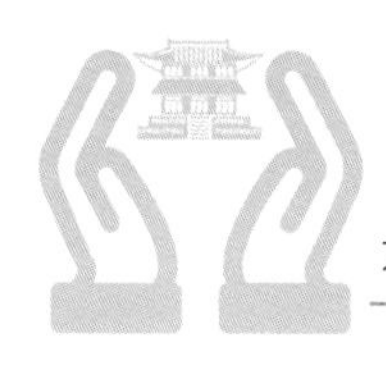

인 운영과 파트너십 방식을 선호하면서 자율 프로그램이 비중이 커지고 있다.

기업의 자율 프로그램이 간접 프로그램보다 큰 지출비율을 보여주며 점차 자율 프로그램이 확대되는 경향이다. 이러한 모습은 기업 사회공헌이 후원과 협찬형식의 기부보다는 경영전략과 연계한 업(業) 연계, 공유가치창출 유형의 사회공헌 프로그램 개발을 선호하면서 사회문제 해결과 공공이익 창출의 효율성 및 성과관리를 위해 기업이 독자적으로 직접 참여하는 모습을 보여준다.

사회공헌 분야별 지출 비율은 취약계층(33.5%), 교육·학교·학술(17.5%), 문화예술·체육(16.4%) 순이며, 대표 사회공헌 프로그램의 사업 대상은 아동·청소년(40.1%), 사회일반(21%), 장애인(9.5%), 노인(10.4%) 순으로 나타나고 있다. 사회공헌 활동이 취약계층 중심의 사회복지 지원과 청소년 중심의 미래 인재 육성에 많은 지원, 참여가 이루어지고 있다.

기업이 갖는 사회공헌의 인식과 성과에 대해서는 우선 사회공헌을 저해하는 내부 요인으로 예산부족(22.1%), 임직원 관심부족(21.4%), 단기성과 위주 평가(17.5%), 전문성 부재(13.8%) 순이며, 외부 요인으로 선심성 지원 요구(40.3%), 나눔 활동의 사회적 무관심(14.7%), 반기업 정서의 왜곡된 시선(13.9%), 정보 부족(12.4%) 등으로 나타나고 있다. 내부 요인은 어떤 조직이든 고민할 수 있는 일반적인 내용이지만, 외부 요인 부분은 기업 사회공헌이 갖는 진정성과 사회적 가치를 기업 밖에서 올바르게 평가하고 인식할 때 사회공헌을 활성화시킬 수 있음을 보여준다.

사회공헌 운영의 주요 고려사항에 대해서는 지역사회의 문제해결과 발전(27.9%), 회사의 미션과 철학(22.4%), 사회적 분위기 및 요구(19.6%), 기업 이미지 제고와 홍보(17.5%), 업종 및 생산제품과의 연관성(11.7%) 순으로 나타나며, 국민들의 사회공헌 인식을 높이는 방법으로 사회공헌 프로그램과 기업 간 연관성 강화(29.4%), 사회적 나눔 문화 확산(21.7%),

기업 사회공헌의 언론 노출 확대(13.1%) 순으로 나타나고 있다. 기업의 공익적 역할의 중요성을 인식하면서 기업 사회공헌의 홍보를 함께 중시하는 모습이다.

사회공헌 파트너십과 관련해서 파트너십을 선호하는 이유에 대해서는 전문성 활용(69.2%), 대외적 투명성과 신뢰성 확보(22.6%)가 가장 크며, 파트너십을 맺고 있는 대상으로 NPO(59.2%), 정부·지자체(25.6%), 타기업(2.3%) 순이고 정부·지자체의 파트너십 선호비율이 전년대비 가장 많이 증가하였다. 또한 원활한 파트너십을 갖기 위해서는 지속적인 네트워크(28.3%), 파트너기관의 기업 생리 이해(21.3%), 파트너기관의 역량강화(15.7%), 원활한 소통(14.9%) 순으로 나타나고 있다. 기업 사회공헌의 파트너십은 파트너기관의 전문역량을 기반으로 기업-파트너기관과의 상호신뢰와 소통을 중시하고 있다.

이상과 같이 기업 사회공헌은 지출규모에서 양적인 성장과 함께 안정적인 기여가 지속되고 있다. 취약계층 · 청소년 중심의 사회복지 활동이 주를 이루면서 문화예술과 관련된 문화복지의 영역도 확대되고 있다. 그리고 성공적인 사회공헌 사업을 위해 기업 주도적인 참여와 함께 전문기관과의 상호협력을 중시하는 사회공헌의 특징을 보여주고 있다.

▌연도별 기업 사회공헌 지출규모 및 증가율 추이▐

(단위 : 억원 / %)

구분	2009년	2010년	2011년	2012년	2013년	2014년	2015년
기업수	220개	220개	225개	234개	234개	255개	255개
지출규모	2조6,517억	2조8,735억	3조883억	3조2,534억	2조8,114억	2조7,148억	2조9,020억
증가율	22.8%	8.4%	7.5%	5.3%	−13.6%	−3.4%	6.8%

* 전국경제인연합회, 「2016년 주요 기업 · 기업재단 사회공헌백서」지출현황 참조

문화예술 분야 사회공헌

문화예술 사회공헌 활성화 기반 조성

전경련의 사회공헌백서를 참고해 보면 문화재를 포함한 문화예술·체육 분야는 취약계층지원, 교육·학교·학술 분야와 함께 분야별 지출항목 중에서 항상 상위를 차지하고 있다. 최근에는 문화예술 인프라(미술과 박물관 등) 구축이 확대되고 고객들의 문화향유 요구가 높아가는 현실과 함께 정부에서 시행하는 '문화가 있는 날' 행사에 발맞추어 다양한 문화예술 행사가 이루어져 문화예술 분야의 관심과 후원·참여가 증가하고 있다.

분야별 연간 사회공헌 지출비율 현황

(단위 : %)

분야	2004	2005	2006	2007	2008	2009	2010	2011	2012	2013	2014	2015
취약계층 지원	41.0	37.2	27.0	27.8	43.2	50.3	43.8	38.3	31.7	33.9	29.5	33.5
교육,학교,학술	42.6	35.1	23.2	24.6	20.6	17.6	14.7	23.2	16.1	23.7	18.2	17.5
문화예술·체육	**6.1**	**7.4**	**11.2**	[illegible]	[illegible]	[illegible]	**11.8**	[illegible]	**11.1**	**12.7**	[illegible]	[illegible]
해외지원	0.6	2.3	2.2	2.4	3.2	1.5	6.9	3.8	2.9	6.5	4.1	3.7
환경보전	0.7	1.6	2.2	1.9	1.7	1.6	1.6	2.6	2.4	1.4	1.7	1.3
의료보건	2.2	2.1	6.6	5.2	4.3	3.2	5.1	3.4	5.7	0.8	1.1	1.6
기 타	3.7	4.3	27.5	24.6	14.7	19.2	16.0	17.2	30.2	21.0	30.1	26.0

* 전국경제인연합회, 「2016년 주요 기업 · 기업재단 사회공헌백서」, 표 인용

* 문화예술 · 체육 사회공헌 지출비율은 문화예술과 체육 분야가 통합조사되어 문화예술 분야만의 지출비율을 산정하는데 한계가 있다. 설문조사에서 제시한 문화예술 · 체육 분야의 구분 기준은 '문화예술 · 체육계의 인재양성 및 산업 육성, 일반 대중의 문화예술 · 체육 향유를 위한 지원(문화예술 및 체육단체 지원 · 시설건립 · 행사지원, 문화재 복원 등)' 이다. 한편 '취약계층 지원' 분야의 조사항목 중 취약계층의 문화지원도 포함되어 문화예술 분야가 중복되기도 한다.

또한 문화예술 후원을 활성화하는 관련 법제도의 인프라가 강화된 측면도 문화예술 분야 사회공헌 참여 확산에 많은 영향을 주고 있다. 우선 문화정책의 기본 방향을 제시하는 '문화기본법'을 보면 국가·지자체가 문화진흥의 책무를 다하기 위해 재정지원을 해야 한다고 언급하면서 민간

의 재원조성과 기부문화 활성화를 위한 제도와 여건을 갖추도록 명시하고 있다. 또한 일명 '메세나법'으로 불리는 '문화예술후원 활성화에 관한 법률'은 2014년에 제정되었는데, 문화예술 분야의 후원 활성화를 통해 문화예술의 발전과 문화적 삶의 질을 향상한다는 목적을 표명하고 있다. 메세나법에는 국가와 지자체가 문화예술분야 후원이 활성화될 수 있도록 권장·보호·육성·지원 등의 책무를 규정하고 있으며, 후원자와 수혜자간의 후원을 매개하고 지원할 수 있는 '문화예술후원매개단체'의 인증과 육성지원, 후원자와 매개단체에 대한 조세감면과 후원자 포상 및 우수 후원기관 인증 등이 포함되어 있다. 참고로 메세나법에서 언급하는 후원활성화의 대상은 크게 문화예술과 문화재로 구분되며 문화예술은 문학, 미술, 음악, 무용, 연극, 영화, 연예(演藝), 국악, 사진, 건축, 어문(語文), 출판 및 만화를 그 대상으로 하고 있다.

2014년 한국메세나대회 시상식

메세나법 제정 이후 주관부처인 문화체육관광부가 2015년 3월에 처음으로 문화예술후원 성과 등을 기준으로 평가하여 문화예술후원매개단체와 문화예술후원우수기관을 인증하였다. 매개단체는 (사)한국메세나협회 등 3개 기관, 문화예술후원우수기관은 종근당홀딩스, 올림푸스한국 등 10개 기업이 인증을 받았다. 인증 유효기간은 3년이며 활동실적에 따라 재인증이 가능하다.

메세나법 이외에도 여러 법률에서 문화예술 분야 활성화를 위한 후원 내용을 확인할 수 있다. '문화예술진흥법'에 보면, 정부와 건축주의 출연금 등 이외에 개인과 법인이 문화예술 진흥을 위해 기부금품을 제공할

수 있다. 그리고 '박물관 및 미술관 진흥법'의 경우, 2013년 12월에 개정·신설된 조항을 보면 박물관·미술관의 설립 운영에 대해 법인·단체가 재산을 기부할 수 있으며, 국가와 지자체가 설립한 박물관·미술관은 기부금품을 모집할 수 있도록 하였다. 한편 '지역문화진흥법'은 지역문화 활성화를 위해 국가·지자체가 지역-지역 또는 지역-기업 간의 협력을 강화하고 지원정책을 마련하도록 명문화해서 기업이 지역문화 활성화의 주체로서 언급하고 있다.

또한 문화재 분야와 관련된 후원 관련 법률을 보면, '문화유산과 자연환경자산에 관한 국민신탁법'과 '문화재보호기금법'에서 확인할 수 있다. 국민신탁법에는 국민·기업·단체 등으로부터 기부·증여, 위탁 받은 재산과 회비를 통해서 문화재(문화재에 준하는 대상 포함)를 취득하거나 보존·관리하는 데 사용할 수 있다. 그리고 보호기금법에는 문화재를 효율적으로 보존·관리하기 위해 정부 출연금, 복권기금 전입금, 국가·지자체가 징수한 관람료의 일부 등으로 기금을 조성하면서 정부가 아닌 자가 출연 또는 기부한 현금·물품 등을 받아서 기금에 포함할 수 있도록 하였다.

문화예술 분야 사회공헌과 관련된 법률

- 문화기본법, 제13조(문화진흥사업에 대한 재정지원 등)
- 문화예술후원 활성화에 관한 법률
- 문화예술진흥법, 제17조(문화예술진흥기금의 조성) 등
- 지역문화진흥법, 제12조(협력활동 지원)
- 박물관 및 미술관 진흥법, 제8조(재산의 기부 등)
- 문화유산과 자연환경자산에 관한 국민신탁법
- 문화재보호기금법, 제4조(기금의 조성) 등

문화예술 사회공헌 현황

한국메세나협회에서는 매년 문화예술 분야의 후원현황을 조사하여 연차보고서로 발행하고 있다. 연차보고서를 통해 문화예술 분야 사회공헌 활동을 파악할 수 있는데, 기업 대상 설문조사와 함께 한국문화예술위원회의 조건부기부금 기탁 실적을 포함하여 전체 현황을 정리하고 있다. 2016년 후원현황 관련 연차보고서에 따르면, 설문에 응답한 414개 중에서 문화예술 분야에 지원하는 120개 기업(메세나협회 회원사 74개, 비회원사 46개)과 한국문화예술위원회에 조건부기부금을 기탁한 기업 377개 기업에 대한 내용이며 주요 항목별로 문화예술 분야 사회공헌 현황을 소개하면 다음과 같다.

기업의 문화예술 분야 지원 규모(2013~2016년)

구분	2013년	2014년	2015년	2016년	전년대비(%)
지원기업수	653개	559개	609개	497개	18.4% 감소
지원금액	1,753.2억원	1,771.8억원	1,805.2억원	2,025.8억원	12.2% 증가
지원건수	1,832건	1,659건	1,545건	1,463건	5.3% 감소

* 『2016 연차보고서』, 한국메세나협회, 52쪽 참조.

▲지원규모는 2016년에 2,025억원(2015년 1,805억)이며, ▲지원분야로는 인프라가 1,184억원(58.4%)으로 가장 높고 뒤이어 미술·전시(172억), 클래식(165억), 문화예술교육(112억), 국악(96억) 순으로 나타나고 있다. ▲지원유형으로는 기업의 자체(행사)기획이 1,372억(68%), 후원·협찬·파트너십 지원이 459억(23%), 문화예술위원회 등 기관 대상 조건부기부금이 165억(8.3%)이다. ▲지원방식은 자금 지원이 77.5%, 자원봉사 등 인력지원이 8%, 공연시설·로비 등 장소(공간) 대여가 7.2%, 기술지원 4.9% 등이다. ▲지원 대상별 지원현황에서 삼성문화재단·LG연암문화재단 등 기업이 출연한 문화재단의 지원 총액이 919억원(45%)에 이르며, 문화재

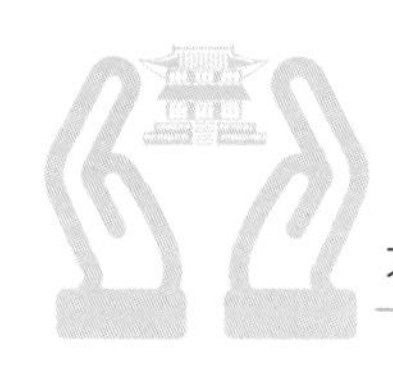

단 이외의 지원대상도 주로 기업들이 직간접적으로 지원·운영하는 문화홀·갤러리·아트홀 등을 통해서 문화예술 사회공헌이 운영되고 있었다. ▲지역별 지원현황에서 수도권이 44.8%, 수도권 이외 국내가 36.1%, 전국 단위 사업은 16.2%, 해외는 2.9%였다.

▌2015~16년 기업의 문화예술 분야별 지원 금액▐

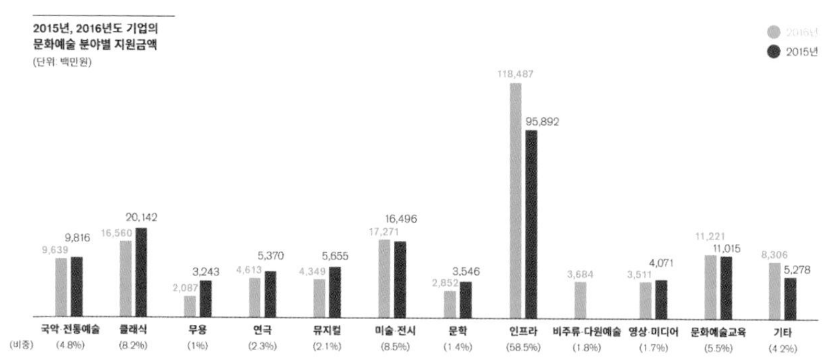

* 『2016 연차보고서』, 한국메세나협회, 54쪽. 재인용

문화예술 분야의 ▲지원 목적은 문화예술단체 및 소외계층 지원, 지역문화 활성화 등 사회공헌적 전략 차원이 72.7%, 기업·브랜드 홍보 및 이미지 개선 등의 마케팅전략 차원이 23.5%, 임직원 및 임직원 가족 대상 문화예술 프로그램 제공 등의 경영 전략 차원이 3.8%로 나타나고 있다.

지원목적 중 △사회공헌 전략 부문에서 문화예술단체 순수지원 51.2%, 지역사회 문화예술지원 및 지역문화 활성화 20%, 소외계층 대상 문화예술 프로그램 운영 6.9%, 문화예술 시설 운영 6.6% 순이며, △마케팅 전략 부문에서는 예술가·문화예술행사 후원·협찬으로 CI·BI 노출 70.4%, 기업·브랜드 이미지 구축을 위한 홍보·광고 등에 문화예술 적용 19.1%, 고객관리 차원의 문화예술 혜택 제공 5.8% 순으로 높게 나타났다. 그리고 △경영전략 부문에서는 임직원 문화예술 활동 지원 28.3%, 임직원 가족 대상 문화예술 혜택 제공 21.7%, 문화 사회공헌 활동에 임직원 자원봉사 참여 독려 15.2%, 문화예술 매개로 기업문화 창출·정착 조성 13% 순으로 나타나고 있다.

문화예술 ▲지원 동기는 지역 사회공헌 34.5%, 문화예술계 발전 23.3%, 기업이미지 제고 19.8%로 나타났다.

2015~16년 기업의 문화예술 분야별 지원 목적

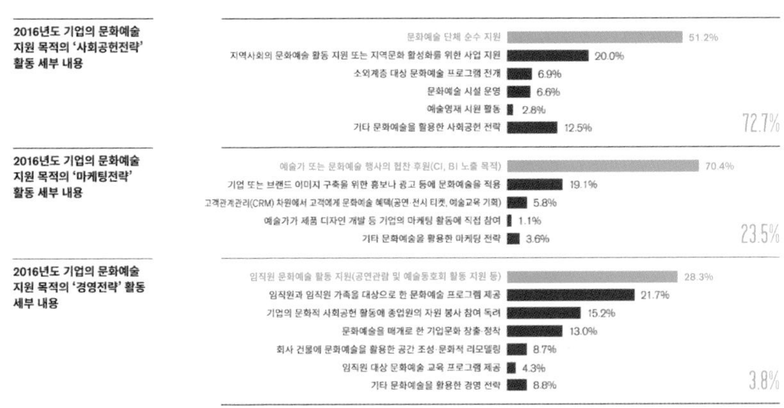

* 『2016 연차보고서』, 한국메세나협회, 60쪽. 재인용

▲지원사업 선정대상 경위는 자체선정이 34.5%, 예술단체 요청이 22.7%, 전문기관과 협업이 21.8%, 경영자 지시 10%, 관계사 요청이 8.2% 순이며, ▲선정대상 기준은 지원목적 적합성 28.9%, 예술단체·예술가 활동 우수성 21.9%, 기업(브랜드) 전략 방향과의 적합성 16.7% 등이었다. ▲협력채널로는 문화예술단체가 31.1%, 전문기관이 26.2%, 계열사 및 출연재단이 14.8%, 전문기획사 6.6%, 정부기관 1.6%이며 협력단체 없음은 9.8%로 나타나고 있다.

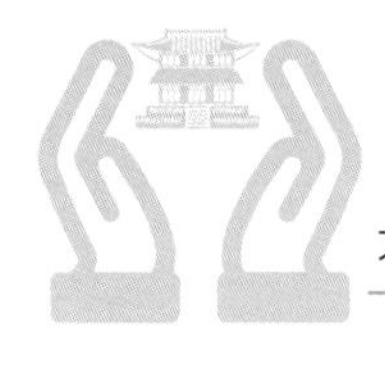

2015~16년 기업의 문화예술 분야 지원 대상 선정 경위 및 선정 기준

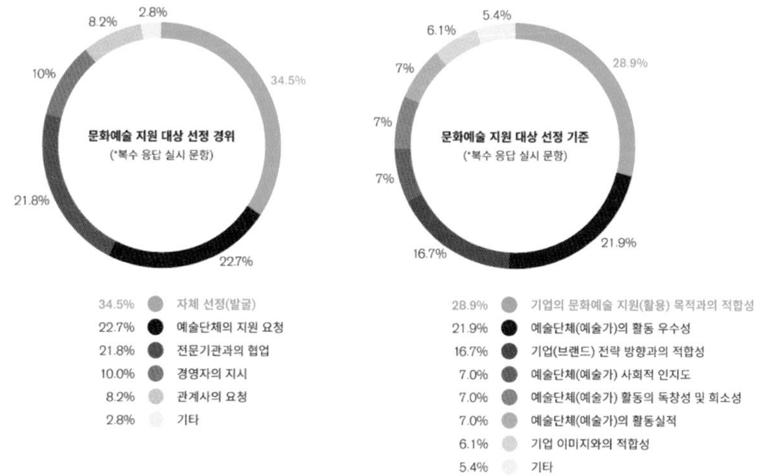

* 『2016 연차보고서』, 한국메세나협회, 62쪽. 재인용

한편 ▲문화예술을 지원하고 활용하는 문화경영 활동이 중요한 이유에 대해서는 △외적요인으로 사회여론 및 시민기대 24.4%, 경영 트렌드 17.9%, 고객 관심 증대 13.7%, 기업 경쟁력 제고 사례 증가 12.5% 순이며 △내적 요인으로 최고경영진 의지 15.5%, 창업자 기업철학 7.1%, 주주(투자자) 관심 증대 3.6%, 임직원 관심 증대 2.9% 순으로 나타나고 있다.

2016년 기업의 문화예술 지원·활용 연계 문화경영이 중요한 이유

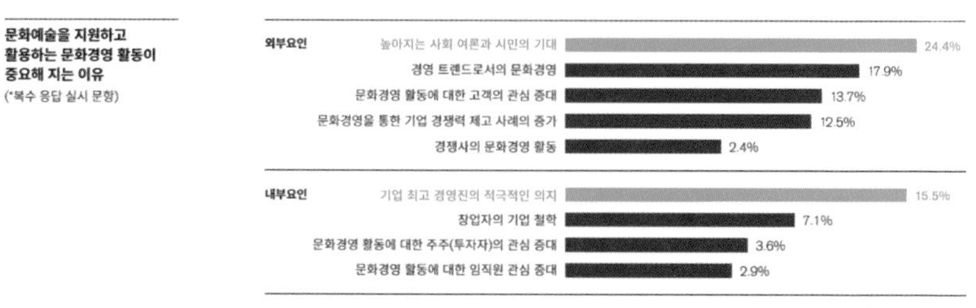

* 『2016 연차보고서』, 한국메세나협회, 64쪽. 재인용

문화예술 사회공헌의 특징

한국메세나협회 2016년 연차보고서를 통해서 문화예술 분야 사회공헌의 현황뿐만 아니라 몇 가지 특징을 확인할 수 있다. 우선 ▲문화예술 분야의 사회공헌 지원은 최근 몇 년간 소폭의 증가를 보이면서 안정적인 지원이 이루어지는 점이다. 다만 2016년부터 시행된 청탁금지법과 같은 해에 발생한 기업 후원 관련 국정농단 등으로 지원이 축소·취소된 사례가 있어서 지출 규모가 더 확장되지 못한 점이 있다.

다음으로 ▲기업이 주도하는 문화예술 지원 방식이다. 지원 유형을 보면 기업이 스스로 기획하여 운영하는 비율(68.7%)이 후원·협찬·파트너십 지원(23%)보다 3배 가까운 수치를 나타내고 있다. 지원 대상도 기업이 출연한 문화재단(45.4%)에 주로 지원하여 외부 지원보다는 기업 자체 또는 기업 출연의 문화재단을 통해서 주로 문화예술 사회공헌이 이루어지는 것을 알 수 있다. 이러한 결과는 전경련 사회공헌백서에서 나타난 전체 사회공헌 운영 결과와 유사하며 기업이 사회문제를 직접 해결하는 방식을 선호하는 인식과도 서로 연결된다.

문화예술 분야의 기업 주도 운영방식이 점차 강화되는 현상은 기업 참여의 주체성과 적극성을 보여주면서, 기업의 비전·철학을 사회공헌 전략과 연결하기가 수월하기 때문이며 안정적이고 지속적인 사회공헌 효과를 확보할 수 있다는 기대감이 반영된 결과일 것이다. 또한 기업 이름과 후원 등의 브랜드 노출이 추가적으로 가능한 재단·문화시설을 통해 사회공헌이 운영됨으로서 사회공헌 활동 이외에 직간접적으로 지속적인 기업 브랜드 노출·홍보가 가능하다는 점도 작용할 수 있다.

그리고 목적과 동기 등의 측면에서 ▲문화예술과 지역문화 활성화를 위한 공익적인 성과에 중심을 두면서 기업 브랜드·이미지·홍보 효과에도

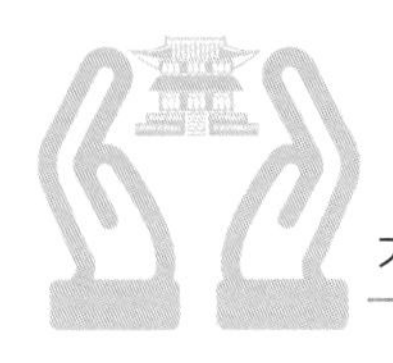

기대치가 크다. 기업의 문화예술 지원은 문화예술단체와 지역문화 활성화, 소외계층·청소년 문화예술 지원 등 주로 사회공헌 차원에서 이루어지지만, 공익 활동 목적과 성과 이외에 다른 한 축에서는 기업 이미지 노출과 홍보, 기업(브랜드) 전략과의 연계성 등을 고려하는 등 사회공헌을 통해 기업의 혜택을 기대하는 비중도 상당히 높다. 예를 들어 지원 목적에서 마케팅 전략이 전년에 비해 2배 가까이 상승(12.1%→23.5%)하고, 지원 동기에서 기업 이미지 제고 항목(19.8%), 지원 대상 선정 기준에서 기업 전략 방향과 기업 이미지와의 적합성을 합산한 비율(22.8%)도 높게 나타나고 있다.

기업 이미지·홍보에 대한 기대치는 기업 사회공헌의 순수성을 의심하고 오해하는 시각보다는 참여 동기의 중요한 동력으로 보는 것이 필요하다. 자원봉사의 경우에도 헌신과 희생만을 요구하는 것보다 칭찬과 격려가 중요한 동기로 작용하며 자원봉사자의 명예·자긍심 등 참여자의 만족도가 중요한 가치 평가로 인정되고 있다. 기업의 문화예술 지원에 대해 순수성도 중요한 판단 기준이지만 공익활동의 성과에 중심을 두면서 정당한 기업의 혜택도 인정하는 것이 필요하다. 기업 혜택이 공익활동의 범주와 성과를 침범하지 않으며 절차와 방법상에서 정당성을 확보할 때 가장 중요한 공익활동의 참여 동기가 될 수 있기 때문이다. 그리고 긍정적 참여 동기를 이끌어낼 때 지속가능한 사회공헌 환경조성과 사회적 가치 창출로 이어질 수 있을 것이다.

다음은 ▲문화예술 사회공헌의 확장 가능성이다. 문화예술 분야는 전체 사회공헌규모와 비교할 때 아직은 작은 편이다. 하지만 조사 결과와 대외 환경을 고려해 보면 문화예술 사회공헌이 성장할 수 있는 가능성은 높아 보인다. 우선 조사 결과를 보자. 문화예술 지원을 통해 문화경영이 중요해지는 이유에 대해 기업 밖에서 여론·시민·고객의 기대가 높고, 내부에서는 경영진·주주·임직원의 기대와 참여 의지도 높게 나타난다. 또한 경영 전략 차원에서 기업 임직원(가족)에게 문화예술 향유의 기회를 제공하는 것이 건강한 조직문화를 형성하는데 기여하는 것으로 인식하고 있다. 결국 기업 내부고객(직원), 외부고객(소비자) 그리고 기업 운영자(경영진·주주)가 문화예술 지원을 중요하게 인식하기 때문에 문화예술 사회공헌이 성장하는데 필요한 여건과 환경이 기업 안팎으로 충분히 조성되었다고 볼 수 있다. 고객과의 접촉이 큰 유통업계(백화점 등)의 문화예술 지원 규모가 크게 성장한 결과는 대표적인 하나의 사례로 볼 수 있다.

한편 문화예술 지원은 문화예술단체와 지역문화 발전에만 기여하지 않는다. 오늘날 첨단기술이 사회발전의 근간이지만 문화도 사회를 발전시키는 중요한 토대가 되고 있다. 그래서 문화예술이 산업 분야에서 적용, 융합, 협업 과정을 거치며 새로운 경제적 가치를 만들어내고 문화가 중심이 되는 문화자본을 형성하고 있다. 실제로 가전제품에 예술 작품과 디자이너 작품이 융합된 제품이 출시되고 시계·자동차 업계 등과 인간문화재가 협업으로 만들어낸 제품도 등장하고 있다. 문화예술이 연결된 문화산업의 성장과 발전은 기업에게 문화예술의 중요성을 인식시키는 주요 요인이 되었다. 결국 문화예술의 지원은 수혜자(예술가·문화단체·일반시민 등)만을 위한 혜택이 아니라 기업과 산업을 성장시키는 매개체이자 기반이 되며, 보다 포괄적인 공익 활동이기도 하다. 문화예술 지원이 갖는 경제·사회·문화적 공익 창출은 기업에게 문화예술 사회공헌의 참여와 지원을 확장시키는 또 다른 동력이 될 것이다.

문화재 분야 사회공헌

문화재 사회공헌 현황

기업의 문화재단, 한국메세나협회, 한국문화예술위원회 등은 활발히

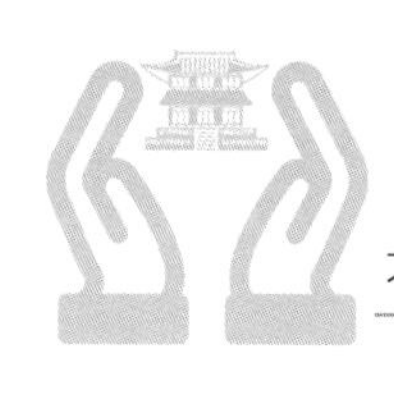

문화예술 분야 사회공헌을 진행하는데, 미술·음악·연극·무용 등 예술 분야를 중심으로 공연·전시 형태 지원이 주를 이루고 있다. 그 가운데 문화재 부문은 별도 항목으로 구분되지 않아서 정확히 확인할 수 없지만 내용상 전통예술·국악·문화예술교육 부문에서 무형문화재 행사지원, 문화재 연계 체험교육 등을 지원하고 있으며 지원규모는 작은 편이다.

문화재 분야 사회공헌은 전체 사회공헌, 문화예술 분야와 비교해 참여·후원 규모가 작지만 정부기관(문화재청)를 중심으로 파트너십 체결, 협력사업 개발, 후원, 임직원 자원봉사·재능기부 등 다양한 활동이 이루어지고 있다. 또한 문화재청 이외에 문화재NGO·전문기관 등과 협력하거나 기업 자체 프로그램도 특색 있게 운영되고 있다. 최근에는 전통문화와 문화재, 문화콘텐츠, 문화산업 등에 대한 사회적인 관심이 높아지면서 문화재 분야 사회공헌의 참여·후원이 점점 확대되고 다양한 사회공헌 사례를 보여주고 있다.

종합적으로 문화재 분야 사회공헌 현황을 정리한 조사·연구 자료가 없기에 전반적인 문화재 분야의 사회공헌 현황을 알기 어렵다. 하지만 문화재 사회공헌이 특성상 주로 정부기관(문화재청)과의 파트너십을 통해 운영되는 점을 감안하여 문화재청에서 운영하는 '문화재지킴이' 제도에 참여하는 기업을 중심으로 문화재 사회공헌의 현황과 사례를 알아보도록 하겠다. (이하 문화재청 문화재지킴이 협약기관 자료 참조)

문화재청은 문화재 보호를 위해 자원봉사에 기반한 민간의 참여를 활성화시키면서 기업·NGO단체 등 민간기관과의 협약과 협업을 통해 문화재 보호에 필요한 재원·기술·인력을 지원받고 있다. 2005년부터 시작된 기업 등과의 문화재지킴이 협약은 한화호텔&리조트~KT&G까지 총 56개 협약기관이 참여하고 있다(2016년 기준). 연간 3~5개 기관과 협약을 맺고 있으며 기업 · 공기업이 가장 많은 53개이고 비영리법인이 3개, 정부기관이 1개이다.

연도별 '문화재지킴이' 협약체결 현황 (2005~2016년)

구분	2005	2006	2007	2008	2009	2010	2011	2012	2013	2014	2015	2016
체결	8건	8건	8건	2건	5건	5건	4건	5건	2건	3건	5건	1건
누적	8건	16건	24건	26건	31건	36건	40건	45건	47건	50건	55건	56건

* 문화재청, 문화재지킴이 현황 자료 참조

문화재지킴이 협약기관 체결 현황

구분	체결일	협약기관	구분	체결일	협약기관
1	2005.05.03.	한화호텔&리조트	29	2009.09.11.	스타벅스커피 코리아
2	2005.05.27.	한국관광공사	30	2009.10.30.	한독
3	2005.06.23.	삼성화재	31	2009.12.04.	아시아나IDT
4	2005.06.30.	(재)아름지기	32	2010.01.11.	우리은행
5	2005.07.05.	신한은행	33	2010.01.22.	형지엘리트
6	2005.07.19.	현대건설	34	2010.03.18.	코웨이
7	2005.08.31.	한국가스공사	35	2010.04.16.	서울메트로
8	2005.09.14.	포스코	36	2010.07.16.	경기도시공사
9	2006.01.26.	아모레퍼시픽	37	2011.02.25.	한국국토정보공사
10	2006.04.25.	KT	38	2011.03.22.	(사)좋은사회를위한100인이사회
11	2006.04.27.	SK하이닉스반도체	39	2011.11.30.	(사)파라미타청소년연합회
12	2006.05.09.	호텔신라	40	2011.12.20.	NHN
13	2006.05.23.	신세계조선호텔	41	2012.01.11.	하림
14	2006.10.26.	경북관광개발공사	42	2012.06.26.	라이엇 게임즈
15	2006.10.31.	삼성전자	43	2012.08.29.	한국예탁결제원
16	2006.11.08.	대한토지주택공사	44	2012.09.25.	한국조폐공사
17	2007.02.08.	팅크웨어	45	2012.11.30.	KTH
18	2007.03.06.	올림푸스한국	46	2013.07.18.	이니스프리
19	2007.04.12.	한글과컴퓨터	47	2013.10.22.	삼성물산
20	2007.05.08.	KT텔레캅	48	2014.09.12.	㈜동아사이언스
21	2007.05.11.	SH공사	49	2014.09.18.	KB국민은행
22	2007.06.13.	육군본부	50	2014.12.16.	포르쉐 코리아
23	2007.10.28.	현대자동차	51	2015.04.23.	동서식품
24	2007.10.31.	삼성생명 · 에스원	52	2015.07.23.	에르메스코리아
25	2008.05.14.	S-OIL	53	2015.10.15.	LG생활건강
26	2008.09.02.	GS칼텍스	54	2015.10.27.	LG전자
27	2009.03.18.	국순당	55	2015.12.11.	해양환경관리공단
28	2009.04.16.	LG하우시스	56	2016.09.22..	KT&G

* 문화재청, 문화재지킴이 현황 자료 참조

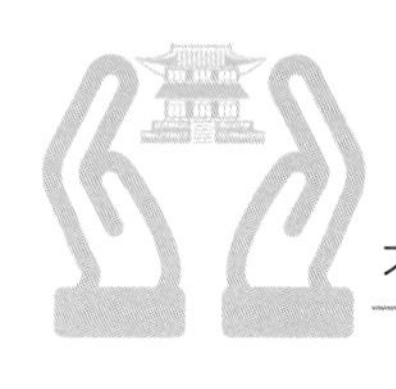

협약기관 중에서 기업·공기업이 참여하는 문화재 사회공헌을 보면, 우선 사회공헌 지출 예산 계정은 사회공헌 예산과 함께 마케팅·홍보 예산, 임직원 매칭펀드, 제품 수익금 등 다양한 재원을 통해 후원하고 있으며 이외에 기업이 보유한 장비·기술 등을 지원하거나 직원의 재능기부와 자원봉사 형태로 참여하고 있다.

지원 방식은 문화재 보존처리, 환수·기증, 안내판 개선, 전시·공연·교육 등에 필요한 비용을 후원하거나 문화재청 또는 관련기관의 지원과 협조를 받아서 기업(재단)이 자체 사업으로 운영한다. 자체 사업은 사회공헌·마케팅·홍보 관련 담당부서에서 직접 수행하거나, 대행사 또는 민간단체에 위탁하는 방법으로 기획·운영하고 있으며 주로 전시·공연·교육 프로그램을 진행한다.

문화재 사회공헌은 사회공헌 전담·담당부서와 함께 마케팅·브랜드·홍보 관련 사업부서에서도 참여·후원이 이루어지는데 문화재를 활용한 문화마케팅과 연결되기 때문이다. 그런데 사회공헌 부서와 사업부서는 성격과 기능이 달라 문화재 사회공헌의 활동 성향에서도 차이가 난다. 사회공헌 부서는 문화재의 보존관리와 함께 체험·전시·홍보 등 활용 부문까지 종합적으로 참여·후원하지만 마케팅·브랜드·홍보 관련 사업부서에서는 문화마케팅과 결합할 수 있는 문화재 활용 부문(체험·전시·홍보) 중심으로 참여·후원하고 있다.

문화재지킴이 협약기업의 사회공헌 비용 지출은 2005년~2016년 간 총 240.9억이다. 지출 규모는 연평균 약 20억이며 전체적으로 증감의 굴곡이 있지만 대체적으로 증가하는 경향을 보이고 있다. 2007년부터 10억대를 넘어서면서 2010년부터 20억대, 2015년부터 30억~40억대 수준의 지출 규모로 보이고 있다.

❙ 연도별 문화재지킴이 협약기관 후원 현황 ❙

구분	2005	2006	2007	2008	2009	2010	2011	2012	2013	2014	2015	2016	합계
금액	0.3억	7.4억	16.8억	14.8억	11.2억	19.3억	27.2억	28.5억	19.2억	19.2억	36.6억	40.4억	240.9억

* 문화재청, 문화재지킴이 현황 자료 참조(백만원 단위 반올림 표기)

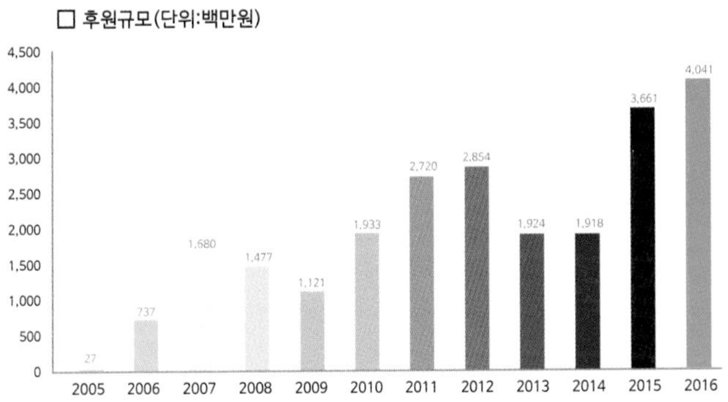

❙ 2016년도 문화재지킴이 협약기관 유형별 후원 현황 ❙

구분	문화재 보존관리 분야					문화재 활용 분야				기타
	보수, 정비, 복구	안전 관리	시설, 장비	환수, 유물구입	무형, 장학, 연구	관람 서비스	교육, 체험	공연, 전시, 행사	홍보 캠페인	
금액	64억	21.3억	40.6억	17억	13.6억	2.7억	27.4억	38.3억	7억	9.3억
%	26.5%	8.8%	16.8%	7%	5.6%	1.1%	11.3%	15.9%	2.9%	3.9%

* 문화재청, 문화재지킴이 현황 자료 참조(백만원 단위 반올림 표기)

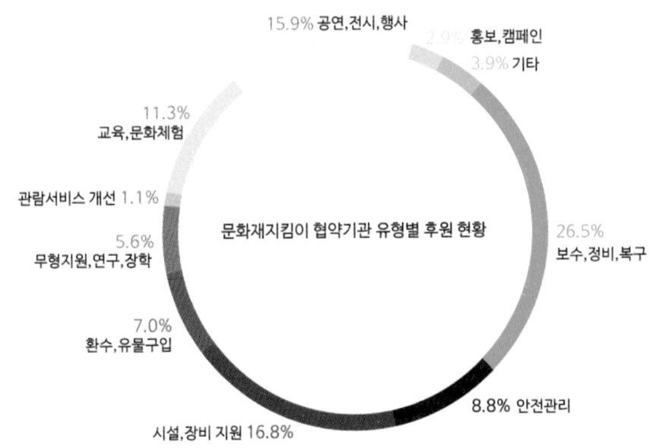

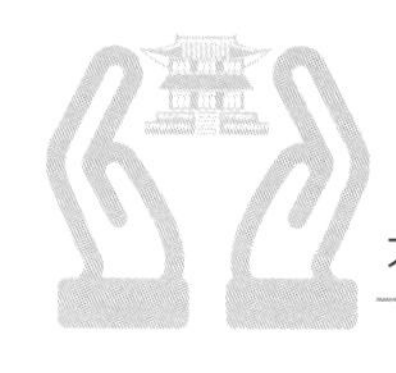

전체 지출 규모 중에서 유형별로 지출 규모와 주요 활동 내용을 살펴보자. 유형은 크게 보존관리, 활용 분야로 분류할 수 있는데, 보존관리 분야로 ▲보수 · 정비 · 복구 등 부문은 64억이며 가장 많은 지출 규모로 26.5%를 차지하고 있다. 증기기관차 및 왕실 의장물 노부 등의 보존처리, 궁궐 전각의 보수정비(도배·장판·온돌 등), 문화재 디지털 원형기록, 숭례문 복구를 위한 기와 제작용 가마 설치 등 이외에 직원이 환경정화 활동에 참여하는 봉사활동 비용이 포함되어 있다. ▲안전관리 부문은 21.3억이며 8.8%를 차지한다. 흰개미 피해 예방의 탐지견 지원, 화재 예방 소화기 기증, 건축물 문화재 유형의 전기·가스 안전점검, 문화재 방범순찰 서비스, 궁궐·왕릉 등 나무 병충제 방제 활동 등이 있다. ▲시설 · 장비 지원 부문은 40.6억이며 16.8%를 차지한다. 문화재 보호를 위한 시설과 장비를 지원하는 것으로 문화재 안내판 설치, 관리용 중장비·전기차·청소기 기증, 야간조명 설치 등이 있다. ▲환수 · 유물구입 부문은 17억원으로 7%를 차지하며 조선불화의 환수, 주미대한제국공사관 복원 등 국외문화재 보호 그리고 백범 김구 선생 친필 휘호 등 국내 유물의 구입·기증이 있다. ▲무형문화재 지원 · 연구 · 장학 부문은 13.6억(5.6%)이며 문화재 관련 인간문화재, 연구자, 학생 등에게 후원하는 유형이다. 인간문화재의 전승 보조금 지원이 가장 많으며 인간문화재 건강 지원, 한국전통문화대학교 장학금 지원, 문화재 보호 유공자의 연구 지원 등이 있다.

다음으로 활용 분야를 보면, ▲관람서비스 개선 부문은 문화재를 찾아온 관람객에게 편의를 제공하는 시설·물품의 후원으로 2.7억(1.1%)이며, 쉼터·휴게실·수유실·안전펜스 등의 설치, 휠체어·유모차·전기차 등의 기증이 있다. ▲교육 · 체험 부문은 27.4억이며 11.3%를 차지하고 있다. 청소년·대학생, 저소득층·외국인·다문화가정 등에게 문화재를 활용한 교육과 체험, 자원봉사, 진로탐색 등 관련 프로그램을 제공하고 있다. ▲공연 · 전시 · 행사 부문은 38.3억이며 15.9%를 차지한다. 세부적으로 △공연 부문은 무형문화재의 국내외 공연을 지원하거나 문화재(주변) 영역에서 음악·미술·무용 등의 공연을 지원하는 형태이다. △전시는 순종·순종효황후의 어차[교통수단]를 보존처리한 후 이전·전시 비용을 후원하거나 무형문화재 공예품 전시와 문화재 관련 영상·설치미술품 등의 전시 형태, △행사는 문화재 관련 기념행사·축제행사·자원봉사행사 등을 지원하는 형태이다. ▲홍보 · 캠페인 부문은 7억원이며 2.9%를 차지한다. 해외 광고판을 활용한 한국의 세계유산 홍보, 문화재 방송콘텐츠 제작, 홍보용 책자·달력의 제작 등을 지원하는 활동이다. ▲기타 부문은 9.3억원이며 3.9%를 차지한다. 문화재 분야 일자리와 문화서비스 활성화를 위한 예비사회적기업의 전문인력 지원이 가장 크며 문화재 보호 유공자 박병선 박사의 치료성금 지원, 문화재 유공자 표창 상금을 다시 기부한 사례 등도 있다.

문화재 사회공헌의 유형별 후원 특징

유형별 지출 규모에서 확인할 수 있는 문화재 사회공헌의 특징은 다음과 같다. ▲문화재 보존관리 중심의 사회공헌이다. 보수·정비·복구 등 부문과 함께 안전관리, 시설·장비 지원, 환수·유물구입, 무형·연구·장학 부문 등 보존관리 분야가 64.6%를 차지하고 있다. 문화재의 원형을 보호하기 위해 보존처리, 보수정비, 복구 지원과 함께 자원봉사·재능기부 유형의 일상관리 참여 등 직접적인 문화재 보존활동이 있고, 또한 재해·재난에 대비·대처하는 안전관리, 보존관리를 위한 장비·시설, 연구 지원 등 문화재 보호의 역량과 관리환경을 개선하는 간접적인 보존관리 영역까지 다양한 사회공헌 활동이 이루어지고 있다. 문화재 보호를 위한 가장 기본적인 활동 영역이며 문화재 사회공헌의 특성을 충실히 보여주는 활동 영역이기도 하다. 또한 보존관리 분야의 후원은 기업이 선호하는 사회공헌 대상이기도 하다. 문화재의 원형과 가치를 보존하는 활동이 기업 안팎으로 사회공헌의 홍보와 공감대를 형성하기에 가장 효과적이기 때문이다.

▲다음으로 문화재 보존에만 머물지 않고 문화재의 가치를 향유하고 널리 알리는 활용 분야도 활성화된 모습이다. 공연·전시·문화재 행사 지원(16.2%), 교육·체험(11.3%), 홍보·캠페인(2.9%), 관람서비스 개선(1.1%) 등 문화재를 체험하고 공유하는 활용 분야가 약 30%대를 넘어서고 있다. 문화재 보존관리 분야만이 아니라 활용 분야도 주요한 사회공헌 활동 대상임을 확인할 수 있다. 한편 문화재 활용 분야는 단순히 문화재를 통해서 역사문화를 체험하고 공유하는 문화소비 형태로 그치지 않는다. 문화재 활용은 문화재를 이해하는데 도움을 주고 문화재 보존의 중요성을 인식시키는 계기를 마련해 주기 때문에 보존관리 분야의 활성화에도 기여한다. 마치 보존관리와 활용의 두 톱니바퀴가 맞물려 돌아가며 문화재 보호의 큰 톱니바퀴를 움직이는 것과 같다. 따라서 문화재의 가치와 원형을 훼손하지 않는 범위에서 문화재 활용 분야의 활성화는 문화재 보호의 연장선이며, 소모적인 문화소비가 아니라 생산적인 문화재 보호의 또 다른 유형이라는 인식을 가질 필요가 있다.

▲또 다른 특징은 문화재 분야에서 특화된 사회공헌 활동이 지속적으로 이루어지며 기업의 대표 사회공헌으로 자리잡고 있는 모습이다. 예를 들어 에쓰-오일은 2008년부터 천연기념물 보호에 후원하고 있으며 같은 천연기념물 부문에서 하림은 2012년부터 천연기념물 독수리 먹이 지원에 참여하고 있다. 에스원은 문화재 안전관리 부문에서 목조문화재의 흰개미 피해를 막고자 탐지견과 훈련사를 2007년부터 지원하고 있고 삼성물산 역시 문화재 영역의 나무들을 병충해로부터 안전하게 보호하고자 2013년부터 꾸준히 참여하고 있다. 그리고 라이엇 게임즈는 2012년부터 국외문화재와 청소년 교육을 계속 후원하면서 매년 특정 문화재와 분야별 문화재로 주제를 선정해서 지속적인 추가 후원사업을 진행하고 있다. 이러한 기업 사회공헌 활동은 지속성의 특징과 함께 문화재 분야 사회공헌을 넘어 각 기업을 대표하는 사회공헌 활동으로 자리잡고 있다.

참고로 기업별 후원규모와 관련해서 단일 후원규모로 가장 많이 후원한 사례는 신한은행의 숭례문 복구 지원이며 기와제작용 가마 제작과 경관조명 설치에 12억원을 후원하였다. 그리고 누적 후원규모로 가장 많이 후원한 사례는 라이엇 게임즈이며 2012년부터 해마다 5~8억원을 후원해 2016년 현재 누적 후원규모는 35억원이다.

2. 문화재 사회공헌의 운영

● 문화재 사회공헌의 활동 유형

기업은 어떠한 문화재 사회공헌 활동을 하고 있을까? 대개 기업은 문화재라고 하면 내용도 어렵고 접근도 쉽지 않은 전문 영역이라고 생각해서 사회공헌 참여에 부담스러워한다. 물론 문화재 사회공헌 분야만의 접근과 참여방법이 필요하지만 다른 사회공헌 활동과 유사한 점도 많기에 문화재 분야의 특성을 고려하면서 사회공헌에 참여한다면 크게 어렵지 않을 것이다.

우선 문화재 사회공헌의 활동 유형은 크게 몇 가지로 구분해 볼 수 있다. 문화재의 기본적인 가치를 지켜가는 것으로 문화재가 지닌 형태, 기술 등의 원형을 잘 유지하기 위해 훼손된 문화재를 수리·복구·복원하거나 또는 잃어버린 문화재를 되찾는 문화재 환수, 옛 건축물의 내부를 전통방식에 따라 물품과 시설을 재현하도록 후원·참여하는 방법이 있다.

그리고 자원봉사 참여 방식으로 문화재와 그 주변을 청소하는 환경정화 활동, 화재·도난 등의 위험으로부터 문화재를 안전하게 지키는 순찰 및 모니터링 활동, 문화재를 방문하는 관람객에게 편리한 관람환경을 제공하고자 지원하는 편의시설, 문화재 관리에 필요한 시설과 장비를 제공

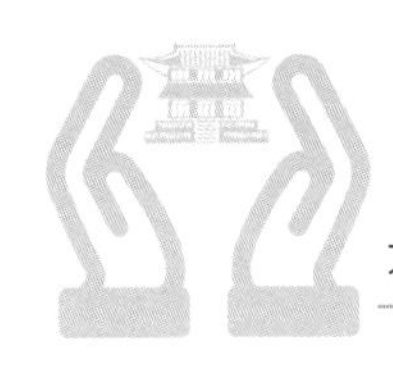

할 수도 있다.

이외에도 문화재의 가치와 의미를 공유하고 체험하는 교육·체험 및 공연·전시, 문화재 홍보, 문화재 보호 참여와 문화시민의식 개선을 위한 캠페인, 창의적인 아이디어와 현대적 기술 등을 접목하여 문화재의 가치를 더하는 문화콘텐츠 개발 등 다양한 부문에서 기업 사회공헌이 가능하다.

문화재 사회공헌의 특수성을 잘 보여주는 유형은 문화재의 보존관리 분야이며 보수·정비·복구, 환수, 안전관리 등의 활동 유형이다. 그리고 문화재 보존관리의 연장선이며 문화향유에 기여하는 활동으로 문화재 활용 분야도 있다. 편의시설, 교육·체험, 공연·전시, 홍보·캠페인 등이며 문화재의 특성을 고려하면서 사회복지, 환경 등 다른 분야의 사회공헌과 접목·연계·변형한 운영방식으로도 후원·참여가 가능하다. 오히려 타 분야의 효과적인 사회공헌 운영방식을 문화재 분야에 적용하여 보다 가치 있고 효율적인 문화재 사회공헌 성과와 모델을 만들어낼 수도 있다.

문화재 사회공헌 활동 유형은 그 대상과 활동 내용에 따라 다양하게 구분되며, 유형별로 기업의 지원 방식에 따라 크게 ① 재정 지원, ② 장비 · 물품 등의 지원, ③ 인력 · 기술 지원의 3가지가 있다. ① '재정 지원' 방식은 현금 기부로 직접 지원하여 필요한 사업비용을 전체 또는 부분적으로 지원하는 방식이다. 다음으로 ② '장비·물품 등의 지원' 방식은 기업이 보유한 자산·자원이나 생산 제품 등을 지원하거나 별도로 구입하여 기증·대여하는 활동이다. 그리고 ③ '인력·기술 지원' 방식은 기업이 보유한 전문적 기술과 노하우를 활용해 임직원의 재능기부, 자원봉사 및 기술교육 형태로 지원하는 활동이다.

이들 3가지 지원방식은 각각의 개별 지원 형태도 있지만 3가지 방식이 서로 결합되기도 한다. 장비·물품 지원 방식의 경우에 기업이 생산한 제품과 보유 장비가 아니라면 별도의 재정을 마련해 지원해야 하므로 장비·

물품 지원과 재정 지원 방식이 결합된 형태로 나타나며(② 장비·물품 지원 + ① 재정지원), 또한 기업의 생산 제품과 보유 장비를 지원하는 경우에 기업의 직원이 전문성을 갖고 장비와 제품을 직접 설치하거나 운영하게 되어 인력·기술 지원방식이 결합될 수도 있다(② 장비·물품 지원 + ③ 인력·기술 지원). 그래서 재정과 인력·기술지원이 결합되거나 재정과 장비·물품지원, 인력·기술과 장비·물품지원 방식이 서로 결합된 형태로 다양하게 지원될 수 있다. 때로는 3가지 방식이 모두 결합될 수도 있다.

문화재 분야의 사회공헌 활동을 유형별로 구분하고 각 유형별로 지원 방식에 따라 어떠한 기업 사례가 있는지 살펴보자. 우선 유형 구분은 문화재 보존관리 부문으로 1)보수 · 정비 · 복구, 2)안전관리, 3)시설 · 장비 지원, 4)환수 · 유물구입, 5)무형문화재 · 연구 · 장학 등이 있으며, 문화재 활용 부문에는 6)관람서비스 개선, 7)교육 · 체험, 8)공연 · 전시 · 행사, 9)홍보 · 캠페인 등이 있다. 이외에는 10)기타 유형으로 정리하였다.

문화재 보존관리 부문의 지원 유형

1) 보수 · 정비 · 복구 유형

문화재의 일상관리를 돕거나 보존처리, 보수정비 등이 필요한 문화재를 지원하는 활동이다. 【재정 지원】 방식으로 ▲대한제국의 순종과 순정효황후가 이용했던 자동차 어차(御車)를 복원·전시하는데 필요한 기술과 비용을 지원했던 현대자동차, ▲전쟁과 남북분단의 역사적 아픔을 상징하는 경의선 장단역 증기기관차를 보존처리하는데 지원한 포스

KT&G, 경주 지진피해 문화재복구 지원
경주 고도보존육성지구 내 피해를 입은 전통한옥을 대상으로 기와를 지원하였다.

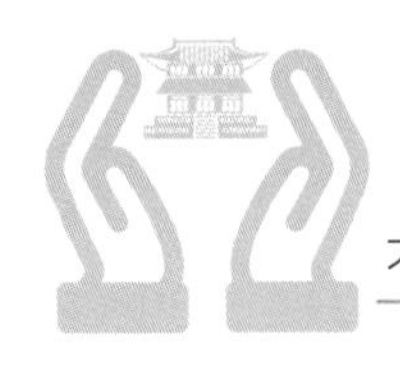

코, ▲조선왕실의 행차 시 사용한 의장물 노부(鹵簿)의 보존처리를 후원한 라이엇 게임즈, ▲방화로 훼손된 숭례문 복구를 위해 전통기와 제작용 가마를 설치·기증한 신한은행, ▲창덕궁 안에서 흐르는 금천(禁川) 복구를 위해 복구 시설과 장비를 지원한 현대건설, ▲덕수궁 함녕전 건물 내부의 창호·벽지·장판·무렴자 등을 전통방식으로 재현하여 설치하도록 인간문화재 전승활동을 후원한 에르메스코리아, ▲천연기념물 종 보호를 위해 어름치의 개체 증식과 수달 치료 등을 후원한 에쓰-오일, ▲지진피해를 입은 경주지역 고도보존육성지구 전통가옥들의 피해 복구 지원을 위해 기와를 후원한 KT&G 사례 등이 있다.

포스코, '경의선 장단역 증기기관차(등록문화재 제78호)' 보존처리와 전시 과정

증기기관차는 6.25전쟁 중 연합군의 군수물자를 수송하던 열차였다. 1950년 12월 31일 DMZ지역인 파주 장단역에서 폭탄을 맞아 멈춰선 후 방치되었다가 전쟁의 아픔과 남북분단의 역사적 상징물로 가치를 인정받아 등록문화재로 등록되었다. 야외에 노출되어 녹슬었던 기관차를 포스코의 후원으로 2006~2009년 간 정밀조사, 구조보강, 녹 제거, 보호코팅제 도포 및 기록화 작업 등을 거쳐 보존처리를 마치고 현재는 임진각에서 전시 중이다.

【장비·물품 지원】 방식에는 ▲추위와 배고픔으로 생존의 위협을 받는 천연기념물 독수리에게 먹이(닭)를 제공하는 하림, ▲문화재 기록관리용 3차원 측량장비를 기증한 한국국토정보공사, ▲숭례문 복구를 위한 철물 제작용 철광석을 후원한 포스코, ▲덕수궁 석조전의 대한제국역사관 관리용 청소장비를 기증한 신세계조선호텔, ▲창덕궁 건물 관리용 로봇청소기를 기증한 LG전자 사례 등이 있다.

【인력·기술 지원】 방식으로 인력지원의 경우 크게 자원봉사·재능기부로 나뉘며 자원봉사는 거의 모든 기업에서 참여하는 기본 활동이기도 하다. 인력·기술지원의 주요 활동을 보면, ▲세계유산 조선왕릉의 잔디를 체계적으로 관리하기 위해 골프장 잔디관리 장비 지원과 직원이 재능기부·자원봉사에 참여하는 한화호텔&리조트, ▲국립고궁박물관 왕실유물의 고유한 이미지를 재현하고 유물 디지털아카이브를 위해 고화질 사진 촬영을 지원한 올림푸스한국 등의 사례들이 있다.

현대차, 순종 · 순정효황후 어차 전시
어차 정비복원(1997~2001) 및 이동 · 전시 후원

올림푸스한국, 유물 디지털아카이브 촬영
국립고궁박물관 소장 유물 사진촬영 후원

기업 사회공헌으로 문화재 자원봉사는 어떻게 참여하는가?

자원봉사 참여방법은 우선 활동 가능한 대상지를 선정하는 일이다. 문화재청에서 직접 관리하는 궁궐, 왕릉의 경우에는 문화재청 또는 궁궐 · 왕릉관리소에 연락을 해서 활동 대상지를 추천받으며, 지역에 소재한 문화재는 지자체(문화재담당)에 연락해 추천을 받는다. 때로는 지역의 문화재 관련 NGO단체에 연락해서 활동 대상지를 추천받거나 NGO단체에서 운영하는 봉사활동 프로그램에 참여할 수 있다. 소유자와 관리자가 상주하는 문화재에서 활동할 때에는 사전 동의를 구한 다음에 시간 · 장소 · 참여인원 등을 알려주고 필요한 봉사활동과 대상을 안내 받으면 더 효과적이다. 현장 관리기관 · 관리인이 없는 곳에서는 문화재 관리기관(지자체) 또는 NGO단체에서 추천을 받고 문화재 훼손 등의 유의사항을 숙지한 다음에 봉사활동을 진행하면 된다. 자원봉사와 함께 문화재에 대한 해설을 듣거나 체험교육 프로그램 등을 진행하는 계획을 세운다면 직원들의 문화재(보호) 인식과 만족도를 높일 수 있다.

봉사활동 시기는 정기 또는 비정기로 진행할 수 있으며 정기 활동은 자율적으로 주간 · 월간 · 분기 · 반기 등 일정과 직원 참여 여건에 맞추어 계획하고 소유자 · 관리자와 사전 협의를 통해 진행하면 된다. 비정기 활동은 기업과 문화재 관련 행사를 연결해서 진행할 수 있다. 예를 들어 기업의 창립일 · 노조행사, 문화행사 등과 연결하거나 문화재 가꾸는 날, 문화재 방재의 날, 문화가 있는 날, 세계유산 등재 기념 등 문화 · 문화재 관련 특별 행사와 기념일을 연계해서 진행할 수도 있다.

2) 안전관리 유형

화재, 생물피해, 도난 등의 위협으로부터 문화재를 안전하게 보호하도록 지원하는 활동이다. 【재정 지원】 방식으로 ▲목조문화재 화재 위험을 막기 위해 방염제와 소화기를 후원한 삼성물산, ▲불꽃감지기 설치를 후원한 포르쉐코리아 등의 사례가 있다. 【재정 지원】과 【인력·기술 지원】 방식이 결합되어 ▲궁궐·종묘·왕릉 지역의 안전한 조경관리를 위해 참나무 시들음병의 예방과 치료를 지원한 삼성물산, 【인력·기술 지원】 방식으로 ▲목조문화재를 갉아먹는 흰개미를 퇴치하기 위해 흰개미탐지견과 훈련사를 지원한 삼성생명·에스원, ▲문화재 대상 관리시설 및 거주자가 사용하는 가스·전기시설의 안전점검을 지원한 한국가스공사와 한국가스안전공사, 한국전기안전공사, ▲무인경비시스템 설치와 순찰활동을 후원한 KT텔레캅 등의 활동이 있다.

'한국전기안전공사', 문화재 전기시설 안전점검

삼성물산, 참나무시들음병 방제활동(종묘)
궁궐 · 왕릉 · 종묘 대상 임직원 참여 자원봉사 및 방제물품 후원

3) 시설 · 장비 지원 유형

문화재 관리에 필요한 시설과 장비·물품 등을 지원하는 형태이다. 대개 【재정 지원】 방식으로 이루어지며, 우선 문화재 안내판 설치에 후원한 이니스프리, 라이엇 게임즈 등의 사례가 있다. ▲이니스프리는 제주 지역의 사회공헌 활동에 주력하면서 문화재 분야와 관련해 제주지역 천연기념물(천지연 폭포 지역)에 문화재 안내판 개선(설치)을 후원하였고, ▲라이엇 게임즈는 청소년 문화재 교육에 관심을 가지면서 조선시대 최고 교육기관인 성균관(成均館)과 연결시켜 '서울 문묘와 성균관' 안내판 개선(설치)을 후원하였다. 그리고 ▲궁궐 야간관람 시설 지원을 위해 덕수궁의 야간조명을 개선(설치)하는데 후원한 포르쉐코리아, ▲궁궐의 조경·시설 관리용 장비를 지원한 사례로 △라이엇 게임즈의 크레인, △현대건설의 포크레인, △포르쉐코리아의 고속작업대 등이 있다. 이외에도 ▲문화재 관리 목적의

작업용 전기차를 기증한 KB국민은행·SK하이닉스 등의 사례가 있다.

【장비·물품 지원】과【인력·기술 지원】이 연결된 방식으로 ▲천연기념물 독도의 노후된 순찰로 개선과 공공시설물 리모델링, 궁궐의 연못 주변 안전펜스 등에서 기업 제품을 기증하고 설치를 지원한 LG하우시스, ▲궁궐 입장용 모바일 발권시스템 설치·운영을 지원한 KTH 등의 사례가 있다.

포르쉐코리아, 덕수궁 야간경관조명 개선 후원

현대건설, 창덕궁 보존관리용 중장비 기증

4) 환수와 유물구입 유형

국내외 문화재 또는 유물의 환수·구입·기증 관련 활동이다. 문화재의 특성상 주로 기업의【재정 지원】방식으로 운영되며 ▲하늘의 별자리를 새겨 넣은 천상열차분야지도(天象列次分野之圖)의 목판본 구입을 후원하여 고궁박물관에 기증한 신한은행, ▲미국 허미티지박물관(Hermitage Museum&Gardens)이 소장하던 조선불화 '석가삼존도'를 구입·기증하는데 후원한 라이엇 게임즈, ▲경복궁에서 왕세자가 사용하던 자선당 건물이 일제강점기에 해체되어 일본으로 넘어갔다가 관동대지진으로 건물은 불타고 기단·주춧돌 등의 석재만 파손된 채 일본 호텔에 남겨져 있었는데, 이 때 자선당의 남겨진 유물(기단·주춧돌)을 환수하는데 후원한 삼성문화재단, ▲광복70주년을 기념하여 독립유공자인 백범 김구 선생의 친필 휘호 존심양성(存心養性), 광복조국(光復祖國)을 구입하여 기증한 스타벅스커피 코리아 등의 사례가 있다.

5) 무형문화재 및 연구 · 장학 지원 유형

문화재 분야의 전문가·유공자를 지원하여 보존관리의 기여와 함께 미래인재 육성을 위한 지원 유형이다. 대부분 【재정 지원】 방식으로 이루어지며, 우선 무형문화재의 전승활동 지원을 위해 ▲무형문화재 보유자·이수자 등에게 안정적인 전승활동이 가능하도록 정기·비정기적으로 전승활동 보조금을 지원하는 방식이다. 예를 들어 무형문화재 중에서 전승 환경이 취약한 종목을 중심으로 긴급히 지원이 필요한 대상 또는 기업 경영활동과 연계성을 가진 대상을 선정하여 후원하고 있다. △아모레퍼시픽(소반장), △SH공사(제와장), △한화호텔리조트(남사당놀이), △한국가스공사(두석장·궁시장 등), △팅크웨어(윤도장), △한컴(금속활자장) 등이 있다. 그리고 ▲무형문화재의 전승활동을 위해 재료·장비 구입 및 공방 시설개선에 후원한 한국예탁결제원, ▲무형문화재 전승활동의 중심이 되는 인간문화재의 건강을 위해 종합건강검진 비용을 지원하는 한독 등의 사례가 있다.

이외에 ▲장학 지원 사업으로 문화재 분야 인재육성을 위해 설립된 한국전통문화대학교 학생들에게 장학금을 후원한 스타벅스커피 코리아와 LG하우시스·포스코1%나눔재단, ▲직지심체요절과 의궤를 발견하고 문화재 환수에 기여한 박병선 박사의 병인양요 연구·출판을 후원한 신한은행의 사례가 있다.

【장비·물품 지원】 방식으로 ▲인간문화재 건강을 돕기 위해 독감·폐렴의 예방접종과 건강기능식품을 지원하는 한독, ▲무형문화재의 아름다움을 지켜가도록 화장품을 지원하는 LG생활건강 등의 사례가 있다.

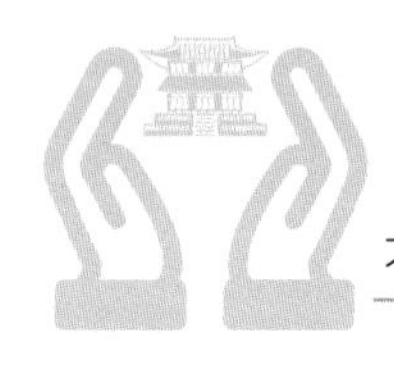

문화재 활용 부문의 지원 유형

6) 관람서비스 개선 유형

문화재를 방문하는 관람객의 편의를 제공하기 위한 후원 활동이다. 예를 들어, 【재정 지원】 방식으로 ▲세종대왕과 한글 소프트웨어 관련 기업 활동을 연결시켜 세종대왕유적관리소에 유모차와 휠체어를 지원한 한컴, ▲어르신·장애인 등의 관람 이동을 돕기 위해 교통약자 관람용 전기차를 기증한 신한은행, ▲창덕궁에 수유실 리모델링을 지원한 삼성물산, ▲종묘에서 관람객이 역사문화 관련 책을 볼 수 있도록 독서실 설치를 지원한 한화호텔&리조트, ▲경복궁 관람객 대상 정보이용 편의를 위해 키오스크형 영상정보시스템 설치를 후원한 LG전자. 【장비·물품 지원】과 【인력·기술 지원】이 연결된 방식으로 ▲기업 제품을 활용하여 창덕궁에 관람객 쉼터를 설치한 LG하우시스 등의 사례가 있다.

LG하우시스, 창덕궁 부용지 안전펜스 제작 · 설치 기증

삼성물산, 창덕궁 수유실 리모델링 후원

7) 교육 · 체험 유형

【재정 지원】 방식으로 문화재 현장에서 청소년·소외계층·다문화가족 등에게 문화재 이해, 역사인식 고취, 문화향유 기회 제공 등을 목적으로 교육·체험 행사를 기획하여 운영하거나 후원하는 활동이다. 기업이 자체로 기획·운영하거나 민간단체·정부·지자체와의 협업 또는 후원 방식으로

진행되기도 한다. 예를 들어 ▲'백제역사유적지구'의 세계유산 등재를 기념하여 청소년 대상 역사문화교육을 지원한 동서식품의 '백제문화탐방', ▲교육 분야 문화재 현장에서 역사문화 및 인성·예절교육을 지원하기 위해 '성균관 문화체험과 예절교육' 프로그램을 후원한 라이엇 게임즈, ▲문화재 체험과 함께 문화재 관련 직업체험과 진로설계가 가능도록 문화재 실측조사·3D스캐닝, 한옥조립, 문화재 드론촬영, 문화체험·여행 프로그램 기획 등의 문화재 진로체험 교육을 후원하는 한화호텔&리조트 사례가 있다. 이외에 ▲저소득층 청소년 대상 문화재 체험교육 프로그램 '창경궁1박2일' 등을 후원한 SH공사, 경기도시공사, SK하이닉스 등의 사례도 있다.

LG하우시스, 독도사랑 청년캠프
참여 대학생들이 독도 등 천연기념물을 소재로 만든 아동용 도서 제작 사례

그리고 대학생이 문화재의 가치와 의미를 배우며 문화재 홍보에 기여할 수 있는 참여형 문화체험교육 프로그램도 있는데 ▲LG하우시스는 매년 여름 '독도사랑 청년캠프'를 운영하여 대학생들이 천연기념물 독도와 함께 울릉도의 여러 문화재를 탐방하면서 역사문화를 배우며 독도 홍보·교육교재 개발 등의 과제를 수행하기도 한다. 그리고 ▲에쓰-오일은 '대학생천연기념물지킴이단'을 매년 선발하여 천연기념물 서식지 보존활동, 자연생태교육, 홍보활동을 진행한다. 【재정 지원】과 【인력·기술 지원】 방식의 결합으로 한글(훈민정음)과 함께 조선왕릉, 한국의 역사마을 등 세계유산 등재에 발맞추어 문화재 디지털 교육자료(오피스·웹·앱 버전)를 제작하여 학교에 배포한 한컴의 사례도 있다.

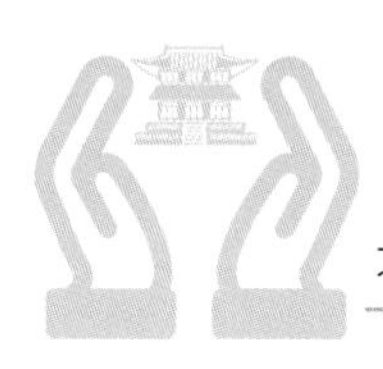

8) 공연 · 전시 · 행사지원 유형

문화재의 가치와 의미를 함께 공유하고 체험하는 공연·전시·행사 지원 유형이다. 정부·지자체, 전문기관에 재정 후원 또는 기업 자체 기획으로 진행하거나 장비·물품 및 인력·기술 등의 지원 방식으로 운영한다. 【재정 지원】 방식으로 ▲궁중문화축전과 궁궐 야간관람에 참여해 왕실여성의 역사문화를 소재로 조선왕실여성체험전, 미디어아트 등을 기획하여 전시·운영하거나 해금 중심의 국악퓨전공연을 후원한 LG생활건강, ▲금속공예 분야 인간문화재 작품의 제작과 전시를 지원하여 무형문화재의 가치를 공유하는 포스코1% 나눔재단, ▲문화유산국민신탁이 기업·개인 등의 기증 및 후원으로 구입한 독립운동과 대한제국 관련 유물을 전시(문화유산국민신탁 소장 유물전)하는데 후원한 라이엇 게임즈, ▲인간문화재의 무료 종합건강검진 등을 후원하면서 저소득층·다문화가족에게 인간문화재의 공연관람과 무형문화재 관련 다양한 체험 기회를 제공하는 한독 등의 사례가 있다. 【재정 지원】과 【장비·물품 지원】이 연결되어 ▲문화재 보호 자원봉사에 참여하는 청소년들의 전국 문화재지킴이 행사를 지원하고 행사물품으로 청소년 관련 제품을 현물 기증한 형지엘리트의 사례가 있다.

LG생활건강, 창경궁 야간관람 특별프로그램 '미디어아트' 후원

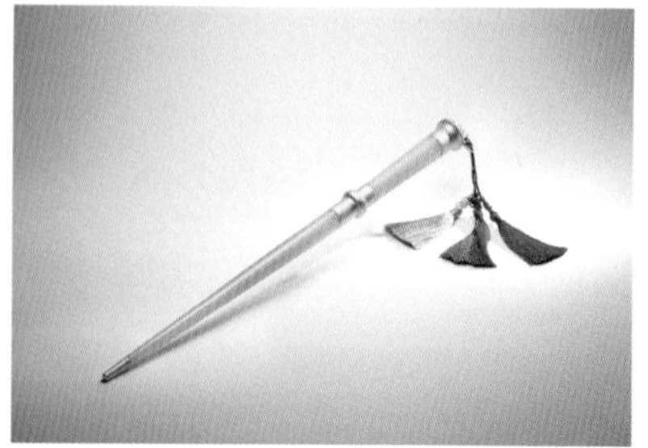

포스코1%나눔재단, 무형문화재(금속공예) 제작 · 전시 후원

세대를 잇는 작업 '이음展'의 전시 작품 중 박종군 장도장(국가무형문화재 제60호)의 '백옥금장환별자리금상감보검'

【장비·물품 지원】과 【인력·기술 지원】이 연결된 방식으로 ▲해외 박물관·미술관에 소재한 한국의 유물 촬영을 지원한 후 3D디지털 영상 제작과 기업의 모니터·패널 제품을 활용해 해외 소재 문화재를 소개하는 전시, 시민참여형 문화재 사진공모전 개최·전시, 궁중문화축전과 궁궐 야간 관람의 특별 프로그램으로 문화재 디지털 영상 전시 등을 개최하는 LG전자 사례가 있다.

9) 홍보 · 캠페인 유형

문화재의 가치와 의미를 대중적으로 널리 알리면서 문화재의 관심과 이해도를 높이고, 더불어 문화재 보호의 참여 인식을 확산시키는 참여·후원 유형이다.

【재정 지원】 방식으로 ▲문화재 홍보를 위한 방송콘텐츠(EBS 문화유산코리아) 제작을 지원한 사례로 △라이엇 게임즈의 한국의 세계유산 시리즈, △동서식품의 백제역사유적지구 시리즈가 있다. 【재정 지원】과 【장비·물품 지원】을 결합해 문화재마케팅 접근방식으로 제품을 활용하고 비용을 지원하여 문화재를 홍보하는 형태이다. ▲'백제역사유적지구'가 유네스코 세계문화유산에 등재된 것을 기념하여 생활밀착형 문화재 홍보 방식으로 커피믹스 제품 포장상자에 백제역사문화의 대표 문화재인 백제금동대향로를 인쇄하고 홍보사이트를 제작하는데 지원한 동서식품, 또한 ▲스타벅스커피 코리아는 광복 70주년 기념으로 백범 김구 선생

동서식품, '백제역사유적지구' 세계유산 등재 기념 홍보 캠페인
백제역사문화의 대표 문화재인 백제금동대향로를 기업 제품의 커피 포장상자에 인쇄하고 별도의 온라인 홍보사이트를 함께 운영하여 백제역사문화와 문화재 홍보

의 친필휘호를 구입·기증하면서 친필 휘호를 텀블러 디자인에 적용시키고 백범 김구 선생 친필휘호 기념 텀블러를 제작·판매함으로서 광복절과 독립운동의 의미를 전달하였다. 또한 기념 텀블러의 판매 수익금은 다시 후원금으로 기부되었다.

【장비·물품 지원】방식으로 LG전자가 해외에서 운영하는 뉴욕 타임스퀘어, 런던 피카디리 지역의 광고스크린을 활용해 한국의 세계유산을 홍보하고 있다. 【인력·기술 지원】 ▲문화재청이 주최하는 '내고장 문화재 가꾸는 날' 행사에서 전국의 매장 직원과 함께 경주 지역 문화재 환경정화 봉사활동 후에 문화재사랑 홍보 캠페인을 진행한 스타벅스커피 코리아, ▲문화재와 관련된 지역의 커피매장 안 인테리어를 문화재 소재로 구성하여 문화재를 홍보한 스타벅스커피 코리아의 사례 등이 있다.

포스코, 장단역 증기기관차 활용 기업광고

철의 원소기호 'Fe'를 활용한 시리즈 기업광고 중 6편 '희망을 향해(For hope)'. 문화재지킴이 후원사업 대상인 등록문화재 증기기관차를 소재로 사회공헌과 문화재 보호를 홍보하는 신문 지면광고 사례

10) 기타 유형

문화재 관련 NGO단체, 예비사회적기업 후원 등 기타 유형이다.【재정 지원】 방식으로 ▲문화재 분야의 일자리창출과 사회서비스 확충에 기여하는 문화재형 예비사회적기업을 대상으로 전문인력 인건비를 지원한 신한은행, ▲해피빈재단과 함께 NGO단체·사회복지기관 등의 문화재 분야 보존·문화체험 프로그램을 지원한 신한은행,【재정 지원】과【장비·물품 지원】 방식의 결합 형태로 ▲문화재 보호 공익형 금융상품 '문화재사랑 정기예금' 개발로 문화재 보존기금을 조성하여 기부한 신한은행,【장비·물품 지원】 방식으로 ▲문화재NGO에게 한글과 오피스 관련 소프트웨어를 기증한 한컴 등의 사례가 있다.

▌문화재 사회공헌 참여기업별 주요활동과 지원방식 ▌

구분	참여기업	활동내용	지원방식
① 보수, 정비, 복구 등	라이엇 게임즈	국립고궁박물관 왕실유물(노부) 보존처리	재정
	신한은행	숭례문 복구 기와제작 가마터 및 야간조명 설치	재정
	현대건설	창덕궁 금천 물 되살리기 시설물 설치	재정
	에르메스코리아	덕수궁 전각 내 생활용품 전통방식 재현	재정
	에쓰-오일	천연기념물 보호(수달, 두루미, 어름치, 장수하늘소)	재정
	신세계조선호텔	덕수궁 석조전(대한제국역사관) 관리 및 청소장비 제공	재정, 인력 · 기술
		대한제국 황실 서양식 연회음식 재현	재정, 인력 · 기술
	KT&G	경주지역 지진피해 문화재 복구(기와 제공)	재정
	하림	천연기념물 독수리 먹이 지원(닭 제공)	물품
	한국국토정보공사	문화재 기록관리용 3차원 측량장비 기증	장비
	포스코	숭례문 복구 전통철물 제작용 철광석 제공	물품
	LG전자	창덕궁 관리용 로봇청소기 기증	물품
	한화호텔&리조트	조선왕릉 관리 잔디관리 장비 및 기술 지원	장비, 인력 · 기술
	올림푸스한국	국립고궁박물관 왕실유물 디지털아카이브 촬영 지원	인력 · 기술
	현대차	순종, 순정효왕후 어차 복원 및 이전 지원	재정, 기술
	포스코	경의선 장단역 증기기관차 보존처리 지원	재정, 기술

구분	참여기업	활동내용	지원방식
② 안전 관리	삼성물산	목조문화재 화재예방 방염제 및 소화기 지원	재정
		궁궐, 종묘, 왕릉 등의 참나무시들음병 피해 예방 지원	재정, 인력
	포르쉐코리아	덕수궁 화재예방 불꽃감지기 설치 지원	재정
	한국가스공사, 한국가스안전공사	문화재 가스시설 안전점검 지원	인력 · 기술
	한국전기안전공사	문화재 전기시설 안전점검 지원	인력 · 기술
	KT텔레캅	문화재 무인경비시스템 설치 및 순찰 지원	인력 · 기술
	삼성생명, 에스원	목조문화재 안전관리 흰개미탐지견 및 훈련사 지원	인력 · 기술
③ 시설, 장비 지원	이니스프리	제주지역 천연기념물 안내판 개선(설치) 후원	재정
	라이엇 게임즈	서울 문묘와 성균관 안내판 개선(설치) 후원	재정
	포르쉐코리아	덕수궁 야간경관조명 개선(설치) 후원	재정
	현대건설	창덕궁 관리용 중장비(포크레인) 및 관람객 쉼터 후원	재정
	라이엇 게임즈	궁궐 관리용 중장비(크레인) 후원	재정
	KB국민은행, SK하이닉스 등	문화재관리용(운반, 이동) 전기차 후원	재정
	LG하우시스	천연기념물 독도 공공시설물 개선 후원	물품, 인력 · 기술
④ 환수, 유물 구입	신한은행	천상열차분야지도 목판본 구입 기증	재정
	라이엇 게임즈	조선불화 석가삼존도 환수 기증	재정
	삼성문화재단	경복궁 자선당 유구 환수	재정
	스타벅스커피 코리아	김구 선생 친필 휘호 유물구입 기증	재정
⑤ 무형 문화재, 연구, 장학	아모레퍼시픽, 한국가스공사 등	무형문화재 전승보조 지원금 후원	재정
	한국예탁결제원	무형문화재 재료, 장비, 공방 개선 등 후원	재정
	LG하우시스, 포스코, 스타벅스커피 코리아 등	한국전통문화대학교 장학금 후원	재정
	한독	인간문화재 무료 종합건강검진, 예방접종 등 후원	재정, 물품
	신한은행, 코웨이 등	문화재 환수 공로자 연구 및 출판 지원(박병선 박사)	재정
	LG생활건강	무형문화재 화장품 지원	물품
⑥ 관람 서비스 개선	삼성물산	궁궐 관람객 수유실 리모델링 후원	재정
	한화호텔&리조트	종묘 관람객 도서실 설치 후원	재정
	한컴	세종대왕유적관리소 관람객 유모차, 휠체어 지원	재정
	LG전자	경복궁 키오스크형 영상정보시스템 설치 후원	재정
	LG하우시스	창덕궁 관람객 쉼터, 안전펜스 설치 지원	물품, 인력

구분	참여기업	활동내용	지원방식
⑦ 교육, 체험	동서식품	백제역사유적지구 세계유산 등재 기념 백제문화탐방	재정
	라이엇 게임즈	청소년 문화체험 및 예절교육 (궁궐 · 성균관 · 한양도성 등)	재정
	한화호텔&리조트	청소년 문화재 진로체험교육	재정
	SH공사, 경기도시공사 등	청소년 궁궐체험 1박2일	재정
	LG하우시스	대학생 독도사랑 청년캠프	재정
	에쓰-오일	대학생 천연기념물지킴이단	재정
	한컴	문화재 디지털 교육자료 제작 · 배포	재정, 기술
⑧ 공연, 전시, 행사 지원	라이엇 게임즈	문화유산국민신탁 소장 기증유물전 전시후원	재정
	LG전자	해외 소재 문화재 디지털 영상전	물품, 기술
	LG생활건강	왕실여성문화 전시 · 공연(미디어아트 · 체험전 · 국악공연 등)	재정
	포스코1%나눔재단	금속 분야 인간문화재 작품 제작 · 전시 후원	재정
	한독	무형문화재 공연 및 문화체험 후원	재정
	형지엘리트	청소년 문화재지킴이 전국행사 지원	재정, 물품
⑨ 홍보, 캠페인	동서식품	백제역사유적지구 세계유산 등재 기념, 커피상자 활용 문화재 홍보	재정, 물품
	스타벅스커피 코리아	광복절 기념 백범 김구 선생 친필 휘호 텀블러 제작 · 홍보	재정, 물품
		임직원 참여 문화재사랑 홍보 캠페인	인력
		문화재 소재 커피매장 인테리어 구성	인력, 장소
	LG전자	해외 광고스크린(뉴욕 · 런던) 활용 한국의 세계유산 홍보	장비, 인력
	라이엇 게임즈, 동서식품	문화재 방송콘텐츠 제작 후원(한국의 세계유산)	재정
	한국조폐공사	한국의 문화유산시리즈 기념메달 제작 · 홍보	재정, 기술
⑩ 기타	신한은행	문화재형 예비사회적기업 전문인력 지원	재정
		문화재 분야 보존 및 문화체험 프로그램 운영 NGO 지원	재정
		문화재 보호 공익형 금융상품 개발 운영	재정, 물품
	한글과컴퓨터	문화재NGO 대상 한글정품SW 기증	물품

문화재 사회공헌의 파트너십

기업 – 정부기관(문화재청) 파트너십 유형

1) 정부기관과의 파트너십 배경과 특징

기업이 사회공헌을 추진하는 방식은 크게 기업이 직접 추진하거나 정부·지자체·민간단체 등과 파트너십을 맺고 협력사업으로 진행하는 형태이다. 대개 기업 사회공헌의 사업파트너로 NGO 등 전문 민간단체가 주로 참여하고 있다. 하지만 문화재 분야 사회공헌은 정부기관(문화재청)과 협력하는 사례가 많으며 기업에서도 선호하는 방식 중에 하나이다.

사회복지·교육·체육·환경 등 대부분의 사회공헌은 NGO, 복지기관 등이 주로 파트너로 참여하는데, 왜 문화재 분야는 정부기관이 중요한 사업파트너로 참여하고 있을까? 우선 문화재를 활동 대상과 수혜 대상으로 삼고 있는 특수성 때문이다. 문화재 자체를 주 대상으로 삼다보니 문화재를 소유·관리하는 기관 또는 관계자의 협조가 절대적으로 필요하다. 문화재를 소유·관리하는 개인·단체 또는 관계자와 사전에 협의를 거치지 않고 기업·시민단체가 단독으로 접근하기도 어렵고 제약도 많다. 그렇다고 아예 접근이 어려운 건 아니다. 문화재와 관련된 교육·체험·전시·공연·홍보 등의 활동 분야는 문화재의 가치 증진과 함께 청소년·소외계층·다문화 등 다양한 수혜계층을 상대로 사회공헌 활동을 기획하고 운영할 수 있기 때문에 문화재 자체 대상만을 한정해서 얽매일 필요는 없다.

문화재를 소유·관리하는 기관 중에서 정부기관(문화재청)과 지자체가 대표적이며 그 중에서 정부기관(문화재청)이 기업들의 주요 파트너 기관이다. 그 배경에는 몇 가지 이유가 있다. 우선 ▲궁궐·왕릉·종묘 등은 대중적 인지도가 높다보니 사회공헌 홍보 효과와 직원·고객들 사이에서도 사회공헌 이후 만족도가 높다. 그래서 기업의 주요 사회공헌 활동 대상으로 손꼽히는 대상이 궁궐·왕릉·종묘 등이며 해당 문화재는 문화재청(관리소)

이 직접 관리하고 있어서 자연스레 문화재청과의 협력 기회가 많다. 다음으로 ▲다양한 문화재 사회공헌 대상을 선정하거나 정보공유 및 네트워크 확장에도 도움을 받을 수 있다. 문화재청은 국내외 문화재행정을 담당하고 있어서 다양한 문화재 관련 정보·자료, 인적·기관과의 네트워크를 보유하고 있다. 그래서 기업이 필요한 후원 대상, 참여 방법, 협력사업 개발 이외에도 정보·자료 제공과 함께 문화재청을 매개로 문화재 전문기관·전문인력과의 파트너십·네트워킹이 가능하다. 또한 ▲문화재행정을 총괄하는 문화재청과의 파트너십은 사회공헌의 대외적인 공신력과 홍보효과를 높여주며, 안정적인 사회공헌 추진과 함께 기업 내부의 의사결정과 참여를 이끌어내는데 도움이 된다. 끝으로 ▲문화재청에 기업 사회공헌을 지원하는 전문인력이 배치된 점이다. 정부·지자체에서 민관협력을 지원하는 전문인력을 찾기가 쉽지 않으며, 문화재청의 전문인력을 통해 문화재 사회공헌의 전문적인 기획·자문·행정지원·네트워크·홍보 등을 지원받을 수 있고 사회공헌 활동의 품질 향상과 안정적인 지원이 지속적으로 확보될 수 있는 장점이 있다.

문화재청 소개 및 역할

- 해방 이후 문화재 관리는 행정조직과 황실재산관리기구로 분리되어 운영되다가 문화재 행정조직인 '문교부 문화보존과'와 대한제국 황실의 재산을 관리하는 '구황실재산사무총국'을 통합하여 '문화재관리국'이 신설되면서(1961년) 본격적인 문화재 총괄 행정기능을 수행하게 되었다. 이후 '문화재청'으로 승격(1999년), 차관급 관청으로 다시 승격되어(2004년) 현재에 이르며 문화재의 조사 · 연구, 문화재 지정 · 보존관리 그리고 문화향유 기회와 가치 증진을 위한 다양한 활용 · 협력 · 교류 사업 등을 담당하고 있다.
- 문화재지정 및 등록 / 현상변경 · 발굴 등 허가 / 문화재 보존과 재정지원 / 궁궐, 왕릉 및 중요 유적지 관리 / 세계유산 등 등재 신청, 남북 문화재 교류 / 문화재 조사 · 연구 및 전문 인력양성

2) 문화재지킴이와 기업의 참여

문화재 분야를 포함한 공공정책은 점차 국가·정부 주도의 행정체계에서 전문가·NGO·기업 등 다양한 시민사회 주체와의 소통·협력 등을 통해 함께 공공정책을 기획·협의·조정·시행하는 거버넌스 방식을 취하고 있다. 민간의 자원과 기술·인력 등을 연계하여 행정서비스의 효율성과 확장성을 높이는 민관협력 방식이다.

문화재청에서도 문화재 보호를 위한 효율성과 문화재의 가치 공유를 확대하기 위해 다양한 민간의 참여를 이끌어내고 협력하는 '문화재지킴이' 정책을 2005년부터 시행하고 있다. 지역의 풀뿌리 문화단체에서 자발적으로 내 고장의 문화재를 가꾸고 지켜가는 자원봉사 활동과 함께 기업의 메세나활동 등을 참고하여 볼런티어십(봉사활동)과 파트너십(재원·기술·재능기부 등 협력)에 기반한 국민참여형 문화재 보호 운동을 실시하고 있는 것이다.

자발적인 민간참여, 정부기관의 지원, 민-관의 협력사업으로 이루어지는 문화재지킴이 활동은 환경정화, 모니터링, 순찰·감시, 홍보, 교육 등이 있으며 참여방법은 크게 '위촉'과 '협약' 형태로 운영하고 있다.

우선 문화재지킴이로 '위촉'을 받아서 활동하는 방법이다. 참여자(단체)가 활동하고자 하는 문화재를 직접 선정하고 문화재지킴이를 신청하면, 문화재청은 지자체를 통해서 해당 문화재의 소유자·관리자의 승인을 얻어서 활동 가능한 참여자를 문화재지킴이로 위촉한다. 위촉된 참여자(단체)는 이후 자발적으로 현장에서 문화재와 그 주변을 쓸고 닦고 정리하는 문화재 환경정화 활동을 중심으로 문화재의 훼손된 곳이 있는지 또는 안내판의 오류, 편의시설의 유무와 문제점 등을 모니터하는 활동, 도난·화재 등의 위험을 감시·순찰하는 활동을 한다. 이외에도 문화재의 가치를 공유하고 알리기 위해 홍보, 교육, 해설 등의 활동을 하게 된다.

문화재지킴이 위촉 및 활동 개념도

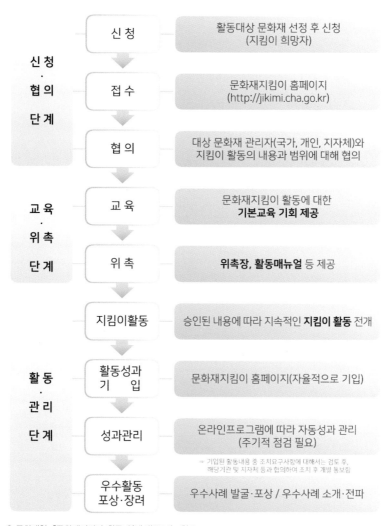

신청·협의 단계	신 청	활동대상 문화재 선정 후 신청 (지킴이 희망자)
	접 수	문화재지킴이 홈페이지 (http://jikimi.cha.go.kr)
	협 의	대상 문화재 관리자(국가, 개인, 지자체)와 지킴이 활동의 내용과 범위에 대해 협의
교육·위촉 단계	교 육	문화재지킴이 활동에 대한 **기본교육 기회 제공**
	위 촉	**위촉장, 활동매뉴얼** 등 제공
활동·관리 단계	지킴이활동	승인된 내용에 따라 지속적인 **지킴이 활동** 전개
	활동성과 기 입	문화재지킴이 홈페이지(자율적으로 기입)
	성과관리	온라인프로그램에 따라 자동성과 관리 (주기적 점검 필요) ☞ 기입된 활동내용 중 조치요구사항에 대해서는 검토 후, 해당기관 및 지자체 등과 협의하여 조치 후 개별 통보함
	우수활동 포상·장려	우수사례 발굴·포상 / 우수사례 소개·전파

* 문화재청, 『문화재지킴이 활동 안내서(2016)』 참조

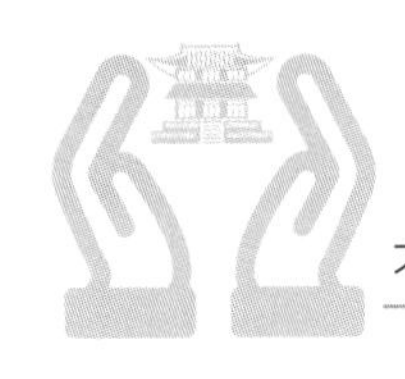

기업의 경우에도 일반 참여단체와 마찬가지로 활동대상 선정과 위촉 과정을 거쳐 문화재 보호 활동에 참여하는데, 임직원(가족) 또는 고객들과 함께 정기적·비정기적으로 환경정화, 홍보, 교육 등의 자원봉사 활동을 하면서 추가적으로 편의시설(수유실 설치 및 리모델링·휠체어·심장제동기 등), 소방방재시설(방염창호지·소화기 등), 홍보물(홍보자료·책자 등), 행사 및 교육 프로그램 등을 후원하기도 한다.

다음으로 '협약' 형태는 기업·시민단체·공공기관 등이 체계적이며 지속적으로 문화재 보호 활동에 참여하고 후원하기 위해 문화재청과 파트너십을 맺는 방식이다. 위촉 참여방식이 자원봉사 활동 중심이라면, 협약의 형태는 후원·협업 중심의 참여방식이다. 협약을 통해 문화재청과 참여기관은 협력·후원 사업을 공동 기획하면서 기업·시민단체·공공기관 등은 현금·장비·물품·기술·인력 등을 후원하고 문화재청에서는 참여기관의 참여·후원 활동이 원활히 수행될 수 있도록 행정서비스(정보·자료 제공, 컨설팅, 홍보, 교육, 전문기관 연계 등)를 지원하는 방식으로 운영되고 있다.

문화재청, 문화재지킴이 협약업무 프로세스

단계	기획·제안/협의·조정	협약 · 기부금 운영 · 교육	활동 · 관리 · 포상
	기획 / 제안 / 문의 • 협약대상 기업분석/제안(문화재청) • 문화재지킴이 참여 문의(기업) **협약 내용 협의** • 기업 자원봉사 대상 문화재 선정 • 기업 후원(재원, 기술 등) 협의 • 관리자, 수혜자(지자체,NGO 등) 대상 활동내용 및 활동범위 등 협의 • 기부금운영기관과 운영 협의 **활동계획 수립 및 확정** • 세부 활동 및 후원계획 확정 • 협약(식) 체결 계획 수립 - 참석자, 행사장, 언론홍보	**협약식 개최** • 협약 체결 / 기부금 전달 • 언론홍보, 기자설명회 등 **협약사업 기부금 운영** • 기부금 전달 (협약기업) • 기부금 집행, 관리(기부금운영기관) **협약기관 대상 자원봉사교육** • 문화재의 이해 • 문화재지킴이 활동 방법 등	**협약사업 진행** • 문화재 현장 자원봉사 • 후원사업 추진 * 필요시 후원사업 등 조정(협의) **정기 / 상시 업무협의** • 정기 협의회 및 워크숍 진행 • 행정지원 및 후원사업 컨설팅 • 전문기관(NGO 등) 연계 지원 **활동성과 제출** • 자원봉사, 후원사업 등 제출(공유) **포상 및 홍보활동** • 우수사례 발굴 및 포상 • 우수사례 소개 및 홍보(언론,SNS 등)

기업 – 공공기관 · 비영리기관 파트너십 유형

문화재 사회공헌은 정부기관 이외에도 다양한 공공기관, 비영리기관 등과 함께 파트너십을 맺고 문화재 사회공헌 활동이 이루어지고 있다. 사회공헌 사업을 위한 기획, 수행, 평가 등을 함께 진행하면서 기업은 사업에 필요한 재원을 지원하거나 기업의 임직원(봉사단)이 자원봉사로 참여한다. 그리고 공공기관, 비영리기관 등은 사업대상과 실행계획을 제안하거나 기부금을 운영(영수증 발급, 사업비 집행·정산 등)하면서 기업의 사회공헌 활동을 지원한다. 또한 원활한 사업 수행을 위해 관계 전문기관(인력)과의 협조를 이끌어내면서 사업규모와 지원을 확대하기도 하고, 사회공헌 활동의 평가와 점검을 통해 사업개선의 고민과 함께 새로운 사업개발을 제안·지원하고 있다. 구체적으로 문화재 분야 주요 공공기관과 비영리기관을 소개하면서 어떻게 기업과의 사회공헌 파트너십이 이루어지는 기관별로 사례를 살펴보겠다.

1) 문화유산국민신탁

문화유산국민신탁(이하 국민신탁)은 시민과 함께 문화재를 가꾸고 지켜가기 위해 문화운동을 전개하는 특수법인이다. 영국의 트러스트(Trust) 운동을 모범사례로 삼고 2006년 제정된 '문화유산과 자연환경자산에 관한 국민신탁법(이하 국민신탁법)'을 근거로 설립되어 활동하고 있다. 지속가능한 문화재 보호를 위해 국민신탁은 국민·국가·기업 등으로부터 문화유산을 기부·증여·위탁 받거나, 가치 있는 문화유산을 조사하고 보존가치의 필요성을 널리 알리면서 기부금 조성·모금활동 등을 통해 문화자산을 확보하기도 한다. 기부·증여·위탁·매입 등의 방식으로 보존관리되는 문화재는 해당 문화재의 가치 공유와 문화향유 기회를 제공하고자 문화체험·교육·전시·공연 등 다양한 문화재 활용 프로그램을 함께 운영하고 있다.

'문화유산국민신탁' 홈페이지 참조(2016.3.1.)

국민신탁은 국민신탁법에 의해 설립되고 국민신탁운동 활성화를 위해 정부로부터 일정부분 지원을 받고 있지만, 설립취지가 국민들의 자발적인 문화재 보호 참여를 촉진하는데 주목적이 있다. 그래서 회원(회비) 확보와 기업 등의 기부금 조성으로 국민신탁 운동과 문화유산 보호 사업을 활성화시키는 것은 국민신탁의 중요한 활동이자 목표이기도 하다. 문화유산 보호를 위한 정부·기업·개인·비영리단체 등의 지원, 참여, 협력, 후원이 함께 이루어질 때 진정한 국민신탁 운동의 성과를 이룰 수 있기 때문이다. 문화유산국민신탁운동에 공감하면서 회비를 내는 회원은 16년 현재 1만여명에 이르고 있다.

국민신탁의 기부금은 기부·증여·위탁받은 문화유산의 보수공사·운영(물품)·전시·교육 등의 비용에 사용되거나 가치 있는 문화자산을 매입하는데 사용되고 있다. 또한 문화유산 보존관리와 활용을 위한 별도의 사업

개발을 통해 기부금을 조성하여 운영하거나 기부금 운영기관으로서 문화재청과 협약을 맺은 기업들의 후원사업(비)을 위탁운영하면서 사업수행을 지원하고 있다.

기업 사회공헌과 연계한 대표 협력 사업으로 신세계조선호텔과의 '희망전통 지킴이' 사업이 있다. 신세계조선호텔은 2006년 문화재청과 문화재지킴이 협약을 맺고 환구단과 벽제관지 등의 자원봉사 활동과 함께 문화재서비스봉사단 운영, 대한제국 황실 음식문화 재현 등을 해왔다. 또한 국민신탁과는 2015년 협약을 맺고 문화유산 숙박체험 프로그램 지원과 문화유산 보존관리용 장비 등을 기증하는 활동을 시작하였다.

숙박체험 프로그램 지원과 관련해서, 국민신탁은 조정래 작가의 '태백산맥' 소설 속 '남도여관'으로 알려진 '구 보성여관(등록문화재 제132호)'을 위탁관리하면서 숙박, 전시, 교육 등이 가능한 문화유산형 복합문화공간으로 운영하고 있다. 보성여관 이외에도 시인 이상의 옛집, 동래 정씨 동래군파 종택, 윤경렬 옛집, 부산 수정동 일본식 가옥 등을 취득하거나 위탁받아 보존관리와 활용사업 등을 진행하고 있는데, 숙박사업에 대한 서비스 개선을 위해 신세계조선호텔이 호텔운영 노하우와 서비스교육을 지원하고 있다. 부산 수정동 일본식 가옥의 지원을 시작으로 점차 확대할 계획이다. 문화재는 본래의 가치와 형태를 잘 관리하는 것도 중요하지만 문화재의 가치를 많은 사람들과 공유하는 것도 중요하다. 국민신탁 문화자산을 활용하는데 있어서 문화향유 서비스 품질을 높이기 위한 노력으로 기업(호텔업)의 전문성이 결합된 사회공헌 활동이라고 볼 수 있다. 한편, 국민신탁은 신세계조선호텔·배화여대·문화재청과 '대한제국 황실 서양식 연회음식 재현' 프로젝트에 참여해 국민신탁이 행정지원을 담당하였다.

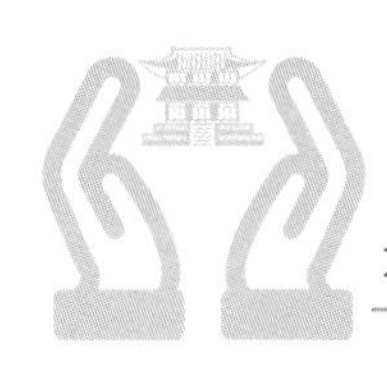

'구 보성여관(등록문화재 제132호)'은 〈태백산맥〉의 소설 속 남도여관으로 알려져 있으며 현재 전시, 소극장 외에 카페, 숙박시설도 운영하고 있다.

'부산 수정동 일본식 가옥(등록문화재 제330호)'을 운영관리하는 직원 대상으로 신세계조선호텔 직원이 호텔서비스 교육을 진행하고 있다.

또 다른 사례로 국민신탁이 스타벅스커피 코리아(이하 스타벅스)와 함께 추진한 유물 구입기증과 전시, 홍보 관련 문화재 보호 활동이 있다. 스타벅스는 2009년 문화재청과 협약을 맺고 문화재 사회공헌 활동을 시작하였으며 임직원 자원봉사와 음료 지원, 텀블러 등의 상품 판매 수익금 기부 등을 통해 문화강좌·문화행사, 한국전통문화대학교 장학금, K-heritage 문화체험 등 다양한 후원사업을 진행하면서 등록문화재 영화상영, 문화재 소재 커피매장 리모델링 등의 독특한 사회공헌 활동도 진행해 왔다.

또한 스타벅스는 광복70주년을 기념하여 국민신탁·문화재청과 특별한 사회공헌 사업을 공동기획하였다. 앞서 진행한 815기념 커피구매카드와 텀블러의 수익금 일부를 기부하여 대표적인 독립운동가 김구 선생의 친필휘호 '존심양성(存心養性)'을 구입·기증하는데 후원하고, 광복의 의미와 독립운동에 애쓴 대표적 독립운동가의 뜻을 함께 기리고 공유하고자 '존심양성' 텀블러를 제작하여 판매하였다. 텀블러 판매수익금의 일부를 다시 국민신탁에 기부하는 순환기부모델형 프로젝트였다.

‘존심양성’ 텀블러의 판매수익금은 다시 기부되어 다음해인 2016년에 백범 김구 선생의 ‘광복조국(光復祖國)’ 친필 휘호를 추가 구입하여 기증하였다. 그리고 다시 ‘광복조국’ 텀블러를 제작·판매하여 또 다른 독립운동 유물 관련 후원금 조성에 기여하였다. 이렇듯 ‘기부금 조성→유물 구입·기증→유물 소재 텀블러 제작·판매→수익금의 재기부→유물 구입·기증’의 순환기부모델을 구축해서 지속적인 유물구입과 기증이 이어지는 사회공헌의 독특한 활동이 이루어지고 있다.

이러한 성과의 배경에는 광복70주년의 시기성과 독립운동 유물구입을 지원한 국민신탁의 역할, 충성도 높은 스타벅스 고객의 관심, 유물 소재 텀블러의 특별함이 더해져 큰 호응을 얻었을 수 있었다. 그래서 존심양성 텀블러를 추가 제작·판매하면서 기부금 조성도 더 많아지고 홍보 효과도 커지게 된 것이었다.

스타벅스는 광복70주년(2015)을 맞이해 815기념상품 판매수익금을 조성하고 문화유산국민신탁을 통해 백범 김구 선생의 ‘존심양심(存心養性)’ 친필휘호를 구입 · 기증한 후 ‘존심양성’ 텀블러 제작 판매하여 수익금은 다시 국민신탁에 기부하였다. ‘존심양성’의 뜻은 ‘좋은 마음을 그대로 지키고 간직해 하늘이 주신 귀한 성품을 키워나간다’는 내용이다.

한편 국민신탁은 덕수궁 중명전에 사무실을 두고 있는데, 중명전은 대한제국 시기 고종의 집무실로 사용한 서양식 건물이며 을사늑약이 체결된 곳으로 근대 역사의 중심공간이었다. 국민신탁은 중명전을 중심으로 한 대한제국과 독립운동 관련 문화자산을 확보하기 위해 기업들의 기부금으로 유물을 구입하였고 수집한 유물을 모아 일반인에게 공개하는 '국민의 빛으로 역사의 빛을 더하다' 특별전시를 중명전에서 개최하였다. 라이엇 게임즈, 스타벅스, 포르쉐코리아, 호텔프리마 등이 기증한 유물을 전시하였으며 라이엇 게임즈는 추가로 전시회 개최도 후원하였다.

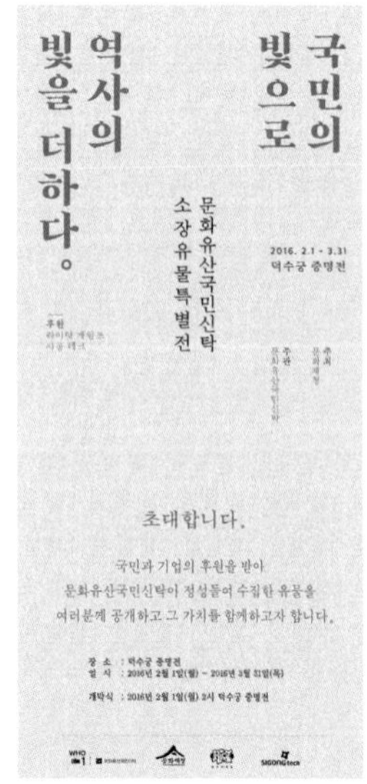

문화유산국민신탁
소장유물특별전 포스터

2) 한국문화재재단

한국문화재재단(이하 문화재재단)은 문화재 보호를 위한 보존관리 지원, 활용사업 활성화, 전통생활문화의 보급과 창의적인 계승·발전을 주목적으로 하는 공공기관이다. 주요사업으로는 유네스코 무형문화재 자문기구의 역할과 함께 무형문화재 전승지원·활성화를 위한 전통공연·전통공예 전시 등을 지원하고 있다. 그리고 경복궁 수문장 교대식 등 전통의례 재현사업, 한지·매듭·염색 등을 활용한 전통공예체험 프로그램, 문화재콘텐츠를 개발·운영하는 문화유산채널, 문화재교육(현장답사·문화재수리·강좌 등), 유무형의 전통문화상품 개발·운영, 소규모발굴사업 지원 등의 사업을 진행하고 있다. 이외에 전통과 문화재를 보고 듣고 체험할 수 있는 문화체험공간으로 인천국제공항 한국전통문화센터, 한국의집, 한국문화의집 등을 운영하고 있다.

문화재재단은 전통문화와 문화재를 활용한 콘텐츠 및 디자인 개발, 홍보, 교육, 전시 등의 활성화를 위해 다양한 대외협력 업무를 진행하고 있다. 2016년 현재 기업, 대학교, 방송사, 공공기관, NGO 등 46개 기관과 협약을 맺고 있으며 기업 사회공헌과 연계해서 포스코, KB국민은행, LG 유플러스, 바쉐린 콘스탄틴, 한국로얄코펜하겐, NHN 등과 협력사업을 추진해왔다. 문화재재단의 대외협력사업은 주로 무형문화재 홍보·전시, 전통문화상품 개발과 무형문화재의 기술을 적용한 현대적 디자인 개발, 문화재재단에서 제작한 문화재 영상콘텐츠를 인터넷과 방송매체를 통해서 홍보하는 사업 등이다. 그 가운데 기업과의 협업을 통해 주목되는 사업은 문화재재단, 무형문화재 장인, 그리고 바쉐린 콘스탄틴이 함께 한 '시계 함(函) 프로젝트'이다.

바쉐린 콘스탄틴(Vacheron Constantin)은 스위스 시계제조사이다. 시계 제조 분야의 기술력과 예술적인 수공예 디자인으로 고급 시계의 대표 브랜드로 알려져 있다. 바쉐린 콘스탄틴은 기술과 예술과의 조화를 기업의 주요

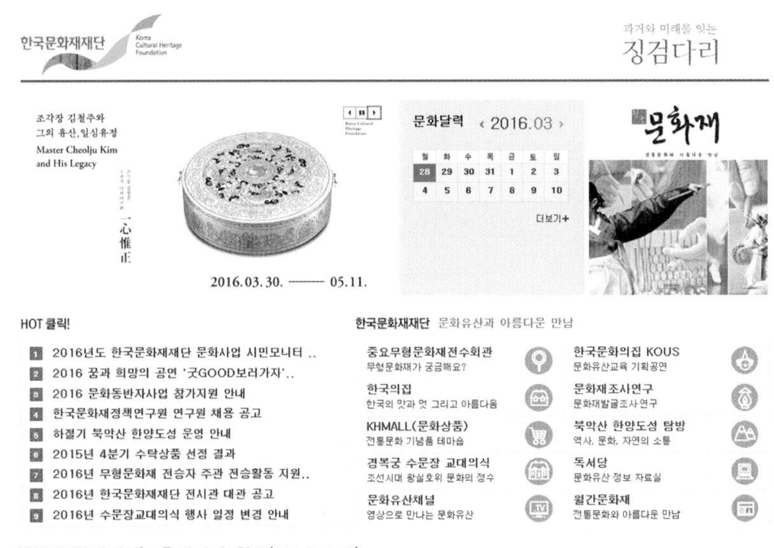

'한국문화재재단', 홈페이지 참조(20160329)

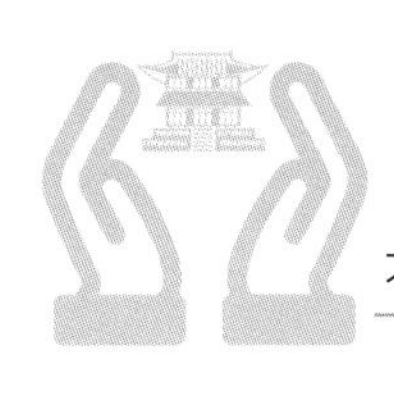

가치로 삼으면서 대외적으로 전통문화 보호를 위해 유럽공예대전(JEMA), 밀라노엑스포 등 공예 분야 전시와 박람회를 지원하고 있다.

바쉐린 콘스탄틴이 지향하는 전통문화의 가치 존중, 기술-예술과의 조화를 통한 가치 창출은 한국의 전통문화와 바쉐린 콘스탄틴의 시계를 융합하는 새로운 프로젝트로 연결되었다. 그 결과가 '시계 함 프로젝트'(2015년)이다. 이 프로젝트는 문화재재단이 디자인개발의 기획과 운영을 맡고 바쉐린 콘스탄틴이 후원하였는데, 한국의 무형문화재 장인(소목장·두석장·옻칠장)이 참여하여 바쉐린 콘스탄틴의 시계를 담는 공예작품 '함(函)'을 제작하고 한국가구박물관에서 전시를 하였다. 2016년도에는 하늘의 별자리를 새겨넣은 천상열차분야지도(天象列次分野之圖)를 주제로 옥책과 옥책함을 제작하는 프로젝트를 시행하였다.

이러한 문화재재단-바쉐린 콘스탄틴-무형문화재와의 협업 프로젝트는 기업의 기술과 예술적 가치에 전통문화의 기술과 예술이 더해져 새로운 가치를 만들어가는 과정이자, 전통문화와 결합된 기업 사회공헌(문화마케팅 유형)의 또 다른 접근 방식을 보여주는 사례이기도 하다. 이러한 유사 사례로 2011년 서울모터쇼에서 BMW가 자동차 내부 실내장식에 나전칠기를 적용하여 공개한 BMW 코리아 아트 에디션 사례가 있다.

세종 시호 금보(좌), 보록(우) **시계 함 프로젝트 완성작**

한국문화재재단과 바쉐린 콘스탄틴과의 시계 '함(函)' 프로젝트에서 '함'은 어보를 담은 '보록'을 참조하였다. 어보는 조선왕실의 권위를 상징하는 의례용 인장이다. 함 받침대는 동아시아 문화권의 우주론을 상징하는 천원지방(天圓地方) 즉 하늘은 둥글고 땅은 네모지다고 생각했던 문화양식을 표현하였다.

옥책과 옥책함(좌), 2016년 헤리티지 프로젝트에 참여한 인간문화재 활동(우)

한국문화재재단과 바쉐린 콘스탄틴과의 2번째 헤리티지 프로젝트는 조선시대 하늘의 별자리를 새겨놓은 '천상열차분야지도'를 주제로 옥책과 옥책함을 제작하는 활동이며 무형문화재 장인을 후원하여 프로젝트를 진행하였다. (2016 대한민국무형문화재대전 전시)

BMW사는 2011년 서울모터쇼에서 나전칠기 공예를 자동차 내부에 장식한 'BMW 7시리즈 코리아 아트 에디션' 차량을 선보였다. 한국의 전통 미를 알리기 위한 프로젝트로 서울시 무형문화재가 참여하고 나전칠기 전통방식에 유럽스타일의 문양을 더하여 제작되었다. 전시용으로 제작된 차량은 공개 경매를 통해 일반모델보다 비싸게 팔리고 그 수익금은 사회공헌 활동에 사용되었다고 한다. BMW는 아티스트와 함께 자동차 예술작품을 위해 'BMW Art Car' 프로젝트를 1975년부터 시작해 왔다.

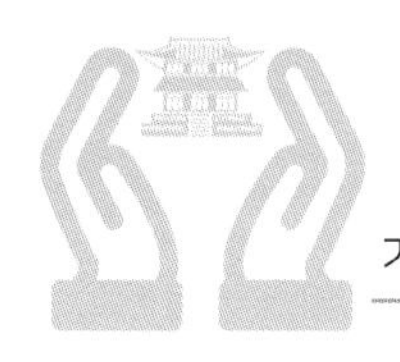

3) 국외소재문화재재단

국외소재문화재재단(이하 국외재단)은 해외에 소재한 문화재를 보호하는 전문 공공기관이다. 현재 해외에 머물고 있는 우리 문화재는 20개국에 168,330점(2017.4.1. 기준)으로 조사되고 있다. 문화재를 올바르게 보존하고 후대에 물려주는 일은 우리 곁에 가까이 있는 문화재만이 아니라 나라 밖에 머물고 있는 문화재도 해당된다. 문화재보호법에도 국외문화재에 대한 보호와 활용을 명시하고 있으며 국외문화재 보호를 전문적으로 수행하고자 2012년 국외재단을 설립하였다.

'국외소재문화재재단' 홈페이지 참조(20171009)

국외재단은 국외문화재 관련 조사·연구, 환수, 활용 등의 분야에서 활동하고 있다. 국외문화재의 소장처와 현황을 조사하면서 과거 불법·부당한 방법으로 건너간 문화재가 없는지 등을 조사·연구하고 있다. 환수가 필요한 문화재는 매입·기증 등을 통해 제자리를 찾도록 돕고 있으며 문화재 환수 분야 민간단체를 지원하기도 한다. 또한 정당한 절차를 거쳐 기증·매입되어 해외 박물관·미술관 등에 소장된 유물을 대상으로 보존처리·복원을 지원하고 현지에서 홍보·전시·교육·체험이 가능하도록 다양한 활용 사업도 병행하고 있다. 이외에도 미국 와싱턴D.C.에 소재한 대한제국 시기의 주미대한제국공사관을 복원하고 활용하는 사업도 맡고 있다.

국외재단은 국외문화재 보호를 위해 기업과 사회공헌 파트너십을 맺고 환수, 보존, 활용 분야 등에서 다양한 사업을 진행하고 있다. 주요 사례로 환수 분야에서 라이엇 게임즈 사회공헌 사업의 지원을 통해서 미국에 소재했던 조선불화 '석가삼존도'를 되가져온 사례가 있다. 라이엇 게임즈는 국외문화재 보호를 위해 매년 보호기금을 후원하고 있으며 국외재단은 적립된 후원금을 통해 경매·기증 등 긴급히 매입·반환이 필요한 상황에 대처하면서 유통·소장처 등의 모니터링과 매입·반환 관련 협의를 진행하고 있다. 라이엇 게임즈 후원 사업은 다자간 파트너십의 대표 사례이기도 하며 뒤에서 소개하는 파트너십 운영방식 중 다자간 파트너십 부분(128쪽)을 참조하면 사업 내용과 협력 방식을 더 자세히 확인할 수 있다.

미국 와싱턴D.C. 소재 '주미대한제국공사관' 현재 모습(좌)과 복원 · 활용 지원 후원약정식
대한제국 자주외교의 역사공간이었던 주미대한제국공사관은 건물의 복원, 정비 사업을 진행하면서 역사관 개관을 위한 작업을 진행 중이다. 국외문화재의 복원과 활용을 위해 라이엇 게임즈, LG하우시스, 스타벅스 커피 코리아 등이 주미대한제국공사관 복원 · 활용 사업을 후원하였다.

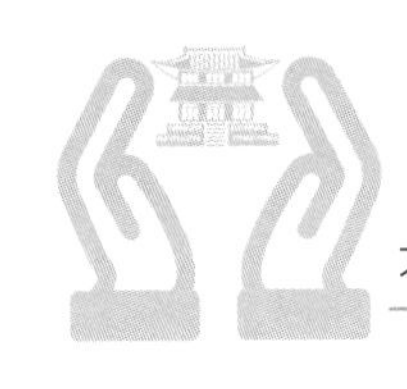

다음으로 국외문화재 보존·활용 분야 중 주미대한제국공사관 복원과 활용 관련 기업 사회공헌 사례이다. 주미대한제국공사관은 대한제국 시기 세계열강과의 자주외교를 상징적으로 보여주는 역사공간이며 한미외교를 위해 1889년부터 외교공관으로 사용하다가 을사늑약 후 외교권을 박탈당해 외교기능을 상실하였다. 이후 일제강점기에 일본이 강제매입하였다가 다시 매매되었고 개인소유로 있던 공사관을 2012년 문화재청과 문화유산국민신탁이 다시 매입하였다. 현재는 국외재단이 관리와 운영을 위임받아 공사관 복원과 전시관 개관을 준비하고 있다. 주미대한제국공사관의 복원과 활용 사업을 지원하기 위해 국외재단은 여러 기업과 파트너십을 맺고 사업을 진행하고 있다. 예를 들어 라이엇 게임즈는 3층 전시관을 지원하고 LG하우시스는 2층 공사관 집무실을 복원하는데 지원하고 있다. 또한 스타벅스커피 코리아는 공사관 부지에 새롭게 조성되는 한국식 정원을 후원하였다.

4) 아름지기

(재)아름지기는 문화재를 중심으로 전통문화 보호와 다양한 문화향유 기회 제공, 전통문화의 올바른 공감대 형성을 목적으로 활동하는 민간단체이다. 또한 전통문화의 가치 공유를 넘어서 전통문화가 현재와 미래의 아름다운 문화자산이 될 수 있도록 전통과 일상과의 조화, 풍요로운 생활문화 정착을 지향하고 있다. 주요사업으로 문화재 보존과 환경개선, 현대인의 의식주 생활문화 개선을 위한 전통의 현대화, 전통문화 교육·연구 등이 있다.

문화재 환경개선 사업 분야는 문화재와 주변 환경을 개선하는 사업이다. 예를 들어 현존하거나 복원된 궁궐 건물의 내부를 전통방식으로 재현하거나 정비하는데 건물의 마루·장판·도배·방장[커튼류] 등을 전통 장인과 함께 재현하고 옛 모습대로 정비하는 활동이다. 그리고 공공디자인 개념을 적용하여 궁궐, 사찰, 천연기념물 등의 문화재 안내판을 개선해 안내판의 정보전달 기능뿐만 아니라 미관상 문화재와 잘 어울릴 수 있도록 디자인·설계·시공을 하고 있다. 또한 회원과 후원사 등과 함께 문화재 환경정화 활동도 하고 있다.

'아름지기' 홈페이지 참조(20160329)

전통의 현대화 사업은 전통문화로 풍요로운 생활문화를 만들어가는 사업이다. 전통문화 관련 의식주를 주제로 한 답사 프로그램, 대중강좌, 전시, 공연 등을 운영하고 또한 전통문화를 소재로 한 달력을 디자인·기획하거나 전통제작방식을 적용한 백자·방짜 등을 활용해 제작한 생활용품과 기념품을 판매하고 있다. 이외에도 피츠버그대학교 한국실 건립 디자인 코디네이션, 한옥운영, 이상의 옛집 보존관리 및 활용 활성화 프로젝트 등을 진행해 왔다.

아름지기는 전통문화와 문화재 보호, 전통의 현대화 사업 등을 운영하면서 현재 40여개의 기업들과 후원·협력 사업을 진행하고 있다. 문화재와

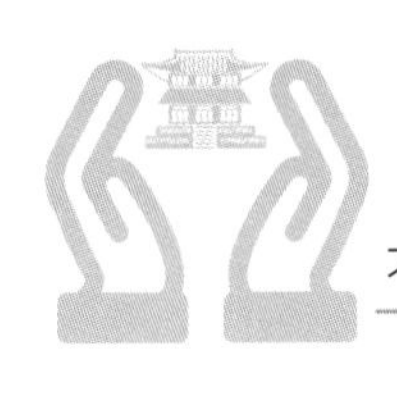

관련해 에르메스코리아의 후원을 받는 '궁궐 내부 전통방식 재현' 프로젝트가 대표적이다. 에르메스는 장인정신에 기반한 전통 수공예 제품으로 유명한 기업이며 현대미술 작가의 창작과 전시 등을 돕는 사회공헌 활동도 지속하고 있다. 국내의 에르메스코리아도 에르메스재단을 통해 미술상 운영과 영화제 후원 등 문화예술 분야를 후원하고 있다.

에르메스코리아는 '궁궐 전각 내부 전통방식 재현' 프로젝트를 위해 문화재청-아름지기와 협약을 맺고 인간문화재와 함께 궁궐 전각 내부를 전통방식으로 재현하는 사업을 후원하고 있다. 기업 철학인 장인 존중과 연결시켜 인간문화재의 전승활동 지원에 중심을 두면서 그 성과로 궁궐의 역사문화 공간복원에도 기여하는 후원 활동이다. '궁궐 전각 내부 전통방식 재현' 프로젝트의 운영은 아름지기가 총괄사업 주체로서 기획·조사·제작지원 등의 운영과 예산집행을 맡고 에르메스코리아는 사업비를 후원하며 문화재청은 조사·제작 관련 행정지원을 맡고 있다.

사업수행 방식은 인간문화재 및 전문가로 프로젝트팀(제작, 자문위원)을 구성한 후, 재현물품과 함께 설치될 궁궐 전각 등을 선정하고 고증을 위한 자료조사와 관련 유물 실견 등의 작업을 수행하게 된다. 이후 디자인, 샘플 작업 등을 통해 각각의 장인이 만든 작품을 종합하여 설치하는 순서로 진행된다. 2015년의 첫 협력 사업은 고종황제의 생활공간이었던 덕수궁 함녕전을 대상으로 도배·장판·창호와 함께 전통방식의 방한용 커튼인 '무렴자'를 제작하여 설치하는 활동이었다. 도배·장판의 제작과 교체 작업에 '배첩장'이 참여하고 무렴자 제작에는 천의 문양과 바느질 등을 담당한 '누비장', 무렴자 지지대 제작에는 '소목장', 무렴자의 매듭과 발걸이 제작에는 '매듭장'이 각각 참여하였다.

ǁ 덕수궁 함녕전 무렴자의 제작 과정과 완성 작품 설치 현황 ǁ

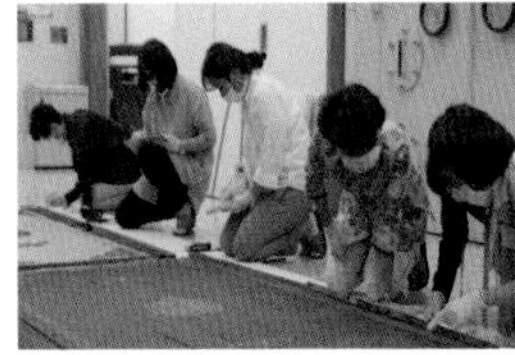
무렴자 자료조사 및 유물 실견

무렴자 디자인 및 제작

무렴자 지지대 및 장석 제작

무렴자 완성 후 덕수궁 함녕전 내 설치 모습(펼침)

무렴자 완성 후 덕수궁 함녕전 내 설치 모습(말아올림)

2016년에는 2번째 프로젝트로 함녕전 마루에 외주렴(外朱簾)을 제작하는 작업이었다. 주렴은 붉은 빛의 발[염(簾)]을 말하며 햇빛을 가리거나 종묘·정자각 등의 의례공간과 가마에도 사용되었다. 주렴은 대나무를 잘게 쪼개어 말린 후에 붉은 색 칠과 옻칠을 입힌 다음 명주실로 엮어서 거북 무늬를 담아 제작하였다. 함녕전 외주렴 역시 실제 남아있는 외주렴은 없지만 자료와 관련 유물의 고증과 전문가의 기술을 통해서 처음 재현된 작품이었다. 재현 작품에는 염장, 나전장, 소목장, 두석장 등 여러 인간문화재와 관계 전문가가 협력하여 제작하였고 아름지기가 총괄기획하면서 문화재청, 덕수궁관리소, 문화유산국민신탁 등의 관계기관의 협조와 지

원을 통해서 추진되었다.

궁궐 전각 내부를 재현한다는 것은 쉬운 일이 아니다. 대한제국 이후 일제강점기를 거치면서 역사 단절이 급격한 궁중문화의 훼손으로 이어졌고 궁중의 일상은 외부에 잘 공개되지 않아서 기록도 많지 않은 편이다. 그래서 조사와 고증을 통한 세심한 접근과 장인의 손에 의해서 하나씩 재현되는 과정은 시간도 많이 걸리고 양적인 성과도 크지 않다. 하지만 한땀 한땀 정성을 다하여 전통문화의 맥을 이으며 살아있는 궁궐의 역사문화공간을 재현하는 과정이기에 더 큰 가치가 있다고 볼 수 있다.

외주렴 완성 후 덕수궁 함녕전 설치 모습

외주렴 제작에 참여한 염장(簾匠)

5) 한국내셔널트러스트, 내셔널트러스트 문화유산기금

내셔널트러스트(National Trust) 운동은 시민들의 자발적인 기증과 기부를 통해 보존가치가 높은 자연환경과 문화유산을 확보하고 이러한 자연·문화자산을 시민공동체의 소유와 관리로 운영하여 무분별한 개발과 파괴, 이기적·독점적 사용의 폐해를 막으면서 공동체의 미래를 위해 생태계와 전통가치를 보호하는 활동이다. 내셔널트러스트 운동은 1895년 영국에서 영국내셔널트러스트의 출범으로 시작하였으며, 1907년 내셔널트러스트 특별법이 제정되어 자연과 문화유산이 시민에 의한 사회적 소유와 관리가 가능하게 되었고 현재에는 영국 국토의 1%를 소유하면서 430만명의 회원이 참여하는 범국민참여운동이 되었다. 우리나라에서는 90년대초부터 모금 형태로 내셔널트러스트운동이 시작되면서 본격적인 자연환경과 문화유산 보호를 위해 한국내셔널트러스트 단체가 2000년에 출범하였다.

한국내셔널트러스트는 모금·기증·위탁관리 등의 방식으로 자연유산과 문화유산을 시민자산으로 운영관리하고 있는데, 문화유산 분야는 '(재)내셔널트러스트 문화유산기금'을 2004년 설립하여 별도로 운영관리하고 있다. 내셔널트러스트 문화유산기금은 시민문화유산으로 최순우 옛집, 나주 도래마을 옛집, 권진규 아틀리에 등의 문화자산을 확보하여 보존관리하면서 강좌·공연·전시·체험·탐방 등의 문화체험 프로그램을 통해 문화유산을 시민들이 친숙하게 방문하여 체험할 수 있도록 다양한 기회를 제공하고 있다.

시민문화유산 1호_ 최순우 옛집 소개
내셔널트러스트 문화유산기금 홈페이지 참조

전남 지방의 대표적인 전통마을인 도래마을 중심부에 위치한 1936년에 지어진 근대한옥

'도래마을 옛집'은 전남 나주지역의 대표적 전통마을인 도래마을의 가장 중심에 있는 근대 한옥입니다. 1936년에 지어졌으며 공간 이용에 따라 칸살이를 자유롭게 배열하는 19세기 후반의 한옥 특징이 잘 반영되어 있습니다. 인근 두 개의 국가지정 문화재 사이에 한 길 높이의 기와 돌담으로 오래된 전통마을의 분위기를 잘 간직하고 있어 그 보전 가치가 크다고 할 수 있습니다.

시민문화유산 2호 _ 도래마을 옛집 소개
내셔널트러스트 문화유산기금 홈페이지 참조

또한 한국내셔널트러스트는 보존가치가 있고 훼손 위험과 사라질 위기에 처한 문화유산과 자연유산을 발굴해서 장기적으로는 시민자산으로 확보하기 위한 시민참여 캠페인 '이곳만은 꼭 지키자', '나의사랑 문화유산'을 진행하고 있다. 지켜야 할 문화유산과 자연유산을 소개하고 보존 필요성을 기재하거나 현장에서 인증샷 피켓을 들고 사진을 찍어서 응모하는 방법으로 진행된다. 내셔널트러스트 운동의 인식 확산과 문화유산 보존활동의 시민참여 확대를 위한 공익협력사업으로 진행하고 있다.

나의사랑 문화유산 캠페인 소개

번호	썸네일	수상구분	
10		서울미래유산상	청량리 부흥주택
9		문화유산지킴이상	홍익문고
8		간직하고픈문화유산상	동대문 아파트
7		시민참여상	서산부인과
6		시민참여상	신흥시장
5		나의사랑문화유산상	광주극장

'나의사랑 문화유산' 캠페인 수상작 소개
한국내셔널트러스트 홈페이지 참조

이탈리아 패션브랜드 기업인 구찌(GUCCI)는 2012년부터 한국내셔널트러스트의 문화유산 보존사업을 후원하고 있으며 후원사업 중에 하나가 '나의사랑 문화유산' 캠페인이다.

문화재 분야 사회공헌 주요 파트너 기관

- 정부기관(문화재청, 국립고궁박물관, 국립무형유산원 등) / 지자체(지역별 문화재단)
- 문화유산국민신탁 / 한국문화재재단 / 국외소재문화재재단
- 한국내셔널트러스트 / 내셔널트러스트 문화유산기금
- 아름지기 / 예올 / 문화희망 우인 / 한국의재발견
- 한국문화재지킴이연합회 / 대동문화, 문화살림, 안동문화지킴이, 신라문화원, 충북문화유산지킴이, 화성연구회 등
- 문화재형사회적기업협의회
- 한국메세나협회

문화재 사회공헌 파트너십 운영방식

기업 사회공헌이 좋은 성과와 평가를 얻기 위한 요건 중에 하나는 외부기관과의 파트너십이다. 사회공헌 예산과 사회공헌 담당자의 능력도 중요하지만 사회공헌의 효과적인 운영과 함께 지속적이고 안정적으로 사업을 유지하면서 새로운 사회공헌 사업을 개발하기 위해서는 전문성과 활동성·신뢰도가 높은 외부기관과의 파트너십이 중요하다.

전경련의 2016년 사회공헌 백서에 따르면, 기업 사회공헌 담당자들은 사회공헌의 내부적인 저해요인으로 예산부족(22.1%), 임직원 관심부족(21.4%), 단기성과 위주 평가(17.5%) 다음으로 전문성 부재(13.8%)를 꼽고 있으며, 파트너십을 선호하는 이유는 전문성 활용(69.2%), 대외적 투명성과 신뢰성 확보(22.6%) 때문이라고 한다[2016년 주요 기업·기업재단 사회공헌 백서 참조].

결국 기업 사회공헌이 잘 운영되기 위해서는 사회공헌 관련 전문성이 중요하며 그래서 전문성을 갖춘 외부기관과의 파트너십을 통해 사회공헌 사업을 추진한다는 내용이다. 실제로 사회공헌 관련 전문성이 확보되면 기업 내부적으로 사회공헌 참여의 의사결정과 효과적인 사업 추진에 도움이 되며, 밖으로는 사회공헌의 사업 성과, 수혜자의 실질적인 혜택 증대와 함께 사회공헌 활동의 신뢰도·평가, 홍보 등에서도 긍정적인 효과를 얻을 수 있다.

기업은 다양한 외부 전문기관들과 파트너십을 맺고 여러 가지 사회공헌 사업을 진행하고 있다. 문화재 분야의 경우 앞서 소개한 문화재청, 문화유산국민신탁, 한국문화재재단, 국외소재문화재재단, 아름지기, 한국내셔널트러스트 등 정부·지자체, 공공기관, NGO단체 등과 협약을 맺거나 협력사업을 공동으로 개발하고 역할을 분담하면서 효율적인 사업 추진과 실질적인 성과 도출을 위해 다양한 방법으로 문화재 분야 사회공헌 활동을 수행하고 있다.

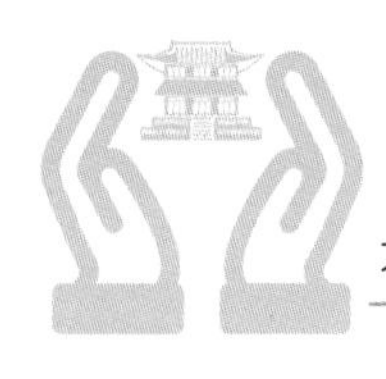

1) 양자간 파트너십, 다자간 파트너십

파트너십 형태는 기업과 외부기관과의 양자간 결합 형태 또는 기업과 다수의 외부기관이 결합된 다자간 협력방식이 있다. '양자간 파트너십' 결합방식은 기업과 외부기관이 1:1로 파트너십을 맺는 방식이며 기업 이외에 정부, 지자체, NGO, 연구기관, 학교 등을 대상으로 사회공헌 활동의 성격과 전문성, 자원동원 능력 등을 고려하여 가장 적합한 외부기관과 협력하여 수행하는 방식이다. 기업-외부기관이 서로 충분한 재정·인력 등의 자원동원 역량을 갖추면서 역할 분담이 간결하게 이루어지는 결합 형태이다. 사회공헌 사업의 의사결정과 합의, 사업 수행이 빠르게 진행되는 장점이 있다.

'다자간 파트너십'은 여러 기관이 파트너십을 맺고 역할을 분담하여 사회공헌을 진행하는 방식이다. 다양한 자원과 전문성을 동원하여 사회공헌 활동의 효율성과 성과를 극대화시키고 부가적인 효과를 창출하기 위한 목적에서 운영된다. 또한 참여기관별로 여러 홍보채널을 확보할 수 있어서 홍보 효과도 높다. 하지만 외부기관과의 의사결정과 합의, 사업 수행 등이 늦어지거나 책임과 역할이 불분명한 경우에 오히려 사업 효과가 떨어질 수 있는 단점이 있다.

2) 다자간 파트너십 사례 - 문화재 환수 부문

다자간 파트너십의 주요사례로 문화재청(정부)-국외소재문화재재단·국립중앙박물관(전문기관)-라이엇 게임즈(기업)가 함께 협력하여 2013년에 미국 허미티지박물관 소장의 조선불화 '석가삼존도'를 환수한 사례가 있다. 국외소재문화재재단(이하 국외재단)을 중심으로 환수 관련 관계기관과의 협의, 환수 비용, 보존처리, 전시 등 다양한 문제를 해결하기 위해 전문기관과 지원기관이 참여하였다. 라이엇 게임즈는 환수에 필요한 재원을 후원하고 문화재청은 행정지원과 홍보를 지원하며 국외재단은 유물구입의 협의와 사업진행, 박물관은 유물 보존처리와 전시를 맡아서 진행하는 협력 방식이다.

라이엇 게임즈는 문화재청과 2012년 협약을 맺은 이후 문화재지킴이 활동에 참여하면서 해외 문화재 환수에도 지속적인 관심과 후원참여 의사를 가지고 있었다. 한편 문화재청 산하기관으로 해외 문화재 전문기관인 국외재단은 해외에 소재한 우리의 문화재를 조사하고 있었는데, 마침 미국 허미티지박물관에 소장 중인 조선불화 '석가삼존도'가 2011년 버지니아박물관협회로부터 훼손위험 문화재 10선에 지정되어 박물관이 보존처리 기금을 조성하고 있음을 확인하였다.

이러한 라이엇 게임즈, 국외재단의 상황을 동시에 인지하고 있던 문화재청은 양 기관과의 만남을 주선하고 삼자간의 협의를 통해 조사-후원-행정지원의 역할을 분담하면서 조선불화의 환수를 추진하기로 하였다. 한편, 문화재청과 라이엇 게임즈는 문화재 환수사업의 불확실한 성공여부, 소요시간의 장기성 등 리스크를 감안하여 전체 후원 사업(비) 중 환수사업 이외에 단기적 성과를 얻을 수 있는 다른 사회공헌 사업도 함께 추진하였다. 사업의 특성을 고려해 중장기 사업과 단기 사업을 함께 추진하는 포트폴리오식 사회공헌 추진방식이었다. 기업 입장에서 아무리 선의로 사회공헌 후원 사업을 진행하더라도 일정한 성과도 나오지 않으면 기업 안팎에서 부담을 가질 수 있기 때문이다.

라이엇 게임즈의 조선불화 환수사업 후원이 결정되자 국외재단은 허미티지박물관과의 본격적인 환수 사업진행을 착수하였다. 그리고 국외재단과 국립중앙박물관과의 추가 협력을 통해 조선불화 환수 이후에 필요한 보존처리와 전시는 국립중앙박물관이 맡아서 진행하기로 하였다. 조선불화는 현재 보존처리 중이며 추후 국립중앙박물관에서 전시와 연구가 계속될 예정이다.

결국 조선불화 환수의 다자간 협력방식은 국외재단의 환수업무 전문성, 라이엇 게임즈의 지속적인 기금조성 후원, 국립중앙박물관의 보존처리 전문성, 문화재청의 상시 네트워크와 컨설팅·행정지원이 서로 유기적으로 운영된 형태였다. 그 결과 해외 문화재의 긴급한 환수 대처, 문화재 매입의 정부 예산절감, 추가로 보존처리 전문기관의 참여와 보존처리 전문성 확보, 전시·홍보 등의 활용 활성화 등 문화재 사회공헌의 대표적인 다자간 협력 사례를 보여주고 있다.

▌국외문화재 환수 부문의 다자간 협력 운영 사례▐

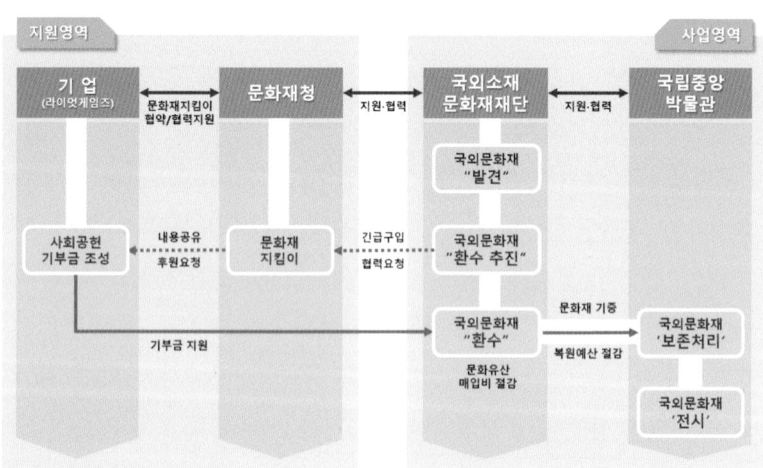

돋보기 - 문화재 환수의 리스크를 지속적인 후원으로 극복한 라이엇 게임즈

문화재 사회공헌 중에서 문화재 환수 활동은 국민 정서와 사회적인 관심도를 고려할 때 기업들에게 상당히 의미 있고 기업 홍보에도 기여가 큰 사회공헌 활동이다. 하지만 쉽게 사회공헌 사업으로 후원을 결정하기에는 부담 되는 분야이기도 하다. 왜냐하면 환수 절차가 복잡하고 환수 시점이 부정확하며 사업비용이 고액이거나 변동이 많을 수 있기 때문이다. 예를 들어 유물 소장자의 동의, 불법성 여부, 문화재적 가치 등을 종합적으로 조사 · 분석 후 환수 결정의 판단을 해야 하며 환수 경로는 기증 · 구매 · 경매 등의 다양한 경로를 거치게 된다. 합법적으로 해외에 소재한 유물의 경우에는 비용을 지불하거나 경매에서 낙찰을 받아야 하는데 이 또한 쉽지가 않다. 비용이 고액이거나 긴급히 경매에 나온 유물을 구입하기 위해서는 정부, 전문기관 등의 한정된 예산만으로 감당하기 어려워서 별도의 재정적 뒷받침이 필요하다.

이러한 문화재 환수 분야의 사회공헌은 언제 끝날지 모르는 탐색과 협상의 지루한 과정을 거치게 되며 최악의 경우에 환수 자체가 무산될 수도 있다. 그래서 기업 입장에서도 대개 사회공헌 사업의 회계연도가 1년 단위로 예산 편성과 집행, 성과 및 평가가 이루어지기 때문에 해외의 문화재를 환수하는 사회공헌 활동은 도전해보고 싶은 대상이지만 현실적으로 녹녹치 않은 분야이기도 하다.

이러한 상황을 고려해 볼 때, 문화재 환수 분야에서 라이엇 게임즈가 성공 사례를 만들 수 있었던 것은 문화재 환수의 위험부담을 지속적인 후원으로 극복했다는 점이다. 라이엇 게임즈는 2012년부터 매년 문화재 분야 사회공헌 활동에 후원하고 있는데, 후원금 중에서 항상 일부 후원금을 국외 문화재 환수 조성기금으로 편성하여 지속적으로 적립하고 있다. 정기적인 기금 조성을 통해 고액 또는 긴급히 필요한 문화재 환수 분야에 적절히 대응하여 후원하면서 사회공헌 활동에 참여할 수 있었던 것이다. 2013년 미국 허미티지박물관 소장의 조선불화 '석가삼존도'를 기증받는데 필요한 비용을 후원하거나 2016년 미국 와싱톤DC에 소재한 주미대한제국공사관의 복원에도 후원하는 성과를 얻을 수 있었다. 장기적 지원이 필요한 국외문화재 사회공헌 분야에 대한 이해와 함께 지속적인 지원이 이루어진 성과로 볼 수 있다.

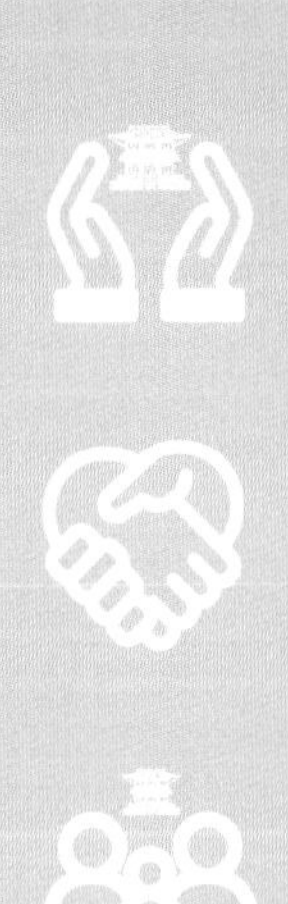

제2부

문화재 사회공헌 기업 사례

기업 사회공헌, 문화재와의 만남

행복한 에너지를 나누기 위해 왕릉으로 간다

봉사·재능기부 유형

골프장 대신에 왕릉으로 간다

생활레저 기업 한화호텔&리조트는 서울의 63빌딩과 함께 전국의 리조트, 골프장, 호텔, 아쿠아리움 등을 운영하고 있다. 그런데 기업 비전에 따라 건전한 생활레저 문화를 만들어야 하는 직원들이 일터가 아닌 왕릉으로 간다. 다름이 아니라 문화재 보호를 위해 사회공헌 일터(?)로 가는 것이다.

왕릉 보존관리 봉사활동

잔디관리 기술과 장비를 지원하는 왕릉지킴이 활동

"함께 만드는 행복한 내일을 위해 문화재를 관리하는 것은 기업시민의 사회적 책임이다"
"문화재 '지킴이'에서 문화재의 소중한 가치를 널리 전하는 '알림이'까지 솔선 수범하겠다."

한화호텔&리조트는 '즐거운 에너지 나눔'이라는 사회공헌 비전을 가지고, 이웃과 함께 따뜻한 세상을 만들기 위해 다양한 사회공헌을 진행하고 있다. 그 중에서 문화재 분야는 왕릉관리, 환경정화, 문화체험교육, 천연기념물 보호 등이다.

사회공헌의 주 활동 무대로서 문화재를 선택하게 된 본격적인 계기는 문화재청과 협약을 맺은 이후다. 문화재청은 2005년부터 문화재를 함께 가꾸고 지켜가는 국민참여형 문화운동을 위해 '문화재지킴이' 제도를 시작했으며, 기업과 협약을 맺은 첫 번째 사례가 한화호텔&리조트였다. 문화재지킴이 1호 기업이라는 자부심과 사명감을 갖고 있는 한화호텔&리조트는 기술, 재원, 인력 등 다양한 기업의 자산을 활용해 문화재 보호 활동에 꾸준히 참여하고 있다.

여러 문화재 보호 활동 중에서 가장 눈에 띄는 것은 왕릉관리이다. 한화호텔&리조트의 주 사업 분야 중 하나가 골프장 운영이며 골프장 관리를 통해 얻은 잔디관리 기술과 경험을 가지고 왕릉을 가꾸고 지켜가는 것이다. 기업의 경영활동과 연결된 전문성과 문화재 보호라는 공익활동이 접목되어 사회공헌 활동의 새로운 모델을 보여주는 사례이다.

사회공헌, 즐거운 에너지를 나누어 행복한 에너지로 가꾼다.

한화호텔&리조트의 홈페이지를 참고해 보면, 한화호텔&리조트는 국내에서 최초로 콘도미니엄을 세우고(1979년) 전국 13개 리조트를 두어 가장 많은 직영 콘도미니엄 체인을 운영하면서 해외리조트 사업도 병행하고 있다. 이외에 골프장, 레저&컬쳐 사업(워터피아, 승마클럽, 63빌딩 아쿠아리움·영화관·박물관), 음식문화 사업의 위탁급식·외식, 그리고 호텔업에도 참여하고 있다.

한화호텔&리조트는 건강한 생활레저문화를 지향하는 경영활동과 함께 '즐거운 에너지 나눔'이라는 사회공헌 비전을 갖고 다양한 공익활동에 참여하고 있다. 한화호텔&리조트의 사회공헌은 2002년 전국의 한화리조트 봉사단을 구축하면서 본격적으로 시작하고, 지역사회와 소외계층 지원을 중심으로 3개 부문별로 특성화된 사회공헌에 주력하고 있다. 친환경 부문의 '문화재 보존과 활용[Happy Cultural Heritage]'은 리조트 인근 지역의 문화재 보호 활동과 궁궐·천연기념물 등 보호 활동 지원, 문화재 체험과 진로교육이며, 인재육성 부문의 '다음세대 진로교육[Happy Dreams]'은 직원 참여 재능기부형 교육 봉사, 자립지원을 위한 멘토 봉사, 건강한 밥상 프로그램과 인성교육 등이며, 응원 부문의 '행복나눔 공익캠페인[Happy Energy]'은 리조트의 시설지원을 지원하고 소외계층 문화복지 확대와 기부캠페인 활성화 등으로 구분하여 진행하고 있다.

▎한화호텔&리조트 사회공헌 전략 ▎

[Happy Cultural Heritage]
문화재 보존, 활용(친환경)
01 궁궐, 종묘 환경가꾸기
02 리조트 연계 지역문화재 보호
03 문화재 체험, 진로교육
[Happy Deams]
다음세대 진로교육(인재육성)
01 직원 재능기부 교육 봉사
02 맞춤형 자립지원 멘토 봉사
03 건강한 밥상 인성교육
[Happy Energy]
행복나눔 공익캠페인(응원)
01 리조트 시설지원 공간나눔
02 문화소외계층 문화복지 나눔
03 기부캠페인 공익창출 확산

(기업소개 자료 참조)

한화호텔&리조트의 사회공헌은 몇 가지 운영원칙에 기준하고 있다. 임직원이 함께 참여하는 환경조성을 위해 유급자원봉사제도, 매칭그랜트(Matching Grant) 등을 운영하며, 전국 각 사업장의 역량과 지역사회의 특성을 반영하여 사업장의 보유자원을 활용한 프로그램 개발과 지역사회 발전에 상호 협력하는 참여 방식이다. 그리고 사회공헌 해당분야의 공공기관·NGO 등 전문기관과의 협력과 지원방식으로 사회공헌의 전문성을 높이고자 노력하고 있다.

행복한 에너지를 문화재와 나누다.

한화호텔&리조트가 문화재 분야 사회공헌을 본격적으로 시작한 것은 2005년부터이다. 벌써 10년이 넘어서고 있다. 2005년 당시 기업들은 사회공헌의 사회적 중요성과 가치를 인식하면서 사회공헌이 기업의 선택이 아니라 책임과 의무, 사회적 역할로서 이해하며, 다양하고 특성 있는 사회공헌 프로그램을 본격적으로 시작하던 시기였다. 주로 사회복지, 환경, 청소년 분야에서 활약하였고 문화예술 분야는 공연, 전시 중심으로 이루어져 문화재 분야는 생소한 사회공헌 영역이었다. 한화호텔&리조트 역시 2002년부터 사회봉사단을 운영하면서 환경, 청소년 분야를 중심으로 사회공헌에 참여하고 있었다.

문화재청은 2005년부터 국민참여형 문화재 보호 운동인 '문화재지킴이' 정책을 시작하였고 '문화재지킴이' 사업 초기부터 예산, 인력 등 문화재행정의 한계 극복과 민관협력 행정 구현을 위해 개인·가족·학교·NGO·기업 등 다양한 민간주체와 함께 문화재 보호 사업을 추진하고자 하였다. 한화호텔&리조트는 문화재지킴이 시행 소식을 듣고 의미 있는 새로운 사회공헌 분야라고 여겼다. 그래서 사회공헌 담당자가 대전에 소재한 문화재청을 직접 찾아가면서 새로운 사회공헌의 발걸음을 내딛기 시작했다. 문화재청 역시 다양한 주체가 문화재지킴이에 참여하는 것은 의미가 있으며, 특히나 기업은 재원과 인력, 기술 등을 보유하고 환경, 문화예술 분야에서 축적된 사회공헌의 노하우가 있기 때문에 기업의 사회공헌과 문화재 보호 활동이 서로 결합된다면 국민참여형 문화재 보호 운동에 기여하는 중심축이 될 거라고 생각하였다.

> "어려운 이웃뿐만 아니라 훼손되고 방치된 문화재들도 도움의 손길이 필요하다. 우리의 역사와 문화가 담긴 문화재를 더 많은 사람들이 찾아서 깊이 공부하고 향유하는 기회를 넓히는 첫 단계에서 나아가, 스스로 가꾸는 활동까지 참여함으로서 우리 문화재의 아픔을 치유하는데 기여할 수 있기에 더욱 가슴이 벅차다"

문화재 사회공헌의 새로운 영역을 개척하고자 의욕이 넘치던 두 파트너의 인연은 첫 번째 문화재지킴이 기업 협약을 통해 본격화되고, 한화호텔&리조트 입장에서는 문화재지킴이 협약기업 1호라는 영예도 얻게 되었다.

전국의 문화재에 따뜻한 에너지를 불어넣다.

한화호텔&리조트의 문화재 분야 사회공헌은 어떻게 이루어지고 있을까? 우선 서울의 본사와 각 지역의 사업장은 인근 지역의 문화재를 매개로 문화재 보호에 동참하고 있다. 사회공헌의 대표 모델인 1사1촌과 유사하게 기업(지부)과 문화재가 1대 1로 결연을 맺어 자원봉사와 재능기부, 후원이 이루어지는 방식이다. 자원봉사 활동은 한화호텔&리조트 임직원들이 결연을 맺은 회사 인근 지역의 문화재를 찾아가서 문화재와 주변 지역을 청결하게 관리하는 일을 주로 한다. 가장 간단한 활동으로 잡초제거와 쓰레기 줍기 등의 기본적인 활동 이외에 눈·비와 낙엽 등으로 막힌 배수로를 청소하거나 목조 건축물의 먼지 제거와 문 창호지 바르기, 마루 닦기 등이 있다. 그리고 종묘에서 사용하는 제기 닦기 등 조금은 특별한 활동에도 참여한다. 본사와 각 사업장은 지역 연고를 둔 문화재를 찾아가 월 1회 이상 자원봉사활동을 하며 문화재 관리 봉사활동 이외에 문화재 행사 지원에도 참여하고 있다.

본사와 12개 사업장이 함께 책임지고 있는 문화재를 살펴보면, 본사에서는 유네스코 세계유산인 종묘·창덕궁, 리조트 사업장별로 용인은 융릉·건릉, 설악은 조양동 선사유적, 경주는 양동마을, 양평은 이항로 선생 생가, 백암온천은 월송정, 산정호수는 포천향교·서성선생묘, 지리산은 녹차시배지, 제주도는 용두암·용연·곰솔, 해운대는 충렬사·복천동 고분, 대천은 보령 성주사지, 춘천의 골프클럽은 김유정 생가터 등으로 맺어져 있다. 필요에 따라 활동대상 문화재를 변경하여 진행하기도 한다.

골프장 관리기술, 건강하고 쾌적한 왕릉으로 가꾸다

한화호텔&리조트의 문화재지킴이 활동 중에서 단연 돋보이는 활동은 '건릉(健陵)'과 '융릉(隆陵)'을 보호하는 왕릉지킴이 활동이다. 건릉은 정조(正祖)와 정조 비 효의왕후(孝懿王后)가 모셔진 곳이며, 융릉은 정조의 부모님인 사도세자와 혜경궁 홍씨가 묻힌 곳이다. 모두 현재 화성시에 위치해 있다.

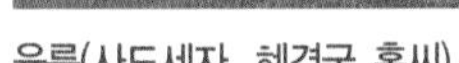
융릉(사도세자, 혜경궁 홍씨)

건릉(정조, 효의왕후)

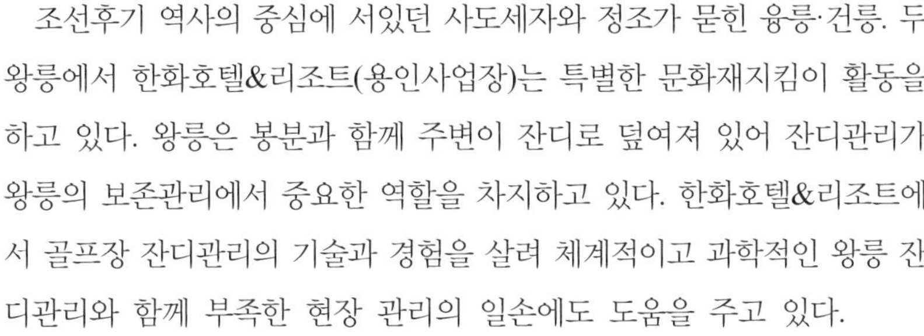

조선후기 역사의 중심에 서있던 사도세자와 정조가 묻힌 융릉·건릉. 두 왕릉에서 한화호텔&리조트(용인사업장)는 특별한 문화재지킴이 활동을 하고 있다. 왕릉은 봉분과 함께 주변이 잔디로 덮여져 있어 잔디관리가 왕릉의 보존관리에서 중요한 역할을 차지하고 있다. 한화호텔&리조트에서 골프장 잔디관리의 기술과 경험을 살려 체계적이고 과학적인 왕릉 잔디관리와 함께 부족한 현장 관리의 일손에도 도움을 주고 있다.

잔디 관리의 핵심 기술은 잔디가 잘 자랄 수 있도록 건강한 생육 기반을 조성하는데 있다. 이를 위해서 배수, 잔디 뿌리의 통기, 비료 사용 등 다양한 부분의 과학적 실측을 통해 잔디관리의 문제점을 파악한 후, 골프장 장비를 활용해서 제초와 통기, 비료주기, 배토 작업 등을 진행하여 융릉·건릉의 잔디 생육 조건을 한층 건강하게 만들었다. 이러한 문화재지킴이 활동을 진행하면서 작성된 실측자료를 융릉·건릉의 관리자와도 공유하고 또한 궁궐과 왕릉에서 조경관리를 담당하는 직원들과 함께 '잔디지킴이 워크숍'(2006)을 개최하여 잔디관리 기술과 성과물을 공유하기도 하였다. 한화호텔&리조트의 잔디관리 기술지원은 지속가능하게 문화재를 보존관리하는데 크게 기여하였고, 또한 잘 관리된 왕릉의 모습은 왕릉을 찾는 관람객에게 정돈된 쾌적한 역사문화경관을 제공하는 효과도 얻을 수 있었다.

한화호텔&리조트 직원이 골프장 장비 지원과 자원봉사 참여로 왕릉 잔디를 관리하고 있다.

문화재청 궁궐 · 왕릉 조경관리자와 함께하는 잔디지킴이 워크샵(2006)

"왕릉지킴이를 위한 잔디관리를 맡은 뒤로 잔디의 밀도와 질이 좋아져 관람객들이 보고 즐거워한다는 얘기를 듣고 뿌듯한 마음이 들었습니다."

"평소에도 정조대왕릉을 관리하고 있다는 것에 긍지를 가져왔는데 이번에 조선왕릉이 세계유산에 등재돼 더욱 뜻깊고 자부심을 느낍니다."

한화호텔&리조트의 왕릉지킴이 활동은 또 다른 곳에서 값진 성과를 얻을 수 있었다. 융릉과 건릉을 포함한 40기의 조선왕릉은 2009년 유네스코(UNESCO) 세계문화유산에 등재되었다. 등재 최종심사를 앞두고 2008년 9월에 국제기념물유적협의회(ICOMOS)에서 현지실사를 나왔는데, 이 때 한화호텔&리조트를 비롯한 여러 기업과 민간단체가 왕릉을 가꾸고 지켜가는 모습을 보고 실사단이 감동을 받았다고 한다. 그리고 유네스코의 평가보고서에도 왕릉 보존관리를 위한 한화호텔&리조트 등의 지역공동체 참여사례를 언급했는데, 문화재의 가치와 함께 그 가치를 더욱 값지게 만드는 민간의 문화재 보호 참여가 인정받는 사례이기도 했다.

무형문화재 지원과 천연기념물 종 보호의 사회공헌 확장

왕릉지킴이 활동 이외에 국가무형문화재, 천연기념물 등 다양한 문화재 사회공헌활동이 이어지고 있다. 우선, 유네스코 인류무형문화유산인 '남사당놀이'의 계승과 보급 활성화를 위해 '남사당놀이보존회'와 결연식을 맺고, 1년간 매달 일정액의 전승지원금을 보존회에 지원하면서 리조트

콘도미니엄에서 정기적인 공연을 하는데 필요한 비용을 후원하였다. 이러한 모습은 남사당놀이의 안정적인 무형문화재 전승활동의 지원과 함께, 리조트를 찾는 고객에게 전통문화공연예술의 흥과 멋을 체험할 기회를 제공하여 기업-무형문화재-고객이 자연스럽게 문화재의 보호와 향유에 동참하는 결과를 선순환적으로 보여주는 것이었다. 또한 남사당놀이의 해외공연을 지원하여 국제무대에서 우리의 전통민속공연을 선보이는데 도움을 주었다. 참고로 '남사당놀이'는 남자들로 구성된 유랑광대극을 말하며, 풍물과 곡예·인형극 등 다양한 공연예술적 요소를 담고 있다. 일반 대중들과 삶의 희노애락을 나누고 사회적인 불만과 소망을 대변하던 종합문화공연예술의 대표성을 지닌 무형유산이다.

그리고 2014년부터 문화재 천연기념물 '미호종개' 보호를 위한 후원사업도 진행하고 있다. 미호종개는 충청권 금강 유역에만 서식하는 민물고기다. 6~8cm의 크기에 생김새는 미꾸라지와 유사한데 각종 개발로 인한 서식지 파괴와 수질오염 등으로 개체수가 줄고 있는 상황이다. 전문기관인 한국민물고기보존협회를 후원하여 종 보존연구와 인공증식의 비용을 지원하고 인공증식된 미호종개를 부여시 지천 등의 주요 서식지에서 방류하는 행사와 청소년들의 자연유산 생태환경 교육, 임직원의 서식지 환경정화활동 등에도 참여하였다.

미호종개(천연기념물 제454호)

부여-청양의 지천, 진천의 백곡천 등에서 제한적으로 서식하며 약 60~80mm의 몸길이에 중앙은 굵고 앞뒤쪽은 가늘고 길다. 주둥이는 뾰족하게 돌출되고 입은 주둥이의 밑에 있다.

부여 · 청양 지천 미호종개 서식지(천연기념물 제533호)

2017년 미호종개 복원을 위해 6개월간 인공양식된 치어를 방류하는 행사 진행

문화재를 활용한 청소년 문화체험에서 진로체험까지

소외계층 아동 중심의 문화복지 지원을 위해 고궁청소년문화학교, 궁궐 1박2일, 청소년문화재캠프 등 다양한 문화재 관련 체험교육에도 후원하고 있다. 2016년부터는 문화재를 보고 체험하는 것뿐만 아니라 청소년들의 진로체험과 연결시킨 '한화불꽃탐사대' 사업을 진행하고 있다. 용인·설악·평창·대천·부산 등 한화의 지역사업장 소재 지역의 학교 학생들에게 지역의 문화재를 전문가들과 탐방하면서 문화재 관련 직업체험과 진로설계가 가능도록 문화재 실측조사·3D스캐닝, 한옥조립, 문화재 드론촬영, 문화체험·여행 프로그램 기획 등을 시행하는 프로그램이다.

한편, 경주 한화리조트는 지역의 대표적 문화재 사회적기업인 '신라문화원'에게 리조트의 공간을 제공하여 기업과 사회적기업과의 공익 비즈니스 모델을 만들어가고 있다. 2013~2015년 '신라문화원'과 함께 리조트 안에 신라문화관광센터를 만들어 경주를 찾는 관광객들에게 무료로 문화체험과 관광프로그램을 제공하는데, 경주 한화리조트는 사무실을 제공하고 신라문화원은 문화 재능기부로 프로그램을 운영하였다.

한화불꽃탐사대
-진로체험, 한옥 실측조사-

한화불꽃탐사대
-진로체험, 문화재 드론촬영-

한화불꽃탐사대
-진로체험, 문화재여행기획-

문화재지킴이 기업 1호, 시작이 아닌 문화재 사랑 1호 기업을 지향

왕릉지킴이 등 한화호텔&리조트의 문화재 사회공헌이 일정한 성과를 얻게 된 배경에는 몇 가지 특징을 갖고 있다. 우선, 발빠르게 사회공헌 대상의 변화에 주목하면서, 기업의 경영활동과 연결된 전문기술의 재능기부형 참여, 지속적인 사회공헌 프로그램 개발을 손꼽을 수 있다. 그리고 문화재지킴이 기업 1호의 자부심·사명감과 함께 문화재 사랑의 1호를 지향하는 사회공헌 목표와 사회공헌 전담인력의 참여, 협력기관과의 신뢰를 바탕으로 한 상시적 소통 및 협력 등을 들 수 있다.

사회복지 분야의 사회공헌이 주류를 형성하고 있을 때, 한화호텔&리조트에서는 전통문화와 문화재에 대해 관심을 갖고 문화재청의 '문화재지킴이' 사업에 가장 빠르게 동참하였다. 문화재 분야의 본격적인 사회공헌 첫걸음은 사회적인 주목을 받았고, 기업의 입장에서는 차별성 있는 사회공헌을 추진함으로서 전략적인 사회공헌 주요사업으로 자리매김할 수 있었다.

특히, 골프장 잔디관리의 기술과 장비를 이용한 재능기부, 문화재청과 잔디관리 노하우의 공유는 직접적인 성과와 함께 지속가능한 문화재관리 체계를 만들어낼 수 있었기 때문에 기업-정부간의 실제적인 민관협력 모범 사례를 보여줄 수 있었다.

또 다른 측면에서 본사와 전국의 각 사업장들이 지역사회의 문화재를 각각 책임지며 문화재 보호 활동에 동참함으로서 전 직원들이 하나의 사회공헌 목표를 향해 달려가는 일체감과 공동의 성취를 공유할 수 있었다. 그리고 문화재를 가꾸고 지켜가는 재능기부와 자원봉사뿐만 아니라 문화재 교육과 직장 내 문화재 동아리 운영을 통해 문화재를 올바르게 이해하고 교감할 수 있었다. 기업의 일방적인 사회적 책임이 의무와 후원으로 끝나는 것이 아니라 문화재와 기업이 함께 성장하는 특징을 보여주는 것이다.

한편, 문화재 보호 이외에 한화호텔&리조트의 주요 사회공헌 중 한 분야가 청소년 분야이다. 개별 사회공헌 프로그램인 청소년과 문화재를 연결시켜 청소년 대상 문화재 교육·체험·탐방·진로체험 프로그램을 개발·후원함으로서, 한화호텔&리조트의 2가지 전략적 사회공헌 분야의 성과가 동시에 이루어지는 효과도 보여주고 있다.

행복한 에너지를 문화재에 담기 위한 한화호텔&리조트의 많은 노력은 시간이 지나면서 전문기술력을 바탕으로 한 왕릉관리에서 무형문화재, 천연기념물, 청소년 문화체험·진로체험, 사회적기업 지원 등 다양한 분야로 확산되고 있다. 기업의 전문성에 집중하면서도 다양한 문화재 보호 활동으로 활동영역과 성과를 한층 한층 쌓아가는 것이다. 문화재 1호 기업에서 문화재 사랑을 실천하는 1호 기업으로 나아가는 모습이기도 하다.

한화호텔&리조트 문화재 사회공헌활동

o 참여분야 : 문화재 보존관리(봉사 · 재능기부), 무형문화재, 천연기념물, 체험교육 · 진로교육

o 주요활동
- 본사 및 13개 지역사업장의 지역별 문화재 자원봉사활동 *왕릉, 창덕궁 등
- 무형문화재 전승활동 지원(남사당놀이, 줄타기 등)
- 청소년 문화재 체험교육 지원(고궁청소년문화학교, 청소년 문화재캠프, 궁궐 1박2일 등)
- 청소년 문화재 진로체험 지원(한화불꽃탐사대)
- 천연기념물 미호종개 종 보호 연구 지원 및 방류, 청소년 자연유산생태체험
- 문화재 관람 편의시설 지원(종묘 도서관 도서 기증, 홍보용 모니터 기증)

참 고 자 료

- 조선왕릉 세계유산 등재 숨은 공신 '왕릉지킴이'(문화일보, 2009.6.29.)
- 정진해 외, 《아름다운 사람들의 문화재가꾸기, 또 하나의 유산》, 2006, 눌와.
- 한화리조트, 레저, 서비스업 특화된 인재육성 사회공헌 활동 적극 전개(서울경제, 2017.07.14.)
- 한화리조트, 사회적기업인 신라문화원과 맞손(한국일보, 2013.3.8.)

신한은행

문화재 보호를 위한 가장 빠른 길, 동행(同行)

봉사·재능기부 유형

최근 언론을 통해 자주 언급되는 사회적 이슈 중에 하나가 기업의 사회공헌이다. 기업 입장에서도 사회공헌은 선의를 베푸는 자선과 의무적으로 참여하는 사회적 책임만이 아니라 기업 시민으로서 사회문제 해결과 공공이익 창출에 능동적으로 참여하는 경향으로 바뀌었다. 다양한 기업군 중에서 금융업계, 특히 은행권의 사회공헌 활동이 활발하다.

문화재 보존관리 봉사활동

은행업계는 고객과 가장 밀접한 접근성을 보이는 업종이기에 고객들이 가진 기업 이미지와 사회적 평판을 중시하고 있으며 사회적 책임에 대해 관심도 많다.

은행연합회의 '2015 은행 사회공헌 보고서'에 따르면, 21개 은행 및 은행관련기관이 2015년에 지역사회·공익, 학술·교육, 메세나·체육 등의 분야에서 사회공헌 비용으로 4,651억원을 지원하고 약 43만명이 자원봉사 활동에 참여하였다. 전경련에서 조사한 200여개 기업 대상의 2015년도 전체 사회공헌 지출규모가 약 2조 9천억원이므로(전국경제인연합회, 2016년 주요 기업·기업재단 사회공헌 백서) 수치상 전체 사회공헌과 은행업계의 사회공헌 규모를 단순 비교할 때 은행업계의 사회공헌 지출규모가 상당함을 알 수 있다.

은행업계의 사회공헌은 경제적 지원·환경·교육·문화예술 지원 등 다양한 분야에서 이루어지며, 최근에는 음악·미술·연극 등의 문화예술 분야의 후원과 참여가 늘어나면서 전통문화·문화재에 대한 관심도 함께 증가하고 있다. 은행업계 가운데, 문화재 분야를 주요 사회공헌 대상으로 삼고 꾸준히 참여·후원하는 신한은행의 사례를 참고해 볼 수 있다.

신한은행은 문화재 보호를 위해 자원봉사, 체험교육, 보존관리, 홍보, 캠페인, 예비사회적기업 지원 등 다양한 부문에서 참여·후원하며 정기적인 참여와 함께 문화재 이슈에도 적극적으로 대응하면서 문화재 사회공헌에 기여하고 있다.

신한은행 문화재 보존관리봉사활동

금융의 힘으로 공존, 공생, 공감을 지향하는 사회공헌

신한은행은 예금·대출·외환·투자 등을 주 업무로 하는 금융기업(시중은행)이다. 1897년에 설립된 한성은행을 전신으로 삼고 있으며 1998년 IMF 금융위기 이후 금융권의 구조조정과 은행 간 통합 과정 속에서 신한은행과 동화·충북·강원·조흥은행 등이 통합되어 지금의 신한은행에 이르고 있다. 신한은행은 국내 지점·출장소 872개와 해외 20개국에 150개 네트워크를 두고 있다.(2017년 1월 기준; 위키백과 참조)

신한은행은 금융을 주 업무로 하는 만큼 '금융의 힘으로 세상을 이롭게 한다'는 경영이념과 함께, 기업시민으로서 '행복한 미래를 열어가는 은행'의 목표를 가지고 다양한 사회공헌 전략과 프로그램을 운영, 지원하고 있다.

신한은행 사회공헌 전략

(아름다운은행 홈페이지 참고)

신한은행의 사회공헌은 상생공존(공존), 환경지향(공생), 문화나눔(공감)이라는 사회공헌 3대 전략을 갖고 있다. '상생공존'을 위해서 사회적 약자와 취약계층의 안정적인 사회활동을 지원하고 고용안정과 일자리창출에도 기여하고 있다.

또한 공생할 수 있는 '환경지향'을 위해 환경보호 참여와 가치 확산, 친환경 에너지시스템 구축 등을 지원하고 금융상품·서비스를 제공하고 있다. 마지막으로 '문화나눔'을 통한 공감은 전통문화의 가치를 나누면서 문화복지의 토대를 만들어가며, 전통문화를 가꾸고 지켜가는 문화운동에 참여하면서 문화인재 육성에도 후원하고 있다.

신한은행의 사회공헌 비전과 전략을 구체적으로 실천하기 위해 사회공헌 전담조직·인력을 운영하고 있는데, 2004년에 신한은행봉사단을 발족한 후에 전담조직인 '사회공헌부'를 2007년부터 운영하고 있으며 사회공헌 전략의 테두리 안에서 공존·공생·공감의 전략 실천을 위해 다양한 프로그램 운영과 전문기관과의 협력, 수혜기관 지원이 이루어지고 있다. 또한 금융권 최초로 '사회책임보고서'를 발간하고 CDP(탄소공개프로젝트) 서명기관, UN Global Compact, UNEP FI(유엔 환경계획 금융이니셔티브) 등 사회책임경영의 단계를 글로벌 수준에 발맞추고 있다.

신한어린이 금융체험교실

어린이 도서관 개관 후원

신한은행의 아름다운 은행 홈페이지를 참조해보면, 사회공헌 활동 분야를 크게 자원봉사, 사회복지, 학술교육, 환경보존, 문화예술, 체육증진, 공익상품, 공익법인 등으로 구분하여 지원과 후원·협력이 이루어지고 있다. 주 업무인 금융업과 관련하여 청소년·어르신·새터민 등을 대상으로 금융의 역사와 화폐, 용돈관리, 금융거래, 금융사기 예방 등의 금융 교육을 실시하며, 또한 경제적 어려움에 처한 저신용·저소득층 등의 자활과 자립을 지원하는 서민금융지원·미소금융재단 운영과 '으뜸기업 으뜸인재 매칭사업'을 통한 중소기업 청년 구직자 지원, 사회적기업 지원 등으로 고용안정과 일자리창출에도 기여하고 있다. 금융업 관련 이외에도 신한금융그룹 차원의 자원봉사대축제, 긴급구호·헌혈, 새터민 정착지원, 공익단체·장애인 지원, 환경자원봉사캠프, 어린이도서관 등 일반 사회공헌 분야에서 특성화된 부문까지 다방면에서 사회공헌 프로그램을 운영하고 있다.

금융교육, 금융지원, 금융상품 개발 등 기업 연계형 사회공헌뿐만 아니라, 시중은행의 업(業) 특성상 일상생활에서 다양한 고객과 밀접한 관계망을 형성하기 때문에 주요 사회적 이슈에 대응하면서 사회문제 해결에 동참하고 있다. 취약계층 지원 등의 사회복지와 환경, 문화, 교육 분야를 중심으로 포괄적인 사회공헌 대상 선정과 다양한 프로그램을 운영·후원하는 모습이다. 2015년 각종 사회공헌 프로그램에 참여한 자원봉사자 수는 약 4만 3천여명이며 금융교육의 수혜대상자는 연간 11만여명에 이르고 있다.

전국지점망을 활용한 문화재 환경정화활동에서 '문화재보존봉사단' 활동으로

신한은행은 사회공헌으로 행복한 내일을 향해 함께 걷는 동행을 중시한다. 사회공헌의 가치 지향점은 현재와 미래를 향한 발걸음뿐만 아니라 과거와 전통에도 무게중심을 두고 있다. 전통문화를 존중하면서 문화예술의 발전을 도우며 임직원과 고객 등 다양한 이해관계자와 문화를 나누고 가꾸기 위한 문화나눔에도 많은 노력을 기울이고 있다.

국내 최초로 금융사 전문박물관인 한국금융사박물관을 설립하여(1997년) 금융 분야 역사문화공간을 조성하면서 금융교육과 문화체험 등을 제공하고 있으며, 신한갤러리(광화문·역삼)와 신한음악상 운영을 통해 젊고 유망한 예술가를 발굴·지원하고 있다. 또한 문화재를 가꾸고 지켜가기 위한 다양한 후원과 참여가 이루어지고 있다.

신한은행이 본격적으로 문화재 보호 활동에 참여한 계기는 2005년 문화재청과 '문화재지킴이' 협약을 맺은 이후이다. 문화재 분야의 자원봉사·보존관리·체험교육·환수·캠페인·예비사회적기업 지원 등 다양한 부문에서 참여와 후원·협력을 지속하며, 문화재 관련 이슈가 있을 때마다 적극적으로 대응하여 문화재 보호에 참여하고 있다.

신한은행의 문화재지킴이 시작은 2005년 문화재청과의 협약 당시 전국의 400여 은행지점망을 통해 지역별로 문화재를 가꾸고 지켜가는 봉사활동과 홍보활동으로 진행하였다. 신한은행 본점 가까이에 위치한 숭례문을 포함하여 서울의 경복궁, 경기의 남한산성, 대전의 동춘당, 인천의 초지진, 순천의 낙안읍성, 전주의 경기전, 제주의 관덕정 등 전국의 주요 문화재 30곳을 선정하고 문화재 인근의 본사와 지점들의 임직원이 정기적으로 또는 특별행사 프로그램을 통해 문화재지킴이 자원봉사 활동을 하고 있다.

현재는 자원봉사 대상 문화재가 90여곳으로 늘어났으며, 활동내용은 목조건축물 마루닦이·창호지 교체와 주변지역 잡초·잡목제거, 배수시설 정리 등이다. 또한 신한금융그룹 차원에서 4~5월에 개최하는 자원봉사대축제와 문화재청에서 주최하는 '내고장 문화재 가꾸는 날' 행사(4월·10월)를 통해 자원봉사 활동 대상 문화재에서 일제히 환경정화활동을 진행하고 있다.

2015년 3월부터 관심과 참여도가 높은 직원을 선발하여 별도의 '문화재보존봉사단'도 운영하고 있다. 봉사단은 숭례문, 성균관 등 주요 문화재를 대상으로 봉사활동을 하면서 활동의 전문성 향상을 위해 교육도 병행하고 있다. 봉사단 활동과 교육은 전문단체(문화살림)와 협력하여 진행하고 있으며, 봉사단원들은 문화재지킴이활동과 관련된 내용을 내부 자원봉사 게시판에 공유하면서 사업장별 자원봉사 활동 시에 봉사리더로서 참여한다.

문화재의 일상관리를 위한 자원봉사 활동 이외에 특별한 문화재 이슈에도 적극 참여하고 있다. 2008년 2월 숭례문은 방화로 큰 피해를 입고 많은 국민들에게 크나큰 충격을 주었다. 문화재청은 숭례문 복구 과정에서 숭례문 화재의 피해 상황과 복구현장 모습을 2008년 8월부터 2012년까지 주말을 이용해 일반인들에게 공개하였는데, 숭례문의 역사와 복구현장을 안내하기 위해 안내해설 전문 민간단체(궁궐지킴이·궁궐길라잡이)와 신한은행 직원이 지원에 나섰다. 이 때 신한은행은 숭례문을 찾아온 국내외 관람객들을 위해 관람접수, 안내 등을 지원하였다.

내고장 문화재 가꾸는 날 자원봉사 (서울, 문묘와 성균관)

문화재보존봉사단 활동 (서울, 환구단)

숭례문, 숭례문지킴이 그리고 내 고장 문화재를 가꾸기

숭례문 전통기왓가마 화입식(火入式)
신한은행은 숭례문 복구를 후원하고자 경관 조명 설치와 함께 숭례문에 사용할 전통기와 제작용 가마 3기 등을 설치하는데 후원하였다. 가마에 처음 불을 피우는 축하의식으로 화입식을 진행하였다.(2011년 11월)

서울의 옛 모습은 현재보다 작은 규모였다. 서울의 옛 지명은 한양으로 불리었고 한양의 경계는 돌로 쌓아 이은 성벽과 함께 출입이 가능하도록 설치된 문으로 구분되고 있었다. 한양을 들어가기 위해서는 동서남북에 세워진 커다란 4개의 대문을 거쳐야 하는데, 남쪽의 숭례문·동쪽의 흥인지문·서쪽의 돈의문·북쪽의 숙정문이다. 대문과 대문 사이에도 광희문과 창의문, 혜화문, 소의문 등 작은 문들이 있었다. 참고로 지금은 돈의문과 소의문이 없다.

한양으로 들어가는 문들은 많았지만 한양도성의 정문은 숭례문이었다. 숭례문은 중국 사신이 조선을 방문할 때 지나는 주요 관문이었고 가뭄 등의 자연재해로 피해가 많을 때에 제사를 지내는 등 나라의 중요한 의식들이 숭례문 앞에서 행해지고 있었다. 한양을 찾는 사람들에게 숭례문은 웅장한 규모와 함께 한양의 첫 관문으로서 커다란 인상을 남겼을 것이다.

현재에도 숭례문은 중요도가 아닌 관리번호상 국보 1호이지만 과거 서울을 상징하는 위상과 기억 안에서 대표적인 문화재 중 하나로 인식되고 있다. 더욱이 2006년부터 일반에 개방된 후 2008년 방화로 숭례문이 불타면서 가장 가슴 아픈 기억의 문화재기도 하다. 이후 숭례문 복구를 계기로 숭례문에 연결되었던 좌우의 일부 성벽을 추가로 쌓아 옛 숭례문을 회복해가는 과정에 있다.

숭례문 복구기념 드로잉쇼 완성본(김정기 작가)
신한은행은 숭례문 복구 기념으로 김정기 작가를 후원하여 광화문 광장에서 이틀간 숭례문 드로잉쇼를 실시하였다. 숭례문의 과거 · 현재 · 미래를 담아내고 현장 드로잉쇼 진행과 드로잉쇼 과정을 영상으로 제작한 유튜브 등을 통해 숭례문 복구를 홍보했다.

숭례문이 담고 있는 역사문화, 방화로 인한 피해와 복구과정에서 많은 이야기가 언급될 수 있지만 사회공헌 이야기도 빼 놓을 수 없는 이야기다. 바로 숭례문을 지척에 두고 숭례문지킴이를 자처하면서 숭례문을 가꾸고 지켜가는데 다양한 사회공헌 사례를 보여준 신한은행의 이야기이다.

신한은행은 숭례문지킴이로서 숭례문 방화사건 이전부터 임직원들이 수시로 환경정화 자원봉사와 함께 다양한 문화체험 프로그램을 운영하고 있었다. 방화로 숭례문이 훼손되었을 때는 숭례문 복구를 위한 안전펜스 설치, 숭례문 공개관람과 복구과정·역사문화 등을 알리는 홈페이지를 구축·운영하는데 후원을 하였다. 또한 앞서 언급한 것처럼 숭례문 공개관람 시에 접수·안내 지원 활동을 하였다.

2013년 숭례문이 복구 되었을 때 정부 예산을 포함해 총 245억원이 사용되었는데, 신한은행이 후원한 12억원도 포함되며 후원금은 숭례문 야간 경관조명 설치와 숭례문에 사용될 기와제작을 위한 전통기왓가마(가마 3기 등)를 설치하는데 사용되었다. 복구 비용의 기부와 함께 숭례문 복구를 앞두고 숭례문 관련 공익광고, 드로잉쇼, 대국민이벤트 희망우체통 등 다양한 홍보 활동도 이어졌다. 숭례문지킴이로서 상시적인 보호 활동과 함께 긴급한 문화재 보호에 적극 대응하면서 다양한 활동을 보여주는 사례이다.

문화재 보존관리 사회공헌, 천상열차분야지도(목판본) 기증으로 이어져

밤하늘의 별자리를 바라볼 때면, 우리들은 그리스 신화에 나오는 이야기를 떠올리거나 드넓은 우주를 향해 상상의 나래를 펼치게 된다. 하늘의 별자리와 관련해서 흥미로운 문화재가 있다. 조선시대에 만들어진 '천상열차분야지도(天象列次分野之圖)'라는 천문도이다. 천상열차분야지도는 모든 별자리를 보여주는 천문도 중에서 세계적으로 오래된 것 중에 하나이며, 중국의 천문과학과 조선의 천문관측 데이터를 종합하여 하늘의 별자리를 한눈에 볼 수 있게 만든 문화재이다.

'천상열차분야지도'가 처음 만들어진 배경 또한 흥미롭다. 태조가 조선을 건국한지 얼마 지나서 않아서 고구려 천문도 각석의 탁본을 바쳤다는 기록이 나온다. 태조는 이를 소중히 여겨서 돌에 새겨 '천상열차분야지도 각석'이 나오게 되었다. 옛 부터 왕의 자리는 하늘의 뜻에 따라 특정한 사람에게 부여된다고 생각했으며 세상의 이치를 품고 있는 하늘의 움직임을 올바르게 이해하는 것은 지도자의 몫이라고 여겼다. 그래서 하늘을 담아낸 천문도는 왕에게 권위를 부여하면서 하늘을 대신하여 정치적 권한을 갖게 하는 의미를 갖는다. 결국 태조에게 바쳐진 천문도는 태조의 권

선조대 목판본 천상열차분야지도
(신한은행 구입 · 기증, 2006)

위와 정치적 권한을 부여하면서 조선 건국의 정통성을 상징적으로 보여주는 이야기로 해석될 수 있다. 이후 태조 대의 각석은 새겨진 별자리가 마모되어 숙종대에 또 다른 돌에 새겨 제작하였다. 태조대·숙종대에 제작된 두 각석은 현재 각각 국보와 보물로 지정되었다. 돌에 새긴 각석 이외에도 각석의 내용을 탁본한 그림과 목판에 다시 새겨서 찍어낸 것 등이 '천상열차분야지도'로 전해지고 있다.

한편, 선조대에 제작된 목판본 '천상열차분야지도'가 있는데, 한동안 유일하게 일본 텐리대학교에만 1점이 소장된 것으로 알려져 있다가 동일한 목판본의 '천상열차분야지도'가 일본에서도 발견되었다. 목판본 구입 과정에서 신한은행은 신한카드 등 신한금융그룹 임직원들과 함께 모금활동을 하였고 조성된 기부금으로 목판본 '천상열차분야지도'을 구입하여 이를 국립고궁박물관에 기증하였다.

직지심체요절과 의궤를 발견한 박병선 박사의 연구활동 · 출판을 후원

신한은행은 해외에 있는 문화재를 환수하는데 도움을 주면서 문화재 환수에 기여한 고 박병선 박사의 연구 활동과 출판을 후원하기도 하였다. 박병선 박사는 프랑스 현지에서 세계 최고(最古) 금속활자본인 '직지심체요절'(1377년)과 조선왕실의 행사를 기록한 '의궤'를 발견했었다. 그 동안 세계에서 가장 오래된 금속활자 간행본으로 알려진 책은 독일 구텐베르크의 '42행 성서'(1455년)였다. 그런데 새로이 발견된 '직지심체요절'은 구텐베르크의 성서보다 78년 빨리 간행되었고 청주의 흥덕사에서 펴낸 장소도 기록되어 있다. '직지심체요절'의 발견으로 인쇄술 분야의 세계사는 다시 쓰여지게 되고 2001년에 세계기록유산으로 등재되었다. 직지를 발견한 공로와 연구로 박병선 박사는 '직지대모'라는 별칭을 얻기도 하였다.

이후 박병선 박사는 병인양요로 강화도가 침략당하고 외규장각에 보관중이던 책들 중에서 프랑스군에게 약탈당한 조선왕조 의궤를 프랑스 국

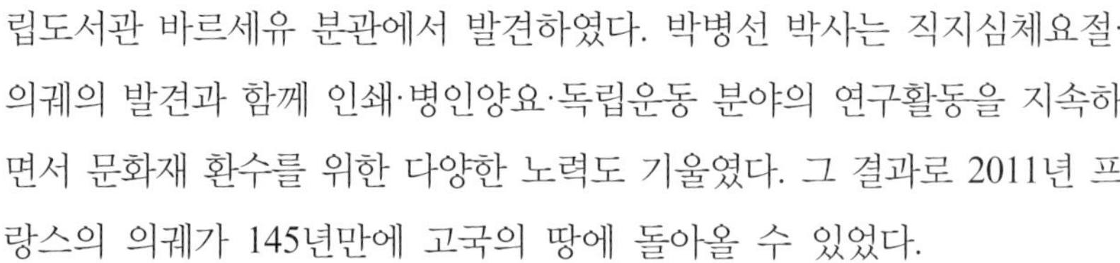

립도서관 바르세유 분관에서 발견하였다. 박병선 박사는 직지심체요절·의궤의 발견과 함께 인쇄·병인양요·독립운동 분야의 연구활동을 지속하면서 문화재 환수를 위한 다양한 노력도 기울였다. 그 결과로 2011년 프랑스의 의궤가 145년만에 고국의 땅에 돌아올 수 있었다.

박병선 박사는 의궤 발견과 반환운동의 기여에 멈추지 않고 의궤와 병인양요에 대한 연구 활동도 진행하여 2권의 책으로 정리하였다. 첫 번째 책은 프랑스인에게 병인양요의 역사적 사실을 알리기 위해서 프랑스군이 약탈해 간 의궤에 대한 이야기를 책으로 엮었고, 두 번째 책은 병인양요의 역사적 실체를 이해하고 규명하기 위해 프랑스 관련 공문서·기사·학술지 등을 참조하여 정리한 내용이었다.

고(故) 박병선 박사, 병인양요 연구 유고집 출간기념회 (2013년 4월 12일)

『1866 병인년, 프랑스가 조선을 침노하다』는 박병선 박사의 병인양요 관련 두 번째 책이며 병인양요의 역사적 실체를 규명하고자 프랑스 관련 공문서, 기사, 학술지 등을 참조하여 정리한 내용이다. 집필 중 박병선 박사의 갑작스런 타계로 조카가 원고를 마무리했으며 또한 박병선 박사 타계 이전 집필 지원부터 유고집 출간까지 신한은행의 후원과 문화재청의 지원이 큰 역할을 하였다.

두 번째 책을 집필하던 중, 박병선 박사는 연구 활동과 책 출간의 지원을 정부에 요청하였다. 문화재청은 신한은행과 함께 박병선 박사의 연구와 출간에 도움을 드리기로 하고 신한은행이 연구·출간 비용을 후원하였다. 후원 결정 이후 박병선 박사는 두 번째 책을 프랑스에서 집필을 마무리하고 2011년 하반기에 한국으로 와서 출간하기로 하였는데, 2011년 11월에 박병선 박사가 프랑스에서 갑자기 타계하셔서 자칫 박사님의 저작물이 세상에 나오지 못하는 상황이 되었다. 다행히 박병선 박사의 조카가

집필 중인 원고를 마무리 지어 뒤늦게나마 2013년에 『1866 병인년 프랑스가 조선을 침노하다』 유고집을 출간할 수 있었다. 박병선 박사의 유고집 출간은 유족과 기업, 정부가 협력하여 결실을 맺을 수 있었고 박병선 박사가 기여한 문화재 보호 활동에 조금이나마 보답할 수 있는 길이기도 했다.

문화재 체험교육으로 함께 배우고 배움의 가치를 나누는 문화복지 동행

어린이 궁궐탐험대

서울원정대(한양도성 청소년 캠프)

문화재를 가꾸고 지켜가기 위한 또 다른 활동 영역이 있다. 문화재를 주제로 소외계층·저소득층 어린이와 어르신들에게 다양한 문화재체험교육을 후원하는 것이다. 재정적인 측면에서 프로그램 운영을 후원하는 것에 그치지 않고 직원들이 청소년들의 멘토 역할을 하며 관련 전문단체와의 파트너십을 통해서 프로그램의 질적인 향상과 함께 문화를 공유하고 누릴 수 있는 문화향유 기회를 확대하는데 협력하고 있다.

문화재체험 프로그램을 직접 운영하거나 문화재청 또는 전문 민간단체와의 협력을 통해 프로그램을 운영하는 방법 그리고 또 다른 형태로 문화재 분야 보존·교육프로그램을 지원하고 있다. 신한은행은 2012년부터 직원들의 급여에서 매달 1만원을 기부하는 '신한가족만원나눔기부' 캠페인을 운영하고 있다. '신한가족만원나눔기부'로 모아진 기금은 매년 4개 분야(의료, 장애, 문화예술, 아동·교육)의 복지 프로그램에 지원하고 있다. 각 분야는 시기별로 순차 진행되며 해당 분야의 사회적 문제를 해결하기 위해 재단법인 해피빈과 함께 모금함을 운영하면서 많은 사람들에게 사회적 문제 인식과 참여를 이끌어내는 캠페인 형식으로 진행되고 있다.

문화예술 분야의 지원은 문화재를 중심으로 문화재 보존활동과 소외계층 문화체험 프로그램을 운영하는 단체를 지원하고 있다. 한편 문화재 분야의 경우 2012년에 문화재 퀴즈 코너를 마련하여 참여자들이 문화재 퀴즈를 풀면서 문화재의 기초적인 소양도 익히며 만점자 중에서 추첨하여 온라인전용 기부 '콩'을 제공함으로서 또 다른 후원이 이루어지도록 운영하였다.

2014년 신한가족 만원나눔기부 캠페인(해피빈 홈페이지 참조)
해피빈재단과 함께 4개 분야의 사회공헌 지원 프로그램을 운영하며, 문화 분야는 문화재 보존, 전통문화 및 소외계층 문화체험 프로그램을 운영하는 NGO단체 · 사회복지기관 등에 후원하고 있다.

문화산업 활성화 기반조성을 위해 문화재 예비사회적기업을 후원

신한은행의 문화재 분야 사회공헌은 보존관리, 문화향유 확대 이외에도 문화서비스 확대와 문화산업 활성화에 기여하고자 문화재 분야의 예비사회적기업에도 지원하였다. '사회적기업'은 기업의 영리 목적과 민간 단체의 공익 사이에서 사회적 문제해결과 지역사회 발전을 위해 취약계층에게 일자리를 제공하고 사회서비스를 제공하면서 지역사회에 공헌하는 기업 형태이다. 이러한 목적에 적합한 기업들은 사회적기업으로 인증을 받으며, 인증을 받기 이전 단계로서 중앙부처·지자체로부터 '예비사회적기업'으로 지정받아 활동할 수 있다.

문화재청은 2012년부터 문화재 분야의 일자리 창출과 사회서비스를 확대하고자 '문화재형 예비사회적기업' 제도를 시행하고 있는데, 신한은행은 문화재 분야 예비사회적기업의 자립과 성장의 기반을 갖출 수 있도록 2012~13년간 새로이 지정된 예비사회적기업을 대상으로 전문인력의 인건비를 후원하였다.

한편, 2008년에는 '문화재사랑 정기예금'을 출시하여 고객들이 정기예금을 가입할 때마다 가입금액의 0.1%를 신한은행에서 '문화재 보존사업 기금'으로 조성하여 문화재 단체에 기부하기도 하였다. 공익형 금융상품을 개발하여 금융과 사회공헌을 연결한 문화재 보호 활동 지원 프로그램이었다.

신한은행은 문화재 분야 예비사회적기업의 전문인력 지원을 통해 문화산업 활성화 기반 구축과 사회서비스 · 일자리 창출 확대에 기여하였다. 지원 받은 예비사회적기업 중에서 '마인드디자인'은 문화기획 분야에서 불교박람회(좌측 사진) 등을 진행하고, '문화희망 우인'은 문화체험교육 분야에서 청소년 예절교육(우측 사진) 등에서 활동하고 있다.

문화재로 행복한 미래를 나누기 위한 참여, 후원, 협력 그리고 동행

신한은행의 문화재 사회공헌은 숭례문을 중심으로 전국의 주요 문화재를 가꾸고 지켜가는 환경정화활동에서 시작하여 보존관리, 체험·교육, 홍보, 캠페인, 예비사회적기업 등 다양한 부문에서 활동해 왔다.

신한은행의 문화재 사회공헌의 특징은 직원들의 문화재 보호 참여를 적극적으로 이끌어내면서 문화재 관련 이슈의 대응과 함께 도움이 필요할 때마다 시의적절한 참여와 후원이 이루어져 신한은행이 추구하는 '동행'의 가치가 문화재와 함께 지속되고 있음을 보여주고 있다.

어느 한 지점으로 가장 빨리 가는 방법은 빠른 교통수단과 특별한 비법이 아니라 사랑하는 사람과 함께 갈 때 가장 빠르다고 한다. 신한은행은 문화재로 행복한 미래를 만들어가는데 지속적인 관심과 참여를 보이며, 정부·NGO 등 관계기관, 사회공헌 수혜자, 지역사회 등 많은 이들과 동행하고 있다. 문화재를 사랑하면서 많은 이들과 동행하는 모습은 함께 걷는 아름다움 이외에 문화재를 보호하는 가장 빠른 길이기도 하다.

참고자료

- 신한은행 _ '아름다운 은행' 홈페이지(www.beatifulshinhan.com)
- 전국은행연합회, 2015 은행 사회공헌 활동 보고서
- 신한銀, 해외유출 문화재 되찾아 문화재청 기증 (연합뉴스, 2006.12.19.)
- 신한은행, 문화재 사랑 캠페인 실시(아시아경제, 2008.2.27.)
- '천년의 동행' 신한은행, 문화재 사회공헌도 일등(경제투데이, 2013.5.20.)
- 사회공헌도 은행업, 진정성으로 '따뜻한 금융' 브랜드 실현 (조세일보, 2015.4.6.)

신한은행, 문화재 사회공헌 활동

ㅇ 참여분야 : 문화재 자원봉사, 보존관리, 문화체험, 홍보, 환수, 캠페인 등

ㅇ 주요활동

▸ 자원봉사
- 내고장 문화재 가꾸는 날 행사 참여, 문화재지킴이 릴레이봉사(2007년~)
- 숭례문 복구현장 공개관람 지원 자원봉사
  (관람안내 및 외국어안내 지원, 2008~2012년)
- 임직원 참여 문화재 환경정화 자원봉사(2007년~)
- 창경궁 야간개방 관람안내 지원(2013년~)
- '문화재보존봉사단' 출범, 운영(2015년~)

▸ 문화재 보존관리
- 숭례문지킴이 활동(환경정화, 문화체험, 홍보 등)
- 숭례문 복구 및 완공기념 지원(2011~2013년)
  * 숭례문 경관조명 · 기와가마 설치, 안전펜스 설치, 공개관람 홈페이지 구축 · 운영, 안내 · 해설, 공익광고, 희망우체국 등
- 천상열차분야지도(목판본) 구입 후 박물관 기증(2006년)
- 경복궁 건청궁 복원 시 전통조경사업 후원을 위한 매화나무 2주 기증(2007년)
- 문화재 환수 공로자, '박병선 박사' 연구 활동 및 출판 후원(2011~2013년)

▸ 문화재 체험, 교육
- 자랑스런 우리 문화재를 찾아서(2006년~), 신라달빛 나눔활동(2006년)
- 어린이 궁궐탐험대(2006년~), 문화재사랑 청소년캠프(2009년~)
- 궁궐에서의 1박2일 문화체험(2011년~), 한양도성 원정대(2012년~)

▸ 문화재 보호 지원 · 홍보
- 신한가족 만원나눔기부 캠페인(2012년~)
- 한국전통문화대학교 전통회화 작품전 '궁 프로젝트' 지원(2017년~)

▸ 문화재 보호 공익상품 : 문화재사랑 정기예금(2008년)

무형문화재의 건강을 돌보며 전통문화를 가꾼다

무형문화재 보호 유형

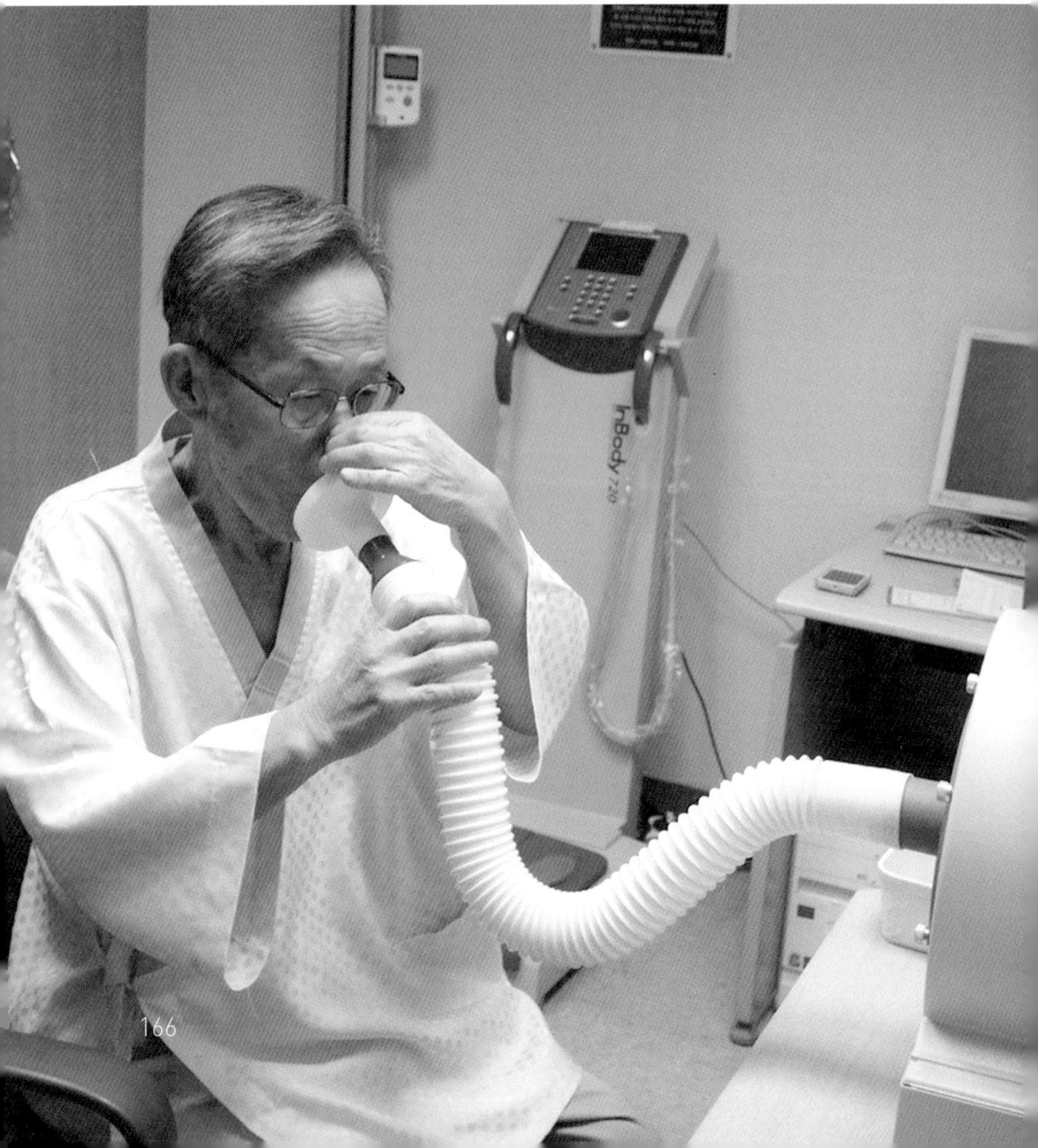

건강한 삶의 희망, 문화재도 건강이 중요하다.

행복한 삶, 풍요로운 삶의 기준은 무엇일까? 여러 가지 대답이 나올 수 있지만 빠지지 않고 가장 먼저 손꼽는 것이 건강이다. 돈이 많아도 명예가 높아도 지식이 많아도 건강하지 못하면 품격있고 여유있고 풍족한 생활을 하기는 쉽지 않다.

그래서 우리들은 쉽게 이야기한다. 건강이 최고라고.

국가무형문화재 궁시장(제47호)
유영기 보유자의 작품 활동과 건강검진

건강한 삶이 누구에게나 중요한 기준이듯 문화재도 건강이 중요하다. 문화재가 지닌 가치와 형태 등이 온전히 지켜지도록 훼손되지 않아야 하며, 자연재해·재난·도난 등의 위험에서 안전한 보존관리가 이루어지도록 해야 한다. 한번 훼손된 문화재는 그 원형을 잃어버리기에 보존관리의 중요성은 이루 말할 수 없다.

문화재 종류 가운데 무형문화재가 있다. 옛 전통의 모습을 간직하며 전해져 온 전통공연과 예술, 도자·금속·나전 등의 공예와 미술 등에 대한 전통기술, 의식주와 관련된 전통생활관습, 민간신앙·전통놀이·축제와 기예·무예 그리고 한의약과 농경·어로 등에 관한 전통지식 등이 무형문화재의 범주에 속해 있다. 유네스코(UNESCO)에서는 문화적 다양성과 창의성을 유지하며 무형유산을 보호하고자 국제적인 협력·지원을 위해 인류무형문화유산 제도를 운영하고 있다. 우리나라는 아리랑·김장문화·택견·종묘제례 및 종묘제례악 등 19건이 등재되어 있다.(2016년 기준)

| 한국의 인류무형문화유산 현황 |

문화재청 홈페이지 참조, 2016년 기준

문화재를 오롯이 보존하여 후대에 물려주기 위해 다양한 활동이 이루어지는데 예를 들어 건축물은 훼손된 부분을 수리·복구·복원 등의 과정을 거쳐 보존관리를 하며, 일상적인 관리를 통해 훼손의 가능성을 줄이기 위한 노력도 이루어지고 있다. 모두 건강한 문화재로 보존하기 위한 노력들이다.

무형문화재 유형은 어떠한 방식으로 보호 활동이 이루어지고 있을까? 옛 전통과 문화정체성을 담아낸 기술·예능·문화 등을 발굴하여 지정하고 기술과 예능을 보유한 전승자들의 전승활동을 위해 전승보조금·공연지원·작품 구입 및 유통망 구축 등의 다양한 정책들이 시행되고 있다.

무형문화재 보호를 위한 기업 사회공헌으로 한독의 무형문화재 건강지원활동이 사람들의 눈길을 끌고 있다. 제약회사인 한독은 건강 관련 기업 활동을 하고 있는데, 기업의 업과 문화재를 연결시켜 무형문화재 전승자들의 건강을 후원하고 있다. 기업의 업(業)과 연계된 차별화된 사회공헌이며 무형문화재 분야의 대표적인 사회공헌 사례로 볼 수 있다.

기업 경영과 연계된 건강 · 의약학 분야 사회공헌에 주력

한독은 당뇨병·관절염 치료제, 소화제 등을 제조·판매하는 제약업체이다. 한독의 홈페이지에 따르면, 1954년 ㈜연합약품 설립을 시작으로 외국계 제약회사와의 기술제휴와 합작 등을 거친 후, 2012년부터는 합작관계를 정리하고 신약개발과 해외시장진출 등을 위한 독자적인 사업진출의 변화를 보이고 있다. 한독의 회사명은 1958년 한독약품으로 변경한 후 다시 2013년부터 '한독'의 브랜드로 글로벌 토탈헬스케어기업의 비전을 가지며 경영활동을 하고 있다. 한독은 서울에 본사를 두고 있으며 충북 음성에 생산공장과 함께 한독의약박물관을 운영하고 있다. 한독의약박물관은 1964년에 설립한 국내 최초의 기업설립 전문박물관이며 보물급의 '청자상감상약국명합(보물 제646호)', '의방유취(보물 제1234호)' 등 동·

서양 의약관련 유물 1만여점을 소장하고 있다.

한독은 기업활동과 연관된 건강과 의약학 분야의 사회공헌에 주력하고 있다. 무형문화재 보호를 위해 전승자의 건강관리를 후원하는 '인간문화재지킴이캠페인', 당뇨병 환자의 건강한 삶을 응원하기 위해 당뇨병 환자 전용 특수신발을 선물하는 '당당발걸음 캠페인'이 있다. 그리고 임직원들이 참여하여 어르신·장애우·불우이웃·다문화가정 등을 대상으로 봉사하는 한독나눔봉사단을 운영하고 있으며 사회공헌 활동 예산은 임직원과 기업과의 1:1 매칭모금인 매칭그랜트(Matching Grant) 방식으로 조성하고 있다. 한편, 2006년 사회공헌을 수행하는 비영리법인으로 '한독제석재단'을 설립하여 의약학 분야의 연구지원과 의약학을 전공하는 학생을 대상으로 장학사업을 하고 있다. 사회공헌의 성과로 2014년에는 '대기업을 능가하는 우수 CSR평가 중견기업' 부문에서 제약업계 1위를 차지하기도 하였다.

한독은 건강과 의약학 분야 사회공헌에 주력하며 국가무형문화재 전승자의 건강지원 프로그램 '인간문화재지킴이' 캠페인과 함께 당당발걸음, 한독나눔봉사단 등을 운영하고 있다(한독 홈페이지 참조).

"인간문화재들은 건강상의 문제나 경제적 어려움으로 전승자 양성에 어려움을 겪는 등 의료사각지대에 놓여있는 경우가 많다. 이 사실을 알고 무엇을 할 수 있을까 고민을 하다 한독은 건강을 책임지는 기업이니, 인간문화재들이 맘 놓고 전승활동에 전념하실 수 있게 '건강관리'를 해드리면 좋겠다고 생각했다. 인간문화재들이 건강을 유지하며 우리 문화를 전승하고 문화의 가치를 더해간다면 그것이 바로 사회공헌의 선순환일 것이다."

무형문화재의 가치도 높지만 현실의 벽도 높다.

무형문화재로 지정된 전승자들은 옛 전통의 기술과 예능을 갖추기 위해 긴 시간의 부단한 노력 끝에 전통문화를 지켜가는 인간문화재로서의 삶을 살아가고 있다. 그러나 전통의 숨결을 온 몸으로 담아내기 위한 노력이 무색하게 현실적으로는 많은 어려움에 봉착하고 있다. 옛 생활물품·공예품은 현재의 일상과 무관하게 느껴져 우리들의 관심에서 멀어지고, 때로는 장인이 만든 높은 상품적 가치 장벽으로 다가가기 어려운 전통문화가 되기도 하며 한편에서는 정형화된 전통의 모습보다 급변하는 문화양식에 익숙한 현대인에게 인기없는 문화로 인식되기도 한다.

최근에는 전통문화의 가치와 중요성이 부각되면서 무형문화재를 소재로 한 창의적인 작품 활동과 공예품들이 대중들 앞에 새롭게 등장하고 다양한 전통공연예술이 활발히 시연되고 있다. 하지만 아직도 대다수의 무형문화재는 경제적인 어려움과 전승 후계자가 줄어드는 취약한 환경 속에 놓여져 있다.

문화재청 등 관계기관은 취약한 전승환경을 개선하고 무형문화재 분야를 발전시키기 위해 다양한 지원정책을 시행하고 있으며, 기업에서도 사회공헌을 통해 무형문화재 보호 활동에 참여하고 있다. 기업 사회공헌의 참여 방법은 전승활동이 어려운 취약종목을 대상으로 안정적인 전승활동이 가능하도록 매달 일정한 금액을 후원하고 있으며, 대중들과 소통할 수 있는 전통공연과 전시활동에 필요한 비용을 후원하거나 무형문화재를 보고 배울 수 있는 문화체험교육 프로그램에도 도움을 주고 있다.

무형문화재의 건강을 위한 의료복지, 무상 종합건강검진과 백신 접종

무형문화재를 후원하는 기업 가운데 한독은 무형문화재 전승자의 건강관리를 지원하며 지원 방식은 무형문화재로 지정된 전승자들을 대상으로 종합건강검진을 무료로 받을 수 있도록 지원하거나 독감·폐렴 백신을 무료로 접종받도록 지원하고 있다.

> "인간문화재지킴이 프로그램으로 인간문화재들의 건강을 지켜주고 있으니 앞으로도 건강관리를 잘해서 우리 봉산탈춤을 더 많은 사람들에게 오랫동안 선보이도록 노력하겠다."
>
> – 봉산탈춤(국가무형문화재 제17호) 기능보유자 –

한독은 기업 경영활동과 연결시켜 무형문화재의 건강한 전승활동 지원을 목표로 삼고 있으며, 2009년 문화재청과 '인간문화재지킴이' 캠페인을 시작으로 본격적인 문화재 보호 활동에 참여하였다.

우선 '인간문화재지킴이' 종합건강검진 무료제공 프로그램은 국가무형문화재로 지정된 만50세~80세의 명예보유자·보유자[국가무형문화재 전승자는 명예보유자·보유자·전수교육조교·이수자·전수장학생으로 구분] 가운데 의료급여수급자를 대상으로 하며, 종합건강검진 대상자를 나누어 격년제(짝/홀수년)로 무료검진을 실시하고 있다. 2009년부터 현재까지 매년 실시하고 있으며 매해 종합건강검진 대상자는 30여명이다. 예방적 차원에서 지원한 건강검진 덕분에 대장용종, 골다공증 등을 미리 발견할 수 있어서 조기 치료에 도움을 줄 수 있었다.

그리고 국가무형문화재 보유자의 거주지를 고려해 지역별로 주요 협력병원을 선정하고 보유자들이 가까운 곳에서 건강검진을 받을 수 있도록 지원하고 있다. 인간문화재지킴이 협력병원으로 참여하고 있는 곳은 세브란스병원·아주대학교병원·대전을지병원·전남대학교병원·경상대학교

병원·제주대학교병원 등이다. 또한 거동이 불편한 보유자들을 위해서 병원까지 이동할 수 있는 차량을 지원하고 있다.

'인간문화재지킴이' 캠페인 협력병원을 대상으로 캠페인 로고가 새겨진 현판을 제작하여 전달하고 있다.

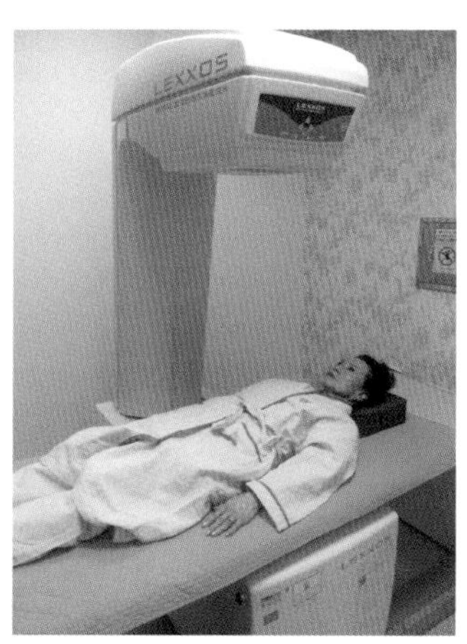

한독은 인간문화재의 건강한 전승활동을 돕고자 만50세~80세의 명예보유자 · 보유자 가운데 의료급여수급자 대상에게 격년제로 종합건강검진을 지원하고 있다.

건강검진 이외에도 전승자들은 대개 연세가 많아서 독감과 폐렴에 취약하며 심각한 합병증이 유발될 수 있는데, 2009년도 국내에서 발생한 폐렴 사망자의 90%정도가 65세 이상 고령자일 정도로 노년층에게 치명적인 질환이다. 이러한 위험을 예방하기 위해서 한독은 전승자들에게 무료로 독감과 폐렴 백신을 접종시켜주었다. 종합건강검진은 경제적 어려움을 겪는 의료급여수급 대상 보유자에게만 지원을 하였지만, 독감·폐렴 백신 예방접종은 보편적 의료복지 차원에서 모든 국가무형문화재 보유자 약 200여명이 전국의 121개 병원에서 독감·폐렴 예방백신 접종을 무료로 받을 수 있었다.

무형문화재 의료복지 후원에서 시민과 함께 나누는 문화복지로 확대

한독의 인간문화재지킴이 종합건강검진 및 독감·폐렴 예방접종 프로젝트는 전승자의 건강관리를 통해 그 분들이 지닌 기술과 예능이 건강하게 오래 지속되도록 돕는 지속가능한 문화재 보호의 실천 사례이다. 건강검진과 예방접종이 전승자만을 대상으로 한 전승차원의 문화재 보호 활동이었다면, 건강한 문화재 보호를 위한 전승자의 의료복지에서 머무르지 않고 보다 많은 시민들과 문화재의 가치와 의미를 함께 느끼고 공감할 수 있는 문화복지로 한독의 사회공헌 활동 영역은 확대되었다.

인간문화재지킴이 나눔공연을 통해 '봉산탈춤' 전승자와 함께 봉산탈춤의 문화적 특징과 역사를 배우고 공연을 보면서 무형문화재의 가치와 중요성을 공감하고 있다

'강강술래' 보유자와 함께 임직원들이 참여하여 전통문화체험 행사를 열거나, '하회별신굿탈놀이' 보유자와 함께 지역사회와 연계한 충북 음성지역의 양로원 어르신·소외계층 어린이를 초대하여 전통문화 나눔공연을 열기도 하였다. 또한 '조선왕조 궁중음식' 보유자와 함께 충북 음성지역의 다문화가정 주부들을 초대하여 궁중음식을 배우는 전통문화참여마당 프로그램을 운영하기도 하였다(2012~13년).

전통문화체험 프로그램 이외에 무형문화재를 알기 쉽게 전달하기 위한 홍보활동도 수행하였다. 한독은 문화재 보호 활동에 참여하면서 한독의 사외보를 통해 무형문화재의 가치와 아름다움, 전승자들의 삶과 철학 등을 회사 임직원, 관련기관 종사자 등에게 전달해 왔으며, 사외보에 게재된 내용과 자료가 축적되면서 전승자들의 깊은 이야기와 아름다운 활동사진 등을 더 많은 사람들과 공감하고자 한 권의 책으로 담아내기도 하였다.

한독과 함께하는 <인간문화재 지킴이> 참여마당

인간문화재 '정길자'에게 배우는

'추석 맞이 건강한 송편' 만들기

여러분, 인간문화재 선생님들이 어떤 활동을 하는지 잘 알고 있나요? 인간문화재는 우리 전통 문화를 이어오고 있는 살아있는 보물과 같아요. 그래서 한독은 인간문화재들이 보다 건강하게 우리 전통 문화를 전수하실 수 있도록 문화재청과 함께 매년 인간문화재에게 종합건강검진을 해드리는 <인간문화재 지킴이> 캠페인을 진행해오고 있답니다.

인간문화재 선생님들이 건강하게 활동하시는 것도 중요하지만, 우리들이 전통문화를 모른다면 문화유산이 건강하게 이어질 수 없겠죠? 그래서~ 인간문화재 선생님들에게 직접 전통문화를 배워볼 수 있는 시간을 마련했어요!

가족, 연인, 친구들과 함께 다가오는 추석을 맞이해 궁중병과 연구원 원장으로 계시는 인간문화재 정길자 선생님께 <추석맞이 건강한 송편> 만들기를 배워 보세요! 재미있는 명절 음식 이야기도 듣고, 송편과 다식을 직접 만들고 먹어 볼 수 있는 시간이 마련되어 있습니다^^

인간문화재 참여마당 '추석맞이 건강한 송편 만들기' 모집 홍보(한독 홈페이지 참조). 인간문화재를 초청하여 전통문화를 배우는 체험 프로그램을 운영하고 있다.

"경복궁은 국내외 관광객이 가장 많이 찾는 유명한 관광지 정도로만 여기고 있었는데, 안내해설을 듣고 우리문화를 대표하는 중요한 역사공간이며 일제강점기를 거치면서 훼손이 많이 되어 아픈 역사도 지닌 곳임을 알았다. 경복궁 경내 건물들을 청소하며 우리 문화재의 소중한 가치를 느낄 수 있었고 문화재 지킴이 봉사활동의 값진 의미도 몸소 체험할 수 있었다."

문화재를 통해 전통문화의 향유 기회를 확대하려는 노력은 또 다른 형태로 운영되었다. 한독의약박물관과 국립고궁박물관이 공동주최로 2014년 '조선왕실의 생로병사' 특별전을 개최하였다. 두 박물관이 중심이 되어 의약 관련 유물을 전시해서 '왕과 가족의 탄생', '왕의 질병과 사인'

등을 주제로 왕실과 조선시대 의약문화를 한 눈에 관람할 수 있었다. 또한 전시 이외에 강연회와 소화제만들기 등 다양한 문화체험도 제공하였다. 전시에 대한 호평과 함께 연장 전시와 부산 동아대학교석당박물관에서 순회전시가 이루어지기도 했다.

한편, 임직원과 가족들은 창덕궁·경복궁 등에서 문화재를 가꾸는 환경정화활동에도 참여하고 있으며, 환경정화활동과 함께 문화재 현장에서 보고 배우는 문화재 해설, 문화재체험 프로그램에도 참여해 문화재의 가치를 몸소 체험하는 시간을 갖고 있다.

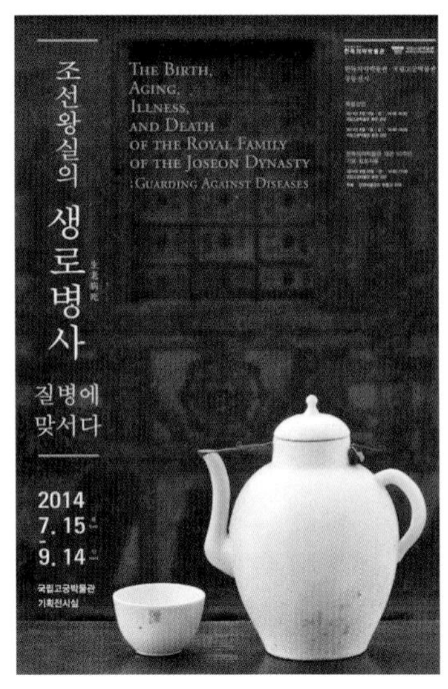

2014년 한독의학박물관, 국립고궁박물관이 공동주최한 '조선왕실의 생로병사' 특별전 포스터

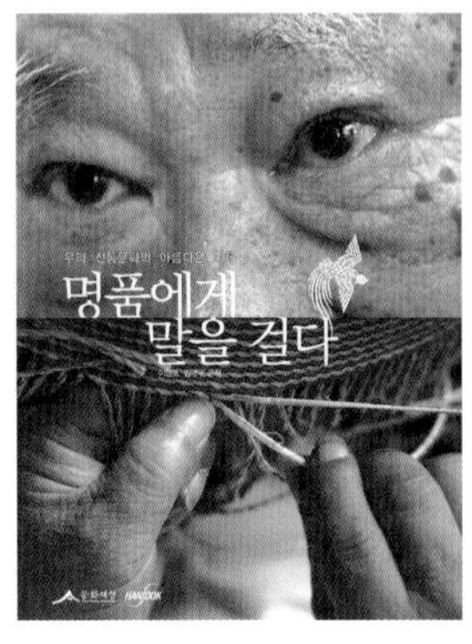

무형문화재의 가치와 아름다움, 전승자의 삶과 철학을 담은 〈명품에게 말을 걸다〉를 출간하여 무형문화재를 홍보하였다.

한독의 임직원이 경복궁에서 문화재지킴이 일상관리 자원봉사를 하고 있다.

건강한 문화재로 행복한 삶을 만들어가는 발걸음

최근 기업의 사회공헌은 보편화된 기업 활동이며 지속가능한 경영전략의 한 분야로 자리잡고 있다. 사회공헌에 대한 많은 관심과 참여가 이루어지면서 적지 않은 사회공헌 예산을 반영하고 있다. 대개 기업의 이상적인 사회공헌은 기업 활동과 연관성이 있으며 다른 기업과 차별화된 사회공헌을 지향한다. 현장의 사회공헌 담당자들 역시 공감하면서 애를 쓰고 있지만, 사회공헌의 이상과 경영자의 뜻을 담아내어 차별성 있는 기업활동 연계 사회공헌을 개발하기란 쉽지 않다.

차별화된 기업 연계형 사회공헌 측면에서 보면, 한독의 문화재 사회공헌은 이상적인 사회공헌 요소를 많이 담아내고 있다. 건강과 삶의 질을 향상시키기 위한 한독의 기업 미션을 사회공헌과 접목시켜 무형문화재 전승자들의 건강관리를 후원하면서 문화재 보호의 건강한 토대를 마련하는 성과를 보여주고 있다.

다음으로 보다 많은 사람들에게 공연·전시·체험 등 무형문화재를 보고 배울 수 있도록 기회를 제공함으로서 문화재를 통해 문화향유를 확대해 나가고 있는 점이다. 문화재를 잘 보호하기 위해서는 문화재의 형태와 기술 등을 온전히 보존하는 것도 중요하지만 문화재의 중요성과 가치를 공감하면서 문화를 서로 공유하고 그 혜택을 나누는 것도 중요하다. 문화향유는 문화재 보호의 주체의식과 창의적이고 다양한 문화를 형성하는데 영향을 주며 궁극적으로 삶을 풍요롭게 만들기 때문이다.

또 다른 주요 요소로서 사회공헌 참여자와 협력기관과의 파트너십을 들 수 있다. 건강지원을 받은 전승자들은 공연·체험행사에 보다 적극적으로 참여할 수 있었고 참여도가 높아진 문화체험 행사의 혜택은 행사에 참여한 시민들에게도 깊은 감동과 공감대를 형성할 수 있었다. 그리고 건강검진, 백신 접종 등에 참여한 병원에게 인간문화재지킴이 캠페인 협력병원 현판을 제공하거나 병원에 입원한 환자를 대상으로 무형문화재 공연을 개최하여 병원과 함께 문화재를 보호하는 참여의식과 공감대를 이끌어낼 수 있었다. 또한 문화재청 등 정부기관과도 상시적인 협력관계를 유지하면서 다양한 사업들을 추진할 수 있었다.

한독은 문화재 보호를 위해 무형문화재의 건강을 지원하는 의료복지에서 문화향유를 확대하는 문화복지로 사회공헌의 보폭을 넓히고 있다. 건강이 우리의 삶을 풍요롭고 행복한 삶으로 이끄는 바탕이 되듯이, 문화재의 건강을 돌보며 전통문화를 가꾸고 지키는 한독의 사회공헌은 건강한 문화재가 풍요로운 문화를 만들고 문화로 행복한 삶을 함께 가꾸어가는 발걸음으로 이어지고 있다.

한독, 문화재 사회공헌 활동

○ 참여분야 : 무형문화재 분야 건강관리 후원, 문화체험, 홍보, 문화재 현장자원봉사 등

○ 주요활동
- '인간문화재지킴이' 건강검진, 국가무형문화재 보유자 종합건강검진 후원 (2009년~현재)
- '인간문화재지킴이' 건강검진, 국가무형문화재 독감 · 폐렴 백신접종 후원 (2011년)
- '인간문화재지킴이' 나눔공연, 문화소외계층 대상 전통문화공연
- '인간문화재지킴이' 참여마당, '조선왕조 궁중음식 체험' 등 전통문화체험 프로그램
- 무형문화재 홍보 책자 발간 후원
- 임직원 참여 문화재 환경정화 자원봉사 참여

참고자료

- 한독 홈페이지(www.handok.co.kr)
- 전통문화 계승 위해, "인간문화재 건강, 우리가 지킨다"(조선일보, 2014.12.16.)
- 한독약품, 인간문화재 13인 인터뷰집 발간(약업신문, 2013.5.28.)
- 대기업 빰치는 CSR 우수 중견기업들(이데일리, 2014.10.13.)
- 조선왕실의 생로병사, 고궁박물관 · 한독박물관 기획전(연합뉴스, 2014.7.14.)

(주)하림

춥고 배고픈 천연기념물 독수리를 보호한다

천연기념물 보호 유형

일상에서 볼 기회는 거의 없지만, 가끔 영화나 다큐멘터리 등을 통해서 접하게 되는 독수리의 모습은 신비롭고 때로는 경외감마저 들게 한다. 드높은 창공을 가르는 모습, 검고 커다란 체형에서 느껴지는 카리스마, 기세 좋게 펼쳐진 두 날개는 왠지 모를 강한 기운과 자유를 느끼게 한다. 대자연의 풍경 속에서 느껴지는 강력한 자유라고 말할 수 있을까?

천연기념물(제243-1호) '독수리'

그런데, 우리들도 독수리를 볼 기회가 있다. 독수리는 겨울이 되면 몽골에서 추위를 피해 우리나라로 날아와 겨울을 지내는데, 이때 월동지에서 독수리들을 관찰할 수 있다. 하지만 우리가 생각했던 독수리의 당당한 풍모와 카리스마는 찾아보기 힘들다. 독수리가 처한 현실은 추위와 배고픔 등으로 힘겨울 따름이다. 독수리는 문화재인 천연기념물로 지정되어 보호받고 있는데 정부와 지자체, 기업 등에서 독수리 보호를 위해 여러 가지 지원사업과 활동이 이어지고 있다.

춥고 배고픈 독수리를 위해 닭고기 전문기업인 '㈜하림'이 참여하고 있다. 하림은 문화재 보호를 위한 사회공헌 활동으로 천연기념물 독수리에게 닭고기를 먹이로 제공하고 있다.

동물복지시스템 생산라인에서 자연환경 · 천연기념물 보호로 이어지는 사회공헌

㈜하림 홈페이지를 참조해 보면, 하림은 닭·오리 등의 가금류를 중심으로 양계, 축산물 가공, 판매에 종사하는 식품전문기업이다. 1978년 황등농장을 시작으로 1986년 ㈜하림식품에서 1990년부터는 ㈜하림으로 경영활동을 하고 있으며, 2014년 기준으로 국내 닭고기 부문 1위로 총생산 약 8억 수 중에서 약 34%(2억7천만 수)를 점유하고 있다. 2011년에는 미국 닭고기 기업(Allen Family Foods)을 인수하여 미국 시장에도 진출하고 있다.

식품산업 분야의 경영활동과 함께 다양한 사회공헌 활동을 진행하고 있는데, 주요 사회공헌 전략은 지역인재 양성, 지역사회 지원, 자연친화적 생태환경 보호이며 주로 지역사회와 연계하여 노인·저소득계층·사회복지기관 등을 대상으로 한 식품·생필품·행사 지원과 자원봉사, 문화예술상 시상, 초등 장학생 도서 수여 및 농가 자녀 장학금 지원, 청소년 문화탐방·진로체험·문화예술활동 지원 등이 있다.

▎하림 사회공헌 주요 전략과 활동 현황 ▎

지역인재양성 프로젝트	– 초등, 중등, 대학생 대상 장학금, 문화체험, 진로체험 등 후원
자연친화적 생태환경 프로젝트	– 천연기념물 보호 협약 및 기부 – 생태환경 보호 가족봉사단 운영
지역사회 물심양면 프로젝트	– 지역사회 사회복지, 안전, 문화예술 지원

사회공헌 활동 가운데 특이한 점은 동물복지 분야이다. 기업 활동 측면에서 보면, 축산환경과 도계·가공과정에서 친환경 축산시설 구축과 함께 항생제 남용을 줄이고 스트레스를 최소화하는 방식 등은 먹거리의 품질을 향상시킬 수 있다. 경영 효과뿐만 아니라 다른 측면에서 보면, 먹거리로서 축산물이 식용으로 희생되고 있지만 축산물의 피해와 고통을 최소화시켜 생명체로서 최소한의 배려를 고려한 동물복지의 일환으로도 볼 수 있다. 그리고 경영활동상 동물복지 개념이 확대되어 축산물 이외의 보편적 동물보호에도 관심을 갖게 되었다고 볼 수 있다. 결국 하림의 동물복지 분야 사회공헌 참여는 축산물 관련 식품업계로서 업(業)과 연계된 사회공헌의 고민에서 나왔다고 볼 수 있다.

사회적으로도 축산동물을 포함하여 반려동물, 실험동물 등에 대한 보호·관리·복지 등의 관심과 문제점 개선은 많이 언급되고 있으며 이미 많은 국가에서 관련 법제도를 운영하고 있다. 국가 간의 합의로 '유엔 세계동물복지 선언'(1985년)을 마련하고 미국·유럽을 중심으로 인도적 도살, 8시간 이상 운송 가축의 특별보호, 스트레스·고통 감소 도축 규정 등을 포함한 동물보호·동물복지 관련 법률 제정·운영과 함께 개선방안을 논의하면서 새로운 규정을 도입하고 있다.

우리나라도 '동물보호법'(1991년)을 제정하여 동물의 생명보호와 존중, 안전보장, 복지 증진 등의 목적과 함께 동물의 본래 습성과 신체원형을 유지하는 정상적인 생활, 갈증·굶주림·영양결핍의 해소, 고통·상해·질병에서의 보호, 공포·스트레스를 받지 않도록 사육·관리·보호되어야 한다는 원칙을 담아내고 있다. 최근에는 동물보호법을 강화하면서 사람과 동물이 함께 건강하고 안정적으로 공존하도록 사회인프라 구축과 동물방역·유기동물 입양·의료보험 등의 지원이 이루어지는 동물복지 패러다임으로의 전환, 맹견관리 등 다양한 사회적인 논의가 활발하다.

하림의 동물복지 분야 관심은 우선 경영활동에서 국내 최초로 유럽식 동물복지시스템 생산라인을 도입하였으며 그 성과로 동물복지 브랜드인 '프레쉬 업(Fresh-Up)' 제품을 출시하였다. 또한 제품 판매 수익금의 일부를 환경과 동물보호에 기부하기 위해 '환경실천연합'과 협약(2013년 7월)을 맺고 정기적인 후원활동을 하고 있다.

하림의 '피오봉사단 가족1기(2014년)' 프로그램 중 토종치어 방류 행사

국립생태원 탐방, 오염 하천 흙공 투척 정화활동, 재활용품 만들기, 환경 독후감 쓰기 등 환경보호 체험프로그램으로 구성되었으며, 또한 하림 정읍 공장을 방문하여 동물복지시스템을 적용한 공정과정을 견학하고 전반적인 동물복지의 의미와 중요성에 대한 교육을 받았다.

또한 2014년부터 '피오 봉사단'('피오'는 해피의 '피', 닭 울음소리 꼬끼오의 '오'에서 따온 단어이다)을 운영하여 임직원들이 야생동물 먹이주기, 환경정화활동 등 환경·동물보호를 위한 자원봉사 활동에 참여하고 있다. 그리고 봉사단의 외연을 확대시켜 일반인들이 참여할 수 있는 '피오 봉사단 가족'도 2014년부터 매년 운영하고 있다. 피오 봉사단 가족 프로그램은 가족단위로 모집되며 참여자들은 환경정화, 생태학습, 친환경 생활용품 만들기 등에 참여하여 자연환경과 동물복지의 중요성을 공유·체험하고 있다.

겉으로 드러난 풍모는 하늘의 제왕이지만 습성과 행동을 보면 소심한 독수리

하림이 동물복지 관련 경영방식을 본격적으로 시작한 것이 정읍 공장 설립을 통해 유럽식 동물복지시스템 생산라인을 도입한 것이라면, 대외적으로 동물복지 분야 사회공헌을 본격적으로 시작한 것은 문화재청과 협약을 통한 '천연기념물 독수리 먹이 지원 사업'이라고 볼 수 있다(2012년 1월). 이후에 '프레쉬 업' 수익금으로 후원하는 '환경실천연합'과의 협약(2013년 7월), 피오봉사단(2014년 2월) 활동이 차례로 이어지고 있다. 독수리 먹이 지원 사업은 처음에 문화재청의 요청으로 시작하였다. 몽골에서 한국으로 날아온 독수리의 먹이가 부족해 하림에게 민관협력 차원에서 문화재 보호를 위한 천연기념물 독수리 지원사업으로 제안한 것이었다.

하늘의 제왕이라고 불리는 독수리가 왜? 배고픔으로 위기에 처한 것인지 궁금할 수 있다. 하림의 독수리 먹이 지원 사업을 알아보기 전에 독수리에 대해서 먼저 살펴보자.

우리나라에서 겨울을 나는 독수리는 '구대륙독수리류'이며 전 세계에 2만 마리 정도가 살고 있다. 생존 여건이 나빠지고 개체수가 줄면서 국제적인 보호가 필요한 희귀종이다. 우리나라도 천연기념물(243-1호)로 지정하고 멸종위기야생동식물 2급으로 지정하여 보호하고 있다.

독수리는 몸체가 검은 갈색이며 몸길이는 1미터를 조금 넘기는데 두 날개를 펴면 2미터에 이른다. 머리 깃털은 빠져있거나 듬성듬성 나 있는데 이러한 모습 때문에 대머리 '독(禿)'자를 써서 독수리라고 한다. 머리 깃털이 없는 것은 우선 죽은 사체의 내장을 먹기 위해서 머리를 집어넣는

월동지에서 서식하는 천연기념물 독수리

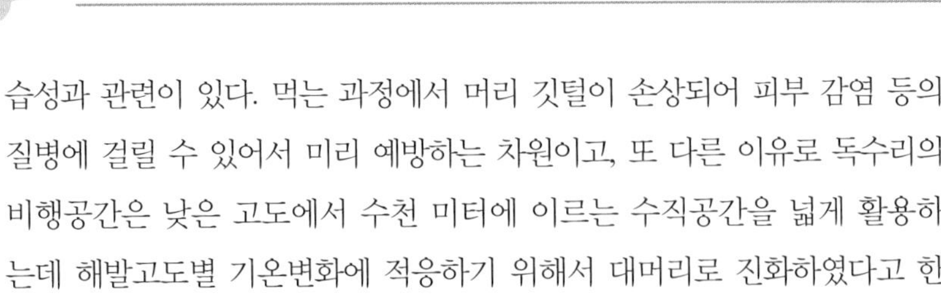

습성과 관련이 있다. 먹는 과정에서 머리 깃털이 손상되어 피부 감염 등의 질병에 걸릴 수 있어서 미리 예방하는 차원이고, 또 다른 이유로 독수리의 비행공간은 낮은 고도에서 수천 미터에 이르는 수직공간을 넓게 활용하는데 해발고도별 기온변화에 적응하기 위해서 대머리로 진화하였다고 한다. 한편 경계심이 많으며 울음소리는 병아리 소리와 유사하다.

독수리는 높은 나무나 절벽 위에서 둥지를 틀고 다른 독수리·수리·매류와는 다르게 사냥을 하지 않고 죽은 사체만을 먹는다. 자연생태계에서 청소부 역할을 하는 것인데 사체에서 나오는 나쁜 병균(탄저균 등)이 사람과 동물에게 감염되지 않도록 도움을 주는 역할도 하고 있다. 최근 국립문화재연구소, 국립중앙과학관 등의 공동연구를 통해서 세계 최초로 독수리의 유전체(게놈) 정보를 분석하였는데, 그 결과로 독수리가 면역·위산 분비와 관련된 특이한 유전자를 가지고 있어서 썩은 고기를 먹어도 질병과 병원균에 감염되지 않는 사실을 알게 되었다.

독수리는 야생동물이 많은 초원지대나 가축이 많은 곳을 찾아다니는데, 몽골 지역은 초원과 목축업이 발달해서 독수리에게 알맞은 주요 서식지이다. 또한 독수리는 찾기 힘든 먹이(사체)를 찾기 위해 넓은 행동권을 가지며 남쪽으로 내려오기도 하는데 겨울에 우리나라를 찾아오는 이유이기도 하다.

독수리의 커다란 몸집과 두 날개를 펼친 채 하늘을 가르는 모습은 일반적인 독수리의 이미지처럼 위용과 카리스마를 느끼기에 충분할 것이다. 하지만 사냥을 못하고 사체를 기웃거리거나 경계심이 많아 먹다가도 사람이 다가가면 달아나기도 하는 모습, 까마귀·까치 등에게 쫓기는 광경, 병아리 울음소리와 비슷한 소리 등 외형적인 풍모와 어울리지 않는 습성과 행동 때문에 독수리는 다른 맹금류와는 전혀 다른 인상을 갖게 한다. 소심하거나 순하고 덩치 큰 독수리로.

춥고 배고픈 독수리에게 닭고기를 제공하는 문화재지킴이 활동

독수리는 우리나라에서 겨울을 나는 겨울철새이다. 해마다 11월~3월 사이에 몽골에서 추위를 피해 날아오는데, 우리나라에서 월동하는 지역은 전국 48개소에 이르고 있으며 주로 비무장지대 부근인 파주 장단반도, 철원과 함께 경남 고성·산청 지역에서 월동하고 있다. 파주와 철원 일대는 우리나라 최대 축산단지가 있고 최근에는 축산농가가 많은 낙동강 유역으로 월동지역이 확대되고 있다.

겨울을 나기 위해 우리나라에 왔지만 여건이 좋은 것만은 아니다. 겨울철에 죽은 먹이를 구하는 것이 쉽지도 않고 추위가 심해지면 먹이를 찾지 못해 탈진하여 죽기도 한다. 그리고 농약과 독극물을 먹고 죽은 다른 동물의 사체를 먹어 2차 감염으로 죽거나, 때로는 감전 사고와 전깃줄과의 충돌로 다치거나 죽기도 한다.

천연기념물 독수리 이동경로(2012), 문화재청 홈페이지 참조

구조된 독수리를 치료한 후 위치추적장치(GCT-B2)를 달아 파주에서 방사하였는데, 북한과 중국을 거쳐 몽골에서 서식하였다가 다시 파주로 돌아온 이동경로를 표시한 것이다(2012년 3월~11월). 독수리의 이동경로에 대해서는 문화재청의 테마지도서비스인 '천연기념물 생태지도'에서 확인할 수 있다.

몽골에서 온 독수리가 2001년부터 1,000마리가 넘었고 2010년부터는 2,000마리를 넘는 수치를 보이고 있다. 자연생태계에서 죽은 먹이를 구하는 것은 점차 어렵게 되었지만 문화재청, 지자체, 조류보호협회, 기업, 개인 등이 독수리보호를 위해 먹이 주기 사업을 진행하여 우리나라에서 겨울을 나는 독수리가 증가한 것으로 보고 있다.

독수리 먹이주기 사업에는 하림도 참여하고 있다. 하림은 문화재청과의 '문화재지킴이' 협약을 통해 천연기념물 독수리 보호에 동참하면서 2011년 겨울부터 매년 약 20톤씩의 닭고기[死鷄]를 파주, 철원 지역에 제공하고 있다. 12월~3월 동안 월 2회에 걸쳐 2~3톤씩 도계공장에서 운반하여 전달하며 문화재청과 한국조류보호협회가 진행하는 독수리 먹이주기 행사에서 독수리들에게 제공되고 있다.

참고로 '독수리 생태·과학적 분석을 통한 효율적 관리방안(2010년)'의 연구자료를 보면, 독수리 1마리당 1일 먹이의 양은 500~800g이라고 한다. 우리나라에서 겨울을 나는 독수리가 2천마리가 넘고 있는데, 5개월간(11월~3월) 2천마리의 독수리가 최소한(500g)의 먹이로 겨울을 날 수 있는 총량을 단순하게 계산해 보면 150톤의 먹이가 필요하다. 하림이 독수리 보호를 위해 제공하는 닭고기의 양(약 20톤)은 우리나라를 찾는 독수리 먹이 총량의 약 15%를 지원하고 있는 셈이다. 물론 독수리가 스스로 자연에서 섭취할 수 있는 먹이의 양을 감안하면 독수리 보호를 위해 필요한 총량은 줄어들기 때문에 그 기여도는 15%보다 더 클 것이다.

천연기념물 독수리 먹이주기 행사
문화재청과 한국조류보호협회가 독수리, 두루미 등 겨울 철새 먹이주기 행사를 진행하는 모습(2013년 1월, 경기 파주). 독수리에게는 하림이 제공한 닭고기를 주고, 먹이주기 행사와 함께 조난되어 구조 · 치료한 독수리와 두루미를 방사하였다.

하림의 문화재 보호 활동은 천연기념물 독수리에게 닭고기를 지원하는 방식이다. 독수리는 겨울철에 구하기 힘든 먹이를 제공받아 생존의 도움을 받을 수 있으며, 정부·지자체는 천연기념물 보호를 위한 부족한 재원을 충족시킬 수 있는 혜택이 있다. 한편 하림의 입장에서는 기업의 경영활동과 연관된 사회공헌 활동이며 동물복지를 위한 윤리경영의 가치를 실천할 수 있는 주요 활동이기도 하다. 독수리 보호 활동은 독수리만을 돕는 것 아니라 정부와 기업의 활동을 지원하고 더 많은 가치를 만들어가는데 도움을 주는 것이다. 독수리 덕분에 남을 돕는 것이 자신을 돕는다라는 말을 다시 떠올리게 된다.

하림, 문화재 분야 사회공헌 활동

ㅇ 참여분야 : 천연기념물 보호

ㅇ 주요활동
- 천연기념물 독수리 먹이 제공 (닭고기, 연간 약 20톤)
- 천연기념물 보호를 위한 임직원 자원봉사, '피오봉사단' 운영

참고자료

- 하림 홈페이지(www.harim.com)
- 이 독수리, 썩은 고기 먹고도 건강하답니다(동아사이언스, 2014.3.31.)
- 독수리! 난 너의 정체를 알고 있다(네이버캐스트(백운기), 2013.2.15.)
- 고성, 국내최대 '독수리 월동지'로 자리잡았다(한겨레, 2014.2.13.)
- '동물복지법' 개정 진행 중, 동물학대 범위 · 처벌 확대(데일리벳, 2014.2.18.)
- 동물도 지각능력…사육 · 도축 고통없게, 축산업의 새로운 패러다임 '동물복지'(문화일보, 2015.2.4.)
- 환경의날 맞은 식품업계, 다채로운 친환경 캠페인 눈길(환경일보, 2015.6.5.)

자연환경 보호, 천연기념물 보호로 새로운 길을 찾다

천연기념물 보호 유형

멸종위기 천연기념물에게 전하는 따스한 햇살

문화재 중에 '천연기념물'이 있다. 문화재라고 하면 흔히 건축물·고문서·석탑·그림·전통공연 등을 떠올리는 사람이 많을 것이다. 천연기념물은 자연의 동·식물과 지질·광물 등을 대상으로 삼고 있으며, 역사문화적 가치와 과학적인 희귀성, 유전학 및 생물학적인 특성과 희귀성 등의 가치가 뛰어난 것을 지정하여 문화재 범주 안에서 보호하고 있다.

천연기념물(제238호)
어름치 치어 방류 행사

천연기념물과 관련된 흥미로운 사례가 있다. 2015년 제주흑돼지가 천연기념물이 되었다. 삼겹살 등 돼지고기를 좋아하는 사람들은 일명 제주똥돼지라고 해서 흑돼지를 맛좋은 고기로 인식하며 애용하고 있었는데, 천연기념물로 지정되었다고 하니 신기해하면서 흑돼지를 못 먹게 될까봐 걱정한 사람도 있다고 한다.

제주흑돼지는 중국 역사책인 '삼국지위지동이전'(285년)부터 옛 문헌에 등장하며 제주의 생활·민속·의식주·신앙 등과 밀접한 관련성을 갖고 있다. 그런데 새마을운동으로 제주의 전통화장실이 사라지고 외국 개량종과의 교잡으로 순수혈통의 개체수가 급격히 줄게 되었다. 1986년 제주축산진흥원에서 제주흑돼지 5두를 구입해 종 보존 번식사업을 시작하였고 국가 유전자원 확보 차원의 생물학적 가치와 함께 문화·향토적 가치가 뛰어나 제주흑돼지를 천연기념물로 지정하였다. 다만 제주 축산진흥원에서 사육중인 순수혈통 흑돼지 260여마리가 보호받는 천연기념물 대상이며, 축산진흥원을 벗어났거나 개량화된 흑돼지 등은 천연기념물이 아니므로 식용이 가능하다. 제주흑돼지가 천연기념물과 식용으로 구분되니 그동안 먹던 제주똥돼지는 걱정없이 먹어도 된다.

대자연의 공간에서 살아가는 우리는, 우리가 만든 소중한 가치를 보호하는 것도 중요하지만 더불어 살아가는 많은 동식물과 우리 삶의 터전이 되는 자연환경을 오롯이 지켜야할 책임과 의무가 있다. 이러한 책임과 의무에 동참하는 방법으로 멸종위기에 처한 천연기념물을 보호하는 에쓰-오일의 사회공헌 활동이 주목된다.

> "우리사회에 필요한 에너지를 제공하는 기업으로서 사회적 책임을 갖고 영웅과 환경, 지역사회를 지키기 위한 노력에 최선을 다한다."

에쓰-오일은 '햇살나눔 캠페인'이라는 사회공헌 통합 프로그램을 운영하며 환경, 영웅, 지역사회, 소외이웃 분야에서 다양한 사회공헌 활동을 수행하고 있다. 그 가운데 환경분야의 '천연기념물 지킴이'는 문화재 보호 활동 프로그램이다. 천연기념물 지킴이 사업은 멸종 위기에 처한 천연기념물 보호를 위해 종 보존연구, 치료, 먹이주기, 개체수 증대 및 방류 외에 천연기념물의 이해를 돕고 천연기념물의 가치와 중요성을 널리 알리기 위한 자연생태교육·체험, 대학생지킴이단 운영, 홍보 등 다양한 활동을 하고 있다. 2008년 천연기념물 수달을 시작으로 두루미, 어름치, 장수하늘소를 보호종으로 선정하여 든든한 후원자 역할을 하고 있다.

햇살처럼 따뜻한 사랑을 환경, 영웅, 지역사회, 소외이웃과 나누다.

에쓰오일은 정유·윤활·석유화학사업 분야의 종합에너지회사이다. 1976년 국내 최초로 산유국과 원유소비국 간 합작 정유회사로 출발하였고 한이석유, 쌍용정유를 거쳐 현재 에쓰-오일의 회사명으로 경영활동을 하고 있다. 에쓰오일은 하루 약 67만 배럴의 원유를 정제처리하고 화학섬유 기초원료인 파라자일렌의 생산능력은 연간 약 183만톤이며 석유제품 생산물의 약 60%를 수출하고 있다.

에쓰-오일은 종합에너지회사로서 생산가치·설비 경쟁력 향상, 글로벌 사업확대, 연구개발 및 신성장 사업개발 등의 사업상 비전을 가지면서 지속가능한 경영의 일환으로 사회공헌 활동을 경영원칙의 7대 과제로 선정하여 체계적인 사회공헌에 주력하고 있다.(이상 《2016 에쓰-오일 지속가능성보고서》 참조)

사회공헌 통합 프로그램인 '햇살나눔 캠페인'은 햇살처럼 따뜻한 사랑을 사회에 널리 나누기 위해 영웅, 환경, 지역사회, 소외이웃의 4대 사회공헌 지킴이 프로그램으로 운영하고 있다. 사회공헌은 효과성·적시성·수혜자 중심의 3대 원칙을 근간으로 전담부서(인력)를 두고 관련 비영리단체 등 전문기관과의 협력 사업을 통해 사회공헌의 효율성을 높이면서 직원·고객·지역사회 등 다양한 주체가 참여하는 기회를 제공하고 있다. 4대

사회공헌 프로그램 이외에도 사회봉사단 운영과 급여 우수리 나눔, 1인 1나눔 계좌 갖기 프로그램을 운영하면서 울산복지재단과 과학문화재단을 운영하고 있다.

"천연기념물을 지키는 활동은 우리 후손들에게 온전한 자연 환경을 물려주기 위한 구체적인 실천이다."

에쓰-오일의 주요 사회공헌 대상 중 하나가 환경이다. 환경 분야는 우리 삶의 터전을 가꾸고 지키는 문제이며 산업화와 개발로 인한 환경파괴·기후변화 등으로 미래 인류의 안전한 생활터전을 고민하게 만드는 글로벌 이슈로 언급되고 있다.

에쓰-오일, 소방영웅지킴이 시상식

기업은 경영활동에서 발생할 수 있는 환경오염과 환경사고 등으로 환경피해의 당사자로서 사회적인 지탄을 받기도 한다. 한편 부정적인 환경영향을 최소화하는 책임과 지속가능한 경영활동을 위해 환경경영시스템을 구축하는 등 다양한 대책을 마련하기도 한다. 특히나 정유업종은 특성상 원료의 취급, 제조, 운반, 공급 등의 과정에서 환경적인 문제에 상시적으로 노출되어있기에 더욱 민감하게 환경경영시스템에 투자하고 있다. 에쓰-오일의 경우 에쓰-오일 지속가능경영 리포트(2013)에 따르면 환경경영시스템 구축을 위해 환경성과평가시스템, 환경회계시스템 등을 도입하고 환경친화적 시설과 공법, 제품생산에 대한 투자, 에너지절감·효율개선 등이 이루어지고 있다.

‖ 에쓰-오일 사회공헌 전략과 비전 ‖

(기업소개 자료 참조)

에쓰-오일은 친환경적인 제도·시설·공정·교육·대내외 협력 등의 경영 활동 이외에 사회공헌 분야에서도 환경 분야에 많은 관심과 참여가 이루어지고 있다. 특이한 점은 멸종 위기에 처한 천연기념물을 보호하여 환경 피해를 입은 자연 생물종의 치유와 안전망 구축에 참여함으로서 문화재 보호와 함께 환경보호에도 기여하고 있다.

천연기념물 수달 보호를 시작으로 문화재 사회공헌과 인연을 맺다.

에쓰-오일은 환경 분야의 차별화된 사회공헌을 위해 천연기념물 보호에 참여하고 있다. 2008년 문화재청과 '문화재지킴이' 협약을 맺고 첫 번째 보호 대상으로 수달을 선정하고 구호·치료·야생방사, 천연기념물보호 홍보캠페인, 어린이 환경생태교육, 서식지 환경정화 봉사활동을 시작하였다. 또한 전문기관인 (사)한국수달보호협회도 사회공헌 사업에 동참해 실질적인 수달 보호 활동을 주관함으로서 사회공헌 활동의 효과와 전문성, 지속성을 확보할 수 있었다.

수달(천연기념물 제330호)은 족제비과에 속하는 동물로 전 세계적으로 13종이 있다. 우리나라에는 1종이 서식하며 전 지역에서 발견되지만 개체수가 적은 희귀종이다. 주로 중부 이북지방의 산간 하천가에서 서식하는데 사람들이 함부로 포획하고 하천이 오염되면서 먹이가 감소해 수달의 수가 급격히 줄어들었다. 수달은 멸종위기에 처해 2012년 멸종위기 야생생물1급으로 지정되었으며, 그에 앞서 물속에서 생활하는데 알맞게 발달한 포유동물로서 그 가치를 인정받아 1982년부터 천연기념물로 지정되어 보호받고 있었다.

수달
족제비과의 동물로 전 세계적으로 13종이 있으며 우리나라에는 1종이 서식하고 있다. 주로 중부 이북지방의 산간 하천가에서 서식하는데 사람들이 함부로 포획하고 하천이 오염되면서 먹이가 감소해 수달의 수가 급격히 줄어들었다. 멸종위기에 처해있고 생물학적인 가치로 1982년부터 천연기념물로 지정하여 보호하고 있다.

천연기념물 수달의 보호 활동은 어떻게 이루어지고 있을까? 우선 치료가 필요한 수달이 발견되면 한국수달연구센터 보호시설로 옮겨진다. 그곳에서 건강회복을 위한 전문가의 치료가 시작되고 이후 건강해진 수달을 다시 야생으로 방사한다. 방사 장소는 주로 강원도 비무장지대에서 이루어진다. 수달을 야생으로 방사할 때에, 에쓰오일 임직원과 대학생천연기념물지킴이단·어린이교실 참가학생들, 그리고 문화재청과 지자체 등

관계기관이 함께 참여하고 있다. 방사 행사를 통해 천연기념물 수달 보호의 노력을 공유하고 수달 보호의 중요성을 현장에서 직접 인식하는 형태로 수달 보호 홍보캠페인에 동참하고 있다. 이러한 수달 보호 활동은 전문기관인 한국수달보호협회가 구조·치료·방사활동에 참여하고 에쓰-오일은 수달보호에 들어가는 비용을 후원하면서 방사 및 홍보 캠페인도 진행한다. 그리고 문화재청과 지자체는 행정지원 형태로 협력하고 있다.

한편 수달 보호 활동은 구조된 수달을 치료하여 자연에 돌려주는 역할뿐만 아니라 수달의 야생생태연구에도 도움을 주고 있다. 방사되는 수달의 몸에 무선추적장치를 삽입해서 수달과 비무장지대 자연생태계에 대한 이해의 폭을 넓혀주고 있는데, 최근에는 수달이 비무장지대를 통해 남과 북을 자유롭게 왕래한다는 언론기사가 나오기도 했다.

구조된 수달을 치료한 후 비무장지대에서 수달 자연방사 행사를 진행하고 있다.

수달에 이어 두루미, 어름치, 장수하늘소로 천연기념물 보호종을 확대하다.

에쓰-오일은 2008년 수달 보호를 시작으로 2009년에는 두루미, 2010년에는 어름치, 2013년에는 장수하늘소를 보호대상종으로 선정하여 후원하고 있다. 보호대상종의 양적 확대를 고려하면서 포유류, 조류, 어류, 곤충류로 구분하여 유형별로 다양한 천연기념물 보호종을 후원하는 방식이다.

> "환경 분야의 독창적이고 차별화된 사회공헌을 찾던 중에 천연기념물의 가치와 중요성을 인식하면서 문화재지킴이 활동에 참여하였다. 문화재청과 수달보호협회 등 관계기관과 파트너십을 맺고 문화재 보호 활동에 직접 기여하는 효과뿐만 아니라, 천연기념물지킴이 활동에 참여한 청소년, 대학생, 임직원, 고객 등이 천연기념물의 소중함을 알아가는 모습에서 보람을 느낀다."

참고로 에쓰-오일이 후원하는 천연기념물 보호종은 우리의 관심과 보호가 필요한 멸종 위기에 처한 생물이다. 예를 들어, 두루미는 시베리아 우수리지방과 중국 북동부, 일본 홋카이도 동부 등지에서 번식하며 겨울에 중국 남동부와 한국의 비무장 지대에서 겨울을 나는 철새이다. 장수와 고귀함을 상징하는 십장생의 하나로, 예전에는 10월 하순부터 수천 마리의 두루미 떼가 찾아와 겨울을 지냈으나 지금은 경기도 파주시 군내면 대성동 자유의 마을, 경기도 연천군, 강원도 철원군 주변의 비무장지대 부근과 인천, 강화도 부근의 해안 갯벌에 수백 마리씩 찾아오고 있다. 현재 전 세계에 3천여 마리만 생존하고 있어 우리나라와 세계자연보존연맹(IUCN) 등에서 멸종위기 야생종으로 보호하는 세계적인 희귀종이다.

'어름치'는 한국 특산어로 한강지류인 정선·충주·양평·인제 지역과 금강 상류인 금산·무주·진안 지역 등 큰 강 중·상류의 1급수에서만 서식하는 희귀 어류종이다. 일부 지역에서만 서식하는 점과 함께 수질 변화에

민감하고 물밑 바닥에 자갈이 깔려 있는 곳을 골라 알을 낳아 수정한 뒤 자갈을 모아서 산란 탑을 쌓는 독특한 습성으로 인해 학술적 가치가 있다. 서식지 하천의 수질이 나빠지고 마구잡이 포획에 따른 개체 수 감소에 따라 현재 특정 보호어종으로 지정되어 채취·포획·가공·유통이 금지되어 있다.

'장수하늘소'는 동북아 지역에서 서식하는 곤충 중에서 몸집이 가장 크다. 1970~80년대까지는 종종 발견되었으나 이후 개체 수가 급격히 감소하여 현재는 국내에서 멸종된 것으로 알려진 희귀 곤충이다. 영월 천연기념물곤충연구소가 북한에서 들여와 4년여 만인 2012년 5월 인공 증식에 성공한 것이 현재 국내에서 유일하게 생존하는 개체로 여겨졌으나 2014년 8월 국립수목원이 광릉 숲에서 자연산 장수하늘소를 발견하기도 하였다.

▌천연기념물 보호 캠페인을 위해 제작한 에쓰-오일 보호대상 캐릭터▐

수달 (천연기념물 제330호) / 두루미 (천연기념물 제202호) / 어름치 (천연기념물 제238호) / 장수하늘소 (천연기념물 제218호)

앞서 살펴본 바와 같이 에쓰-오일은 수달의 구조·치료·방사 등 보호 활동을 지원하는데, 두루미 경우에는 강원도 철원 지역으로 추운 겨울을 피해 찾아온 두루미에게 먹이를 주거나 다친 두루미를 치료하는 약품을 지원하고 안정적인 겨울나기가 가능하도록 서식지를 온존히 보존하는데

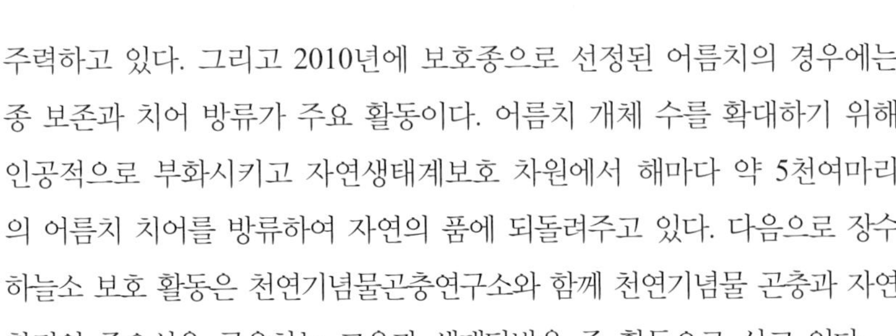
주력하고 있다. 그리고 2010년에 보호종으로 선정된 어름치의 경우에는 종 보존과 치어 방류가 주요 활동이다. 어름치 개체 수를 확대하기 위해 인공적으로 부화시키고 자연생태계보호 차원에서 해마다 약 5천여마리의 어름치 치어를 방류하여 자연의 품에 되돌려주고 있다. 다음으로 장수하늘소 보호 활동은 천연기념물곤충연구소와 함께 천연기념물 곤충과 자연환경의 중요성을 공유하는 교육과 생태탐방을 주 활동으로 삼고 있다.

정부 · 전문기관 등과 지속가능한 천연기념물 보호 협력관계를 맺다

멸종위기에 처한 천연기념물 보호의 전문성·효과성·지속성을 위해 각 보호종별로 전문기관과 파트너십을 맺고 멸종위기 생물종의 서식지 보호, 생물종 복원과 개체 수 증대에 대한 보호와 연구 활동 등에 후원하고 있다. 파트너십을 체결한 전문기관으로 수달은 한국수달보호협회, 두루미는 한국두루미보호협회와 조류보호협회, 어름치는 한국민물고기보존협회, 장수하늘소는 천연기념물곤충연구소가 있다.

에쓰오일은 천연기념물 보호종의 연구지원과 함께 관련 행사의 비용을 후원하고 있으며, 각 전문기관들은 종 보호와 연구활동에 참여하면서 어린이 천연기념물교실·대학생천연기념물지킴이단 활동 등의 프로그램을 지원하여 천연기념물 교육·체험과 보호의식 향상에 기여하고 있다. 전문기관 이외에 수달과 두루미가 서식하는 비무장지대(DMZ) 관할 군부대와도 자매결연을 맺어 천연기념물 보호와 비무장지대 생태체험 등을 위한 파트너십을 구축하였다. 또한 천연기념물 체험프로그램의 효과적인 운영을 위해 사회복지 전문단체인 '기아대책'을 파트너 기관으로 선정하여 진행하고 있다.

수달보호 협약 (한국수달보호협회)

두루미보호 협약 (한국두루미보호협회, 조류보호협회)

어름치보호 협약 (한국민물고기보존협회)

장수하늘소보호 협약 (천연기념물곤충연구소)

천연기념물을 통해 함께 성장하는 미래 꿈나무와 환경리더

수달, 두루미, 어름치, 장수하늘소의 종 보호 활동 이외에 에쓰-오일이 주력하는 분야가 서식지보호, 생태체험, 교육 등이다. 자연환경의 소중함과 천연기념물의 가치에 대해 올바른 이해가 필요하며 자연과 인간이 더불어 살아가는 환경조성의 공감대를 확산시키는 것이 중요하기 때문이다.

"처음에 천연기념물은 생소하게만 느껴졌는데, 대학생천연기념물지킴이단으로 참여하면서 조금씩 천연기념물을 이해할 수 있었고 자연과 천연기념물을 가꾸고 지켜가는 작은 실천에 뿌듯함을 가질 수 있었다."

대학생천연기념물지킴이단의 영월습지생태교육

에쓰-오일의 임직원·가족·고객 그리고 대학생·청소년들이 참여할 수 있는 다양한 천연기념물 보호 프로그램을 후원하는데, 대학생천연기념물지킴이단은 2009년부터 미래의 환경리더를 육성하고자 생물학, 생명과학 분야의 대학(원)생 그리고 자연생태보호에 관심이 있는 학생들을 매년 40명씩 선발하여 진행하고 있다. 선발된 대학(원)생들은 서식지 보존활동, 자연생태 교육·현장탐방, 온·오프라인 홍보에 참여하고 있다. 세부적으로는 기수별로 발대식을 시작으로 여름·겨울에 열리는 캠프에 참여하는데 수달 등 천연기념물 이해교육, 자연생태 관찰·천연기념물 관련기관 탐방, 두루미 모이주기, 어름치 방류행사, 천연기념물 서식지 보호를 위한 환경정화활동, 천연기념물 서식지 인근 지역축제에서 천연기념물 홍보부스 운영, 블로그·SNS 등을 활용한 천연기념물(보호) 홍보 등 다양한 천연기념물 보호 활동에 참여하고 있다.

다음으로 저소득 가정의 청소년을 대상으로 '어린이 천연기념물 일일교실'과 '어린이 생태캠프(2박3일)'를 운영하고 있다. 일일 교실과 생태캠프는 화천(수달), 청평(어름치), 철원(두루미)의 천연기념물 서식지를 방문하여 현장에서 천연기념물과 자연생태계를 이해하는 교육과 함께 직접 보고 만져 볼 수 있는 자연체험 프로그램으로 구성되어 있다. 생태캠프는 천연기념물 이외에 천체관측, 농촌생활체험 등 다양한 체험 프로그램도 함께 제공하고 있다. 일일교실과 생태캠프는 자연환경을 이해하는 교육과 자연과의 교감을 통해 건강한 정서를 함양하는데 기여하고 또한 저소득 가정을 대상으로 운영하여 문화향유의 불평등 해소에도 기여하는 효과를 얻고 있다. 2008년부터 시작된 어린이 천연기념물 프로그램에 참여한 어린이는 2016년까지 3,260명이다. 한편 에쓰-오일의 내부고객인 임직원(가족)이 참여하는 천연기념물 보호 자원봉사와 체험프로그램도 2008~2016년까지 34회를 운영하고 3,948명이 참여해 왔다.

어린이 천연기념물 일일교실

천연기념물 캐릭터 개발과 다양한 홍보매체 활용으로 천연기념물을 알린다.

에쓰-오일의 문화재 사회공헌 활동에서 주목되는 분야는 홍보이다. 우선, 눈에 띄는 것은 천연기념물 보호종별로 캐릭터를 제작해 천연기념물을 친숙하고 정감어린 대상으로 표현하고 있다. 천연기념물 캐릭터는 천연기념물 보호를 위한 공익홍보용으로 신문·TV·사보·주유소 매거진 등 다양한 홍보매체에서 사용되고 있으며, 에쓰-오일에서 제작한 우편봉투 등 사무용품에도 천연기념물 캐릭터가 적용되어 회사 안은 물론 대외적으로 자연스럽게 천연기념물을 알리는 생활밀착형 홍보 효과를 얻고 있다.

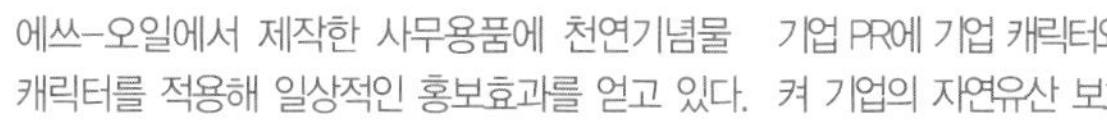

에쓰-오일에서 제작한 사무용품에 천연기념물 캐릭터를 적용해 일상적인 홍보효과를 얻고 있다.

기업 PR에 기업 캐릭터와 천연기념물 캐릭터를 함께 등장시켜 기업의 자연유산 보호 활동 메시지를 전달하고 있다.

한편, 에쓰-오일의 온산공장이 소재한 울산지역을 대상으로 지역사회 연계 문화재 사회공헌 활동이 이루어지고 있다. 온산공장에서 120여미터 떨어진 곳에 '목도'라는 작은 섬에 서식하는 상록수림이 천연기념물로 지정되었는데, '울주 목도 상록수림(천연기념물 제65호)'의 보호를 위해 에쓰-오일 환경봉사팀과 전문기관인 '울산생명의숲'이 함께 목도 주변의 생활쓰레기와 해초 등을 치우고 상록수림을 돌보는 활동을 하고 있다.

또한 천연기념물 보호 이외에 울산시의 대표적 문화자원인 태화루의 복원에도 기여하였다. 태화루는 진주의 촉석루, 밀양의 영남루와 함께 영남의 3루로 불리웠는데, 신라 선덕여왕 때 건립되고 임진왜란 전후에 멸실되었다고 한다. 2014년 울산시는 역사성 복원과 문화향유의 시민공간을 조성하고자 태화루를 복원하였으며 태화루 복원 사업비 총 507억원 중에서 에쓰-오일이 100억원을 후원하였다.

자연과 더불어 살아가는 나눔의 실천을 위해 천연기념물 보호 활동의 지속

에쓰-오일의 문화재 사회공헌은 환경 분야의 사회공헌 대상을 확장시켜 문화재 중 자연유산에 속하는 천연기념물을 보호하며 천연기념물의 종 보호뿐만 아니라 천연기념물의 가치를 이해하고 체험할 수 있는 교육·캠프 형태와 함께 보호 종의 캐릭터를 활용해 적극적인 생활밀착형 홍보 활동도 진행하고 있다.

에쓰-오일의 문화재 사회공헌의 특징은 무엇일까? 우선 사회공헌 대상 선정의 차별성이다. 대개 문화재 분야에서 기업은 자연유산보다 문화유산 부문에서 더 많이 참여하며 천연기념물이 문화재에 속하는지 잘 모르는 경우도 많다. 또한 전체 사회공헌 대상을 보더라도 사회복지 분야가 월등히 참여율이 높고 환경보존 분야는 1~2%의 참여율만 보이고 있다.

결국 에쓰-오일의 천연기념물 보호 활동은 상대적으로 참여율이 적은 분야를 선택함으로서 다른 기업 사회공헌과 비교해 차별성을 우위에 두고 있다.

또한 기업-환경-문화재와 연결된 다중적 사회공헌 효과를 보여주기도 한다. 에쓰-오일은 석유화학제품을 다루는 기업의 특성상 환경 이슈에 민감할 수밖에 없으며 범지구적 과제인 환경 분야의 이슈에 적극 대응할 필요가 있다. 이러한 배경에서 환경 분야는 에쓰-오일의 주요 사회공헌 전략대상이기도 하다. 환경 보호 사회공헌 전략이 자연유산(천연기념물) 보호와 결합되어 문화재도 지키고 환경도 보존함으로서 문화재와 환경 2개 분야 모두 기여하는 결과를 낳게 되고, 한편에서는 환경 이슈에 적극 대응하는 기업의 지속가능한 경영활동 효과도 보여주게 된다.

에쓰-오일의 문화재지킴이 천연기념물 보호 10주년을 기념해 천연기념물 캠페인과 발대식 개최

또 다른 특징은 다양한 전문기관과 지속적으로 사회공헌 파트너십을 맺어 문화재 보호 활동의 전문성과 효과성, 지속성을 높이는 점이다. 천연기념물 관련 전문연구기관과 파트너십을 맺고 후원함으로서 천연기념물

보호 활동의 전문성과 효과를 높이는 것은 물론 천연기념물 생태체험·교육·캠프 운영에도 도움을 받을 수 있었다. 또한 전문 사회복지기관에게 생태체험·교육·캠프의 운영을 위탁하고 문화재청·지자체·군부대 등 관계 기관과의 파트너십으로 천연기념물 보호 활동의 효율성을 높일 수 있었다. 또한 모든 파트너 기관과 지속적인 후원·협력 관계를 유지함으로서 신뢰와 소통을 기반으로 함께 발전적인 사회공헌을 만드는 동반자적 관계로 성장할 수 있었다. 끝으로 천연기념물 소재의 친숙한 캐릭터 개발과 생활밀착형 홍보의 사례를 만든 점이다.

에쓰-오일의 '햇살나눔 캠페인' 환경보호 사회공헌은 천연기념물 보호라는 새로운 길을 통해 정부·지자체·NGO·연구소 등과 함께 따스한 온기를 전하고 있다. 나눔의 온기는 수달, 두루미, 어름치, 장수하늘소를 넘어 더 많은 천연기념물이 자연 안에서 사람과 더불어 안전하게 공존할 수 있도록 다양한 고민과 해법을 찾는 과정으로 이어지고 있다.

에쓰-오일, 문화재 분야 사회공헌 활동

ㅇ 참여분야 : 멸종위기종 천연기념물 보호, 홍보, 생태체험 · 교육, 현장자원봉사 등

ㅇ 주요활동
- 멸종위기 보호종 천연기념물 보호 후원대상 선정
  (수달, 두루미, 어름치, 장수하늘소)
- 멸종위기 보호종 천연기념물 보호 후원
  (구조 · 치료 · 방사 · 먹이주기 · 서식지보존 등)
  * 후원기관 : 한국수달보호협회, 한국두루미보호협회 · 조류보호협회, 한국민물고기보존협회, 천연기념물곤충연구소
- '어린이 천연기념물 일일 교실', '어린이 생태 캠프', '대학생천연기념물지킴이단' 운영
- 임직원, 고객, 어린이, 대학생 등 참여 천연기념물 보호 행사
- 멸종위기 보호종 천연기념물 캐릭터 개발 및 홍보

참 고 자 료

- 에쓰-오일, 《S-OIL 2016 SUSTAINABILITY REPORT》, 2017.
- 동아일보, 우리 사회의 영웅에 작지만 큰 힘 보태(2014.4.7.)
- 파이낸셜뉴스, 2014 대한민국 국토도시디자인대전 역사 · 문화 · 환경 국토교통부장관상/울산시-태화루(2014.9.28)

SHINSEGAE
CHOSUN HOTEL

최고의 호텔서비스를 넘어 문화재관리의 서비스 달인을 꿈꾸다

시설관리 유형

문화재관리에도 품질과 품격이 있다. 문화재의 가치를 올바르게 이해하고 숙련된 기술로 관리·운영을 할 때 문화재의 가치가 온전히 지켜질 것이며 문화재를 통해서 전달되는 문화의 향기가 오롯이 사람들에게 공유될 것이다. 문화재관리의 품질을 높이고 문화재의 품격을 더하기 위한 기업 사회공헌 활동이 주목되고 있다. 바로 호텔관리, 고객서비스 분야의 전문성을 활용해 문화재관리·운영에 도움을 주는 신세계조선호텔의 문화재 사회공헌이다.

덕수궁 석조전(대한제국역사관) 관리 지원

신세계조선호텔은 호텔·외식·면세사업 등을 운영하며 2006년~2009년까지 세계 100대 호텔에 연속 선정되는 등 국내외 호텔업계를 대표하고 있다. 또한 가장 오래된 호텔의 역사를 가지며 근현대사를 가로지르는 주요 현장이기도 하였다. 신세계조선호텔의 역사는 아픈 역사적 현실에서 출발하고 있다. 서울의 조선호텔이 터 잡은 곳은 원구단(환구단, 圜丘壇)이 있던 곳으로 근대 자주독립 국가를 지향하던 대한제국이 하늘에 제사를 지내고 고종황제가 즉위했던 장소이기도 하다. 지금은 하늘과 땅 그리고 해·달·별·산·하천, 조선왕조 태조 등의 신위를 모신 황궁우(皇穹宇)만이 남아서 옛 대한제국 시기의 역사를 한 켠에서 품고 있다.

원구단은 1913년 일제에 의해 허물어지고 그 자리에 1914년 서양식 4층 건물의 '조선호텔'이 세워지게 되었다. 해방 이후에는 미군정 사령부·미군 고급장교 숙소, 이승만·서재필의 집무실 등으로 사용되기도 했다. 1963년 교통부 직영에서 국제관광공사(현재 한국관광공사)로 관할권이 넘어간 후 건물이 낡고 관광객이 늘어난 배경에서 1967년 국제관광공사와 미국 항공사(American Airline)가 공동투자해 옛 조선호텔 건물을 허물고 현재의 20층 건물로 다시 지었다. 이후 미 대통령·싱가포르 수상·호주 총리 등 국가수반이 머물렀으며, 1979년 미국 웨스틴호텔 그룹이 투자하면서 조선호텔의 명칭이 '웨스틴조선호텔'로 바뀌었다.

황궁우의 내부 모습

위에서 바라본 원구단 전경

1995년 신세계그룹이 웨스틴의 지분을 완전히 인수해 국내 자본으로 운영되면서 이름도 '신세계조선호텔'로 바뀌게 되는 과정을 거치게 된다. 하늘과 지상을 연결하며 근대 자주 국가의 상징적 공간이었던 원구단이 일제에 의해 상처 입게 되고 근현대사를 거치면서 한국의 정치·경제·외교와 함께 호텔 산업의 중심 공간으로 변화하는 모습을 보여주고 있다.

신세계조선호텔은 호텔업과 관련된 사회공헌을 중심으로 다양한 사회공익 활동을 하고 있다. 주요 사회공헌 활동을 보면, 서울시와 함께 노숙인의 자립지원과 일자리 제공을 위해 호텔리어 교육(이론·현장)과 서울 주요호텔에 호텔리어로서 취업하도록 지원하는 프로그램이 있다(2013~2014년). 2014년에는 창립 100주년을 기념해 엄홍길휴먼재단과 함께 네팔 안나푸르나 지역에 '조선호텔 휴먼스쿨(3층)'을 건립하는 것을 지원하였다. 지역의 열악한 교육환경 개선을 위해 학교를 지어주고 매년 교육·환경미화 등의 봉사활동과 함께 학생들에게 학용품도 지원해 주었다. 또한 전통문화 활성화를 후원하고 문화체험 기회를 확대하고자 국립전통예술고등학교에 장학금과 한류축제 행사를 지원하고 호텔에서 국악공연도 개최하였다.

노숙인 자활자립 '희망 호텔리어'(수료식)

네팔 '조선호텔 휴먼스쿨' 지원(준공식)

원구단과의 인연으로 문화재지킴이에 참여

19세기말 개항과 함께 국내에 서구문물과 서양인의 출입이 본격화된다. 외국인의 출입이 빈번하다보니 새로운 서구문물로 서양식 호텔이 생겨나게 되고 호텔은 근대화 시기 서구문물의 도입과 교류, 관광의 중심지로 자리잡게 된다. 당시 대표적인 호텔로 알려진 곳이 인천의 대불호텔(1880년대), 서울의 손탁호텔(1902년)과 조선호텔(1914년)이다. 지금의 신세계조선호텔 건물은 옛 조선호텔 건물이 아니지만 그 터에 자리 잡은 인연으로 신세계조선호텔은 스스로 호텔서비스업계의 최고(最高)뿐만 아니라 호텔업계의 최고(最古)를 손꼽고 있다. 한편 오래된 호텔의 기업 이미지 때문에 신세계조선호텔은 자연스레 전통문화와 문화재에 대해 관심이 크다. 그리고 옛 원구단 자리에 위치한 책임감에서 원구단과 함께 대한제국 시기의 문화재에 대한 사회공헌에도 큰 관심을 갖고 있다.

이러한 배경에서 신세계조선호텔은 2006년 문화재청과 문화재지킴이 협약을 맺고 서울 조선호텔은 환구단(사적 제157호)과 벽제관지(사적 제144호)를 부산 조선호텔은 해운대동백섬(부산시기념물 제46호)를 보호하는 내용으로 문화재 사회공헌에 참여하기 시작하였다. 고양시의 벽제관지는 조선시대 중국의 사신이 한양으로 들어오기 전에 머물던 숙소이며 중국으로 가는 조선의 사신이 머물기도 했던 공용 숙박시설이다. 사신이 머물렀던 역사성이 호텔업과 연결되어 문화재 사회공헌 활동 대상으로 선정되었고 현재 벽제관지는 터만 남아서 임직원이 자원봉사로 잡초를 제거하거나 쓰레기를 줍는 등 환경정화활동이 주를 이루고 있다. 원구단 역시 남아있는 황궁우 건물과 주변지역, 안내판 등 시설물을 청소하면서 문화재구역이 청결하게 관리될 수 있도록 임직원이 정기적으로 환경정화활동을 하고 있다. 그리고 원구단의 황궁우에서 진행되는 환구대제(대동이씨종약원 주관)를 지원하고 있다. 해운대동백섬에서는 환경정화활동과 함께 동백나무 구입 후원과 식재 활동에 동참하고 있다.

고양 벽제관지, 직원 환경정화활동

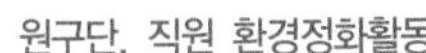

원구단, 직원 환경정화활동

신세계조선호텔이 벽제관지, 원구단, 해운대동백섬을 대상으로 문화재 사회공헌을 시작하였지만 문화재 보호 활동은 환경정화 중심의 일상관리가 주를 이루고 있었다. 이러한 활동의 한계를 넘어서기 위해 호텔업과 연결된 신세계조선호텔만의 차별화된 문화재 사회공헌을 고민하게 되었고 그 결과로 문화재 숙박체험 시설운영의 호텔서비스 교육과 호텔 운영 노하우를 공유하는 활동, 덕수궁 석조전의 대한제국역사관을 시작으로 본격적인 문화재관리의 재능기부 활동을 위한 문화재서비스봉사단을 출범하게 되었다.

호텔관리 서비스의 재능기부로 문화재 활용의 품격을 높이다

문화재 숙박체험 시설운영의 호텔서비스 교육은 문화재전문기관인 '문화유산국민신탁' 지원사업으로 운영되고 있다. 문화유산국민신탁은 기부·기증·위탁·매입 등으로 문화재 또는 문화재적 가치를 지닌 문화자산을 확보하여 문화재 보호 활동을 하고 있으며, 문화재를 활용한 문화향유 확대를 위해 교육·체험·전시 등 다양한 프로그램을 운영하고 있다. 현재 보유·위탁관리하는 곳은 구 보성여관(등록문화재 제132호), 부산 수정동 일본식 가옥(등록문화재 제330호), 시인 이상의 옛집, 동래 정씨 동래군파 종택, 윤경렬 옛집 등이다. 이곳에서 문화재의 가치를 체험할 수 있도록 전시·교육·체험·숙박·봉사활동 등 다양한 활용 프로그램을 운영하고 있다. 문화재를 통해서 복합문화공간을 운영하고 있는 셈이다. 문화유산국민신탁은 교육·체험·전시 등을 운영하는 경우, 문화재 관련 전문지식을 통해 효과적으로 문화재 활용사업을 진행할 수 있지만, 숙박·서비스 사업분야는 비전문적인 영역이기에 여러 가지 어려움을 안고 있었다.

부산 수정동 일본식 가옥 지원(관리)
문화공간 활용 숙박사업 운영관리 교육

부산 수정동 일본식 가옥 지원(서비스)
문화공간 활용 숙박사업 친절서비스 교육

문화유산국민신탁의 문화공간 활용사업을 활성화시키고자 신세계조선호텔이 참여하게 되었는데, 호텔 운영의 노하우를 공유하고 직원 서비스 교육을 지원함으로서 문화향유 서비스의 품질을 높이는데 도움을 줄 수 있었다. 신세계조선호텔의 활동 대상은 현재 '부산 수정동 일본식 가옥'이며 '구 보성여관' 등으로 확대할 계획이다. 부산 수정동 일본식 가옥은 근대 시기의 생활모습과 주택 구조를 확인하는데 중요한 가치를 지녀 등록문화재로 등록된 곳이다. 이곳은 카페, 게스트하우스 등 역사문화복합센터로 운영되며 노인 일자리 창출을 위해 부산 지역의 노인인력개발원 소속 어르신들이 참여해 관리·운영되고 있다. 신세계조선호텔은 2016년부터 직원을 파견하여 관리직원을 대상으로 숙박 사업에 필요한 청소,

침구정리, 물품관리 등의 운영관리와 함께 수정동 가옥에 머무는 관광객에게 최상의 서비스가 이루어지도록 서비스 교육을 지원하고 있다. 신세계조선호텔은 현재 1곳을 대상으로 지원하고 있지만 그 대상을 문화유산국민신탁의 문화재뿐만 아니라 숙박체험시설을 갖춘 일반 고택으로도 그 활동을 확대할 예정이며 또한 문화재를 활용한 숙박체험 시설운영과 서비스교육의 보급을 위해 매뉴얼도 제작할 계획을 갖고 있다.

호텔업 연계 상설 전문봉사단 운영, 대한제국 황실을 관리한다.

호텔 운영관리·서비스 교육의 재능기부을 통해 간접적으로 문화재 보호 활동에 참여하는 것 이외에 직원이 문화재를 직접 관리하는데 도움을 주고자 '문화재서비스봉사단'을 운영하고 있다. 직업 현장에서는 고객을 위해 최상의 서비스를 제공하듯 사회공헌 현장에서는 문화재를 위해 최상의 서비스를 제공하겠다는 의미에서 호텔관리의 베테랑 직원들이 봉사단에 참여하고 있다.

문화재서비스봉사단은 2016년에 시작하여 그 첫 번째 활동 대상으로 덕수궁 석조전 '대한제국역사관'의 재현·복원 물품을 관리하고 있다. 문화재서비스봉사단 활동을 알아보기 전에 활동 대상인 석조전에 대해 먼저 살펴보자. 석조전은 대한제국의 황궁 안에 위치하며 근대 자주국가의 지향을 보여주는 상징물이자 중심공간으로 조성된 건물이었다. 대한제국 선포 후 바로 설계와 시공에 들어갔지만 전체 공사가 지연되어 1910년이 되어서야 완공되고, 얼마 후 일제강점기에 들어서면서 석조전은 황궁의 정전으로서 제 역할을 다하지 못하였다. 해방 이후에는 미소공동위원회, 유엔한국위원단 등으로 사용되다가 국립박물관·국립현대미술관·궁중유물전시관 등 전시공간으로 이용되어 석조전 본래의 기능도 사라지고 내부 모습도 많이 바뀌게 되었다. 이러한 역사적 굴곡을 거치다가 대한제국 역사문화 재현공간으로 다시 변하는 과정을 거치게 되었다. 대한제국이

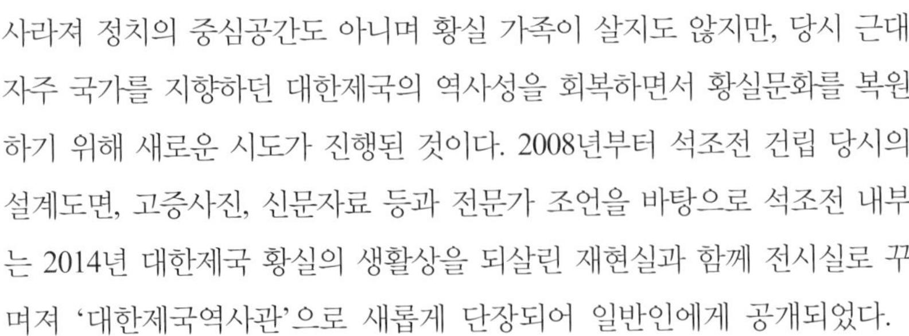

사라져 정치의 중심공간도 아니며 황실 가족이 살지도 않지만, 당시 근대 자주 국가를 지향하던 대한제국의 역사성을 회복하면서 황실문화를 복원하기 위해 새로운 시도가 진행된 것이다. 2008년부터 석조전 건립 당시의 설계도면, 고증사진, 신문자료 등과 전문가 조언을 바탕으로 석조전 내부는 2014년 대한제국 황실의 생활상을 되살린 재현실과 함께 전시실로 꾸며져 '대한제국역사관'으로 새롭게 단장되어 일반인에게 공개되었다.

대한제국역사관은 단순히 대한제국 시기의 회화·공예 등 예술품과 유물을 배치하여 전시하는 전시공간만이 아니라 당시 석조전 내부의 대한제국 황실 공간을 재현한 역사현장으로 구성되었다. 옛 황실의 공간을 재현하다보니 내부 건축구조와 장식물 이외에 당시에 사용하던 침실·옷장 등의 물품을 고증자료로 다시 만들고 박물관에 보관 중이던 유물을 가져와 생생한 역사현장을 담아내고 있다.

현 시점에서 대한제국 석조전의 당대 모습을 최대한 담아내려던 노력은 재현에서 그치지 않고 유지관리를 얼마나 잘 할 수 있는지도 중요하다. 관람객에게 대한제국의 역사공간을 보여주는 중요한 공간이기에 역사교육의 장으로서 관람서비스를 지원하는 측면에서도 유지관리가 중요한 것이다. 대한제국 황실의 재현공간이자 당대 최상의 물품을 재현한 공간이라 그에 걸맞는 특별한 관리가 필요했고 이러한 배경에서 문화재지킴이 활동을 지속해 온 신세계조선호텔이 베테랑 호텔관리 직원들의 재능기부를 통해 석조전 내부의 호텔급 관리를 시작하였다.

2016년부터 시작된 문화재서비스봉사단의 석조전 내부 관리에는 객실정비의 달인으로 불리며 청소비법이 담긴 객실정비 가이드북을 제작했던 직원이 봉사단 단장을 맡고 객실, 물품, 시설관리 관련 전문 직원들이 함께 참여하고 있다. 바닥, 린넨 세탁, 침실·욕실, 유리·벽면, 집기·비품 등 유형별로 구분하여 연, 분기, 월 단위로 주기적인 관리체계를 잡고 마룻바

닥의 왁싱, 카펫 등 직물류의 샴푸, 침구·커튼의 세탁 등으로 청소관리하고 있다. 봉사단에 참여한 직원들은 황실 가족의 생활물품을 청소한다는 사실에 신기해하고 낯설어 하지만 역사적인 공간 안에 자리한 대한제국 시대의 재현 물품을 본인들이 직접 관리할 수 있다는 것에 커다란 자부심을 가지면서 참여하고 있다.

'문화재서비스봉사단'이 석조전 대한제국역사관에 재현된 대식당의 식기 및 가구를 관리하는 모습

'문화재서비스봉사단'이 석조전 대한제국역사관에 재현된 고종 황제의 침실을 관리하는 모습

황실음식문화 재현을 통한 호텔업 사회공헌의 새로운 도전

신세계조선호텔은 대한제국 역사문화를 주제로 새로운 사회공헌을 진행하였다. 양식(洋食)의 전문성을 연결시켜 대한제국 황실의 서양식 연회 음식을 재현하는 활동이었다. 2017년은 대한제국 건국 120주년이며 황제국을 선포한 10월을 전후로 대한제국을 알리고 재평가하기 위한 강연·심포지엄·공연·전시·재현 등이 다양하게 열렸다. 신세계조선호텔은 대한제국의 중심공간이었던 원구단과 덕수궁에서 활동해 오던 터라 대한제국 120주년을 맞이하면서 특별한 사회공헌을 고민하였고 양식 분야의 전문성을 접목한 대한제국 황실 음식재현에 관심을 갖고 있었다.

하지만 과거의 음식을 재현하는 일은 쉬운 일이 아니었다. 그래서 문화재지킴이 파트너십을 맺고 있던 문화재청·문화유산국민신탁과 협의하고 배화여대의 참여를 통해 새로운 협력 사업을 본격적으로 시작하였다. 신세계조선호텔 등 4개 기관은 우선 기본적인 재현 사업의 방향과 역할 분담을 정하고 구체적인 실천을 위해 4자간에 협약(2017년 5월)을 맺었다. 문화재청이 총괄진행, 배화여대가 연구와 자문, 신세계조선호텔이 연구비 지원과 요리 재현, 문화유산국민신탁이 행정지원을 담당하는 협업 체계였다. 그리고 단순히 요리를 재현하는 것이 아니라 대한제국 황실의 음식 문화를 발굴하고 역사문화를 재현하는 과정으로서 서양식 연회 요리를 재현하기로 하였다. 잊혀졌던 문화원형을 찾아가는 민·관·산·학의 문화재 지킴이 협력 사업방식이었다.

> "대한제국은 궁중 음식을 잇는 마지막 계보이자 서양 음식이 유입되는 시초로, 우리나라 음식 문화의 분수령이 되는 시기입니다. 엠마 크뢰벨이 남긴 황실 연회 메뉴를 중심으로 1895년 명성황후를 알현하고 음식을 대접받은 영국의 지리학자 이사벨라 비숍의 설명, 독일 장교 헤르만 산더가 갖고 있던 일본 공사관의 1906년 메뉴 3점 등을 참고해 프랑스식 정찬 메뉴를 구성할 수 있었다."

본격적인 재현의 시작은 배화여대의 연구에서 시작하였다. 대한제국 시기는 정치·외교 중심의 역사 연구와 외국공사관 접견, 환구대제 등 의식을 재현하는 사례가 많지만 음식문화에 대한 연구는 많지 않았고 더욱이 요리를 실제로 재현하기 위한 연구는 또 다른 도전과제이기도 했다. 다행히 24년간 궁중 의전담당관을 맡았던 손탁이 1년간(1905~1906년) 휴가를 다녀오는 동안 대리했던 엠마 크뢰벨의 저서에서 남겨진 만찬 메뉴가 크게 도움이 되었다. 그리고 이를 바탕으로 각종 견문록, 자료 등을 참고로 프랑스식 정찬 요리 재현의 기본적인 메뉴 구성과 함께 대한제국 음식문화사의 특징, 음식 종류, 테이블 셋팅 등을 정리할 수 있었다.

> "100여 년 만에 처음으로 황실 연회 음식을 재현한다기에 한식이나 한식에 서양식을 결합한 메뉴라고 생각했다. 레시피도 없었기 때문에 어떻게 개발하고 또 요리할 것인지 정말 고민이 컸다. 개인적으로 경매에서 구입한 이사벨라 비튼의 『북 오브 하우스홀드 매니지먼트(1861)』 덕분에 음식 그림이 많아 큰 도움이 됐다. 아무래도 고종 황제가 하늘에서 도와준 것 같다."

다음은 연구 성과를 바탕으로 실제 요리를 재현하는 단계였다. 프랑스식 정찬 요리의 메뉴와 기초적인 자료가 있었지만 레시피, 맛, 색깔, 배치 등은 재현에 따른 또 다른 도전이었다. 양식 분야의 최고 기량을 자랑하는 신세계조선호텔이었지만 메뉴개발팀 주방장은 맛보지도 못한 100년 전의 요리를 재현한다는 부담이 상당히 컸다. 하지만 주방장이 개인적으로 찾아 구입한 19세기 요리책과 메뉴개발팀이 담아낸 한땀 한땀의 고민을 통해 드디어 대한제국 황실에서 베풀었던 서양식 만찬 요리를 재현할 수 있었다. 이러한 협력사업의 성과를 담아 신세계조선호텔 등 4개 참여기관은 '대한제국 황실 서양식 연회음식 재현' 행사를 열어 협약사업 진행과정, 연구성과, 프랑스식 정찬 12코스 요리를 선보이고 참석자들에게 직접 음식을 맛보는 시식 시간도 제공하였다.

신세계조선호텔이 문화재청, 배화여대, 문화유산국민신탁과 함께 재현해 낸 대한제국 황실 서양식 연회 음식의 테이블 셋팅 모습(좌)과 재현 요리 중 4가지(우)

안심 송로버섯 구이

구운생선과 버섯요리

양고기 스테이크

치즈류

대한제국 황실 서양식 연회음식의 재현은 잊혀졌던 문화원형의 발굴과 문화향유의 기회를 더욱 풍성하게 만드는 과정이며 새로운 도전을 위한 기업-학교-정부-NGO단체의 다자간 협력방식이 이루어낸 성과였다. 그리고 기업의 업과 연결된 또 하나의 문화재 사회공헌 사례를 만드는 과정이기도 했다.

신세계조선호텔의 문화재 분야 사회공헌은 호텔과 관련된 문화재를 대상으로 또는 호텔업의 재능기부를 통해 문화재 보호에 참여하고 있다. 객실관리·서비스 분야의 전문성을 활용한 재능기부형 문화재 보호 활동은 아직 초기 단계이지만 기업의 경영활동과 연계되고 전문기술을 적용하여 차별화된 사회공헌 활동 모델을 정립해가는 과정에 서 있다. 그리고 문화재 보존관리, 문화재 활용의 서비스 교육 등의 보급을 위한 매뉴얼 제작·보급 계획은 문화재를 가꾸는 역량을 높이고 민간참여의 확대에도 기여할 것이다. 한편 황실음식문화 연구·재현 사업을 통해 대한제국 역사문화 분야의 흥미로운 사회공헌 사례를 만들고 다자간 협력방식의 성공사례를 보여주고 있다.

신세계조선호텔, 문화재 분야 사회공헌 활동

ㅇ 참여분야 : 문화재 보존관리, 체험 · 교육, 재현, 환경정화

ㅇ 주요활동
- 벽제관지, 원구단, 해운대동백섬 등 문화재 환경정화활동(2006년~)
- 역사문화공간 숙박 운영 지원 및 고객서비스 교육(2016년~)
- 문화재서비스봉사단 운영 및 석조전 대한제국역사관 보존관리(2016년~)
- 대한제국 황실 서양식 연회 음식재현 지원 및 재능기부 참여(2017년~)
- 환구대제 및 국악공연 지원, 국악 미래인재 육성 장학금(2015년~)

참고자료

- 두산백과, 네이버 기관단체사전(기업), 한국민족문화대백과
- '서울 노숙인 20명 특급호텔 직원 된다'(국민일보, 2013.5.13.)
- '신세계조선호텔과 제7차 엄홍길 휴먼스쿨'(전기신문, 2014.10.29.)
- 신세계조선호텔, 국립전통예술고등학교 후원'(아시아경제,2015.2.26.)
- '신세계조선호텔, 네팔 지진피해 학생지원'(머니투데이, 2015.5.18.)
- '덕수궁 석조전, 호텔급 관리 서비스 받는다'(문화일보, 2016.10.7.)
- '현존 最古 호텔, 문화재 정비 서비스 나섰다'(조선닷컴, 2016.11.28.)
- '대한제국 황실공간에 '객실정비 달인' 떴다'(아시아경제, 2016.10.21.)
- '황제의 만찬엔 한식? 프랑스식 12코스 요리 냈죠'(중앙선데이, 2017.10.15.)

에스원

목조문화재를 향한 흰개미의 습격 그리고 탐지견의 반격

안전관리 유형

우리에게 뚜렷한 사계절은 점차 옛말이 되어가고 있다. 봄·가을은 짧아지고 여름과 겨울은 길어지고 있다. 지구 온난화로 날씨는 무더워지고 기후변화로 기상이변도 많아져 자연재해도 커지고 있다. 그래서 가뭄, 홍수, 태풍, 쓰나미 등 재난·재해로 심각한 피해와 고통받는 사람들의 이야기가 점점 많아지는 듯하다.

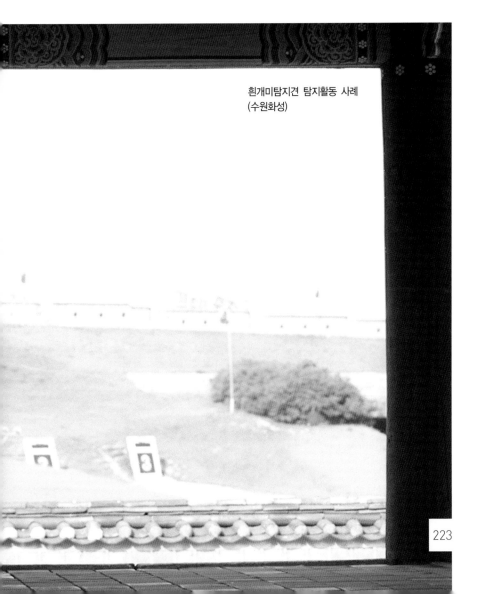

흰개미탐지견 탐지활동 사례
(수원화성)

기후변화는 자연생태계에도 많은 영향을 주고 있다. 기후변화로 점차 생태계의 균형이 깨지면서 멸종하는 생물이 늘어나고 생물체의 분포가 지역적으로 변하거나 희귀한 생물체가 번성한다고 한다. 또한 생태계의 변화는 신종 병균과 바이러스가 등장하는 원인으로 지적되어 인류는 에볼라, 메르스와 같은 신종 전염병과의 새로운 싸움에 직면하게 되었다고 한다.

기후변화로 생태환경이 변하면서 문화재의 위험 역시 증가하고 있다. 대표적인 사례가 흰개미에 의한 목조문화재 피해이다. 흰개미가 나무로 지은 문화재를 갉아먹으면서 훼손이 생기는데, 따뜻해진 기온변화로 흰개미 서식지가 확대되고 피해도 점차 늘어나고 있다. 문화재의 흰개미 피해를 막기 위한 다양한 노력으로 첨단장비가 동원되기도 하지만 흰개미탐지견이 커다란 역할을 하고 있다.

보안시스템 전문기업인 '에스원'은 가정·기업·매장 등의 재산을 보호하기 위해 첨단보안시스템을 설치하고 관리서비스를 제공하는데, 기업의 경영활동과 연계한 사회공헌으로 문화재 안전관리 부문에 참여하고 있다. 흰개미로부터 안전하게 목조건축물을 지키고자 흰개미탐지견과 훈련사를 지원하는 활동이며, 확대되는 흰개미 피해에 맞서 반격에 나서는 문화재 보호 민관협력이다.

바퀴벌레와 가까운 흰개미,
죽은 나무를 좋아해서 자연생태계에서는 이로운 곤충

흰개미는 주로 열대, 아열대 지역에서 서식하며 세계적으로 2,900여종이 있다. 일본에도 23종이 살고 있는데, 일본에 서식하고 있는 2종의 흰개미가 우리나라에도 서식하고 있다. 그동안은 '스페라투스(R. speratus)' 1종만이 우리나라에 서식하는 것으로 알려져 있다가 최근에 '스페라투스'와 유사종인 '캄모넨시스(R. kanmonensis)'가 새로 발견되었다.

흰개미는 개미와 벌처럼 무리를 지어 살며 역할에 따라 여왕·왕개미를 포함하는 생식계급, 병정개미, 일개미로 구분된다. 흰개미는 개미와 형태도 비슷하고 생활습성과 역할에 따른 계급분화 등으로 봐도 개미와 가까운 친척쯤으로 생각할 수 있다. 하지만 흰개미는 분류학상 개미가 속한 벌목으로 구분되지 않고 흰개미목으로 구분되며 바퀴벌레목에 가깝다. 2억 2천년 이전에 흰개미가 바퀴벌레와 동일한 조상에서 갈라져 나왔다고 하는데, 유전적으로 바퀴벌레에 가깝지만 습성은 개미와 비슷한 것이다.

흰개미(Reticulitermes 속)의 계급 분화 모식도

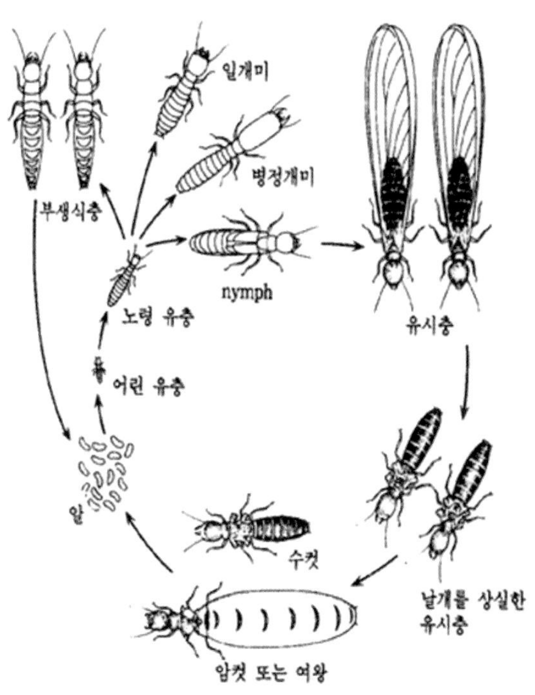

출처 Termites and termite control(Kofoid, 1934)

흰개미는 나무·낙엽·부식토·버섯 등을 먹는데, 주로 죽은 나무를 좋아한다. 부패한 식물들을 주로 섭취하는 습성 때문에 토양을 비옥하게 만들고 생태계 순환에 도움을 준다. 흰개미의 생태계 분해자 역할 때문에 자연생태계 측면에서 보면 이로운 곤충이다. 한편, 흰개미는 나무를 먹지만 스스로 소화하지 못한다. 대신에 흰개미의 소화기관에서 서식하는 원생동물이 나무의 섬유소를 분해시켜 흰개미가 영양분을 섭취할 수 있도록 돕는다. 원생동물은 흰개미 몸 안에서 안전하게 생존하며 흰개미의 소화를 도움으로써 서로 공생관계를 형성하고 있다.

흰개미가 우리의 일상에 도움을 주는 흥미로운 이야기도 있다. 아프리카 흰개미는 모래탑을 쌓아 집을 짓는데 지면과 땅속에 통풍구가 있고 모래탑 위쪽에 만든 통풍창을 열고 닫아 공기를 순환시키는 방법으로 개미집의 내부 온도를 조절한다. 이러한 흰개미의 집 구조에서 힌트를 얻어 아프리카에서는 에어컨 없이 섭씨 25도 안팎을 유지하는 자연냉방식 건물을 지었다고 한다. 그리고 얼마 전에는 흰개미 집 구조에 착안하여 시원한 아웃도어 신발을 판매한다는 광고를 본 적도 있다.

하지만 목조문화재를 훼손하는 해충, 기후변화로 더 왕성해지는 흰개미 활동

흰개미는 자연생태계에서 이로운 역할을 하지만, 우리의 일상과 문화재 측면에서 보면 해로운 곤충이다. 나무로 지은 주택이나 목조문화재를 훼손하기 때문이다. 우리나라에 서식하는 일본흰개미는 땅속에 모여서 생활하는 지중흰개미의 한 종류로, 먹이를 찾기 위해 땅속에서 땅 위로 이동하며 주변의 나무그루터기·주택·목조문화재를 갉아먹는다. 번식기인 4~5월 경에 여왕·왕개미가 되는 유시충이 무리를 지어 날아가는데, 비행 이후에 날개를 제거한 암컷과 수컷이 짝을 지어 습한 고목이나 주택·목조문화재의 지붕 등으로 이동한다. 그리고 그 곳에서 여왕개미와 왕개미는 새로운 서식지를 만들고 산란을 통해 새로운 흰개미 집단을 형성하며 새로운 목조 건물의 피해를 주게 되는 것이다.

▮ 흰개미의 목조건축물 침입 경로 ▮

출처_『문화재 생물피해관리 매뉴얼』, 문화재청

우리나라에 서식하는 일본흰개미는 소나무류를 좋아하며 서식하기에 좋은 온도는 10~30℃이고 30℃까지 온도가 상승함에 따라 먹이 섭취량도 증가한다는 연구결과가 있다. 또한 학계에서는 개마고원 이남(북위 42도)까지 흰개미가 살 수 있는 북방한계선으로 보고 있어서 우리나라 전역이 흰개미의 서식지역에 포함될 수 있는데, 특히나 기후변화로 우리나라의 기온이 점차 상승하고 강수량도 많아져 흰개미가 좋아하는 덥고 습한 환경이 조성되고 있다. 그래서 겨울에도 기온이 상승하여 활동 시기가 3월~10월을 넘어 최근에는 1~2월까지 확대된 것으로 확인되고 있다.

고온다습해진 기후변화뿐만 아니라 여러 가지 원인으로 인해 점차 우리나라도 흰개미가 서식하기에 좋은 환경으로 변해가고 있다. 정부·지자체·환경단체 등이 꾸준히 가꾸어온 산림 녹화사업으로 구릉과 산지에 나무숲이 울창해져 자연환경과 생태계가 개선되는 효과가 있었지만, 반면에 자연스레 고사목·부식토·낙엽 등이 많아져 흰개미의 서식환경에도 도움을 주고 있다. 또한 목조문화재의 현대적 활용이나 한옥주택에 거주하는 사람들이 주방, 욕실 등 주거환경을 현대식으로 짓거나 변경하면서 물을 많이 사용하게 되어 결과적으로 목조문화재와 주택의 목재가 습해져 흰개미가 선호하는 먹이를 제공하는 환경이 조성되고 있다.

목조문화재의 천적 흰개미, 목조문화재 훼손 위협은 점점 커지고 있다.

흰개미 이외에도 구멍벌, 빗살수염벌레 등이 목조문화재에 피해를 주고 있다. 구멍벌은 나무에 구멍을 내어 알을 낳는 방법 등으로 목조문화재를 훼손하는데, 구멍벌 등의 피해 흔적은 겉으로 쉽게 발견할 수 있다. 하지만 흰개미는 목재 내부를 갉아먹기 때문에 흰개미 피해 흔적이 겉으로 잘 드러나지도 않고, 드러날 정도면 이미 상당부분 피해가 진행된 경우가 많다. 또한 다른 해충에 비해 흰개미의 피해 규모가 훨씬 크며, 목재 내부를 갉아먹기 때문에 목재 안이 비게 되어 목재 자체뿐만 아니라 건물 전체 구조에 영향을 주어 건물의 균형을 무너뜨려 붕괴에 이를 수도 있다.

흰개미 피해 흔적

문화재는 크게 국가지정문화재, 시도지정문화재, 등록문화재로 구분할 수 있는데, 2016년 3월 기준으로 13,532건이 문화재로 지정되어 보호받고 있다. 전체 문화재에서 국가지정문화재(국보·보물·사적 등)는 3,870건이며 그 가운데 목조문화재로 분류할 수 있는 대상이 481건에 이른다. 전체 국가지정문화재 중에서 약 13%가 흰개미 등의 해충에 의해 훼손될 수 있는 잠재적 대상인 셈이다. 문화재청에서는 2011~2015년 전국의 국가지정 목조문화재를 대상으로 흰개미 피해를 조사하였는데, 약 320여건을 조사한 결과 약 70%의 목조문화재에서 흰개미 피해 흔적이 발견되었다고 한다.

목조건축물의 흰개미 흔적·피해가 확인된 곳은 긴급히 방제활동을 진행하면서 대처하고 있지만, 최근에는 따뜻해진 기온변화로 흰개미 분포가 북쪽까지 확대되면서 그동안 안전지대로 인식되었던 강원도 지역과 울릉도에서도 흰개미 피해가 나타나고 있다. 흰개미 서식지가 전국으로 확대되어 피해 지역과 규모가 더욱 확대될 수 있어서 목조문화재를 훼손하는 위협은 점점 커져가는 상황이다.

서울신문

'마지막 보루' 울릉도마저… 흰개미 공습 안전지대가 없다

목조문화재 '포식자' 흰개미 제주 이어 국내 전역서 서식 확인

목조문화재 '포식자' 흰개미(사진)가 울릉도에서도 나왔다. 울릉도에서 흰개미가 확인된 건 유사 이래 처음이다. 육지와 동떨어져 목조문화재의 마지막 보루로 여겨졌던 울릉도마저 흰개미 서식지가 확인되면서 우리나라 전역의 목조문화재가 흰개미 공습으로부터 안전지대가 아닌 것으로 드러났다.

나리분지·너와집 기둥 등 3~4곳 피해

도동항 인근 아파트 뒷산에 육지종 서식

목재 이동 과정 유입… 환경변화로 적응

흰개미 탐지견, 새로운 냄새로 찾아내

생태계 순환 돕는 익충… 박멸 대신 차단을

흰개미피해 관련 언론보도 사례

(출처 2015.7.1 / 서울신문)

흰개미로부터 목조문화재를 지키려는 노력, 예방관리와 발견 그리고 퇴치

흰개미 등의 해충과 곰팡이류로부터 목조건축물을 지키려면 습기가 많은 환경을 최소화시키는 것이 중요하다. 목조건물이 습기를 머금지 않도록 자주 환기를 해주거나 군불을 피워 목조건물을 건조시키는 것도 좋다. 또한 비가 온 뒤에 배수로가 막히면 건물과 주변지역이 습해지므로 배수로 정비도 필요하다. 습기를 최소화하는 일상관리만이 아니라 흰개미 피해가 발생했을 때 빨리 그 피해상황을 발견하고 흰개미를 퇴치하거나 흰개미의 접근을 막는 일 등의 방제활동도 중요하다.

흰개미와 그 피해를 발견하는 방법으로 우선 직접 눈으로 확인하는 것이 있다. 4~5월에 번식을 위해 무리지어 날아다니는 흰개미들을 보거나 비행 후 떨어진 날개들을 찾게 된다면 주변에 흰개미가 서식하고 있음을 추정할 수 있다. 다음으로 흰개미가 좋아하는 소나무 목재를 목조건물 주변 땅 속에 일정한 간격으로 묻어두었다가 꺼내보았을 때 흰개미가 갉아먹은 흔적이 있다면 이것으로도 흰개미의 서식과 침입을 짐작할 수 있다. 이외에도 흰개미탐지기, 내시경카메라 등 검측장비를 이용하여 눈으로 확인할 수 없는 목재 내부의 흰개미를 탐지할 수도 있다. 그리고 개의 뛰어난 후각을 활용하여 흰개미의 흔적과 서식지를 확인할 수 있다.

흰개미 퇴치를 위한 방제활동으로 훈증처리법, 토양처리법, 방충방부제처리법, 군체제거처리법 등이 있다. '훈증처리'는 문화재 전체를 밀폐 포장한 후 가스를 이용해서 살충·살균하는 방법이며, '토양처리'는 땅 속으로 침입하는 흰개미를 막기 위해 문화재 주변 토양에 약품을 주입하는 방법이다. '방충방부제처리'는 문화재 표면에 약품을 바르거나 뿌리는 방식이다. 그리고 '군체제거처리'는 흰개미만을 선택적으로 죽일 수 있는 약제와 흰개미의 생태적 특성을 이용하여 처리하는 방법으로, 일흰개미가 군체제거시스템 안의 독먹이를 다른 흰개미에게 전달하는 습성을 이용하여 흰개미 무리 전체를 제거하는 방법이다.

. 뛰어난 후각의 선천적 재능과 함께 분별력 · 집중력 훈련을 통해 탄생하는 흰개미탐지견

흰개미 피해를 막는 활동 중에서 개가 참여한다는 사실은 흥미롭다. 개는 예부터 우리와 가장 친근한 동물이며 반려동물로서 사랑받고 있다. 인류는 개의 능력을 활용해 집지키기, 사냥, 목축동물 관리 등에서 도움을 받아왔다. 2차 세계대전부터는 전문훈련을 통해 특수목적견의 시작인 군견을 양성하기도 하였다. 군견 이후에 개의 활동영역은 산악구조, 동식물 검역, 마약 및 폭발물 탐지, 문화재 보호, 시각·청각 장애인 도우미 등 다양하고 세분화된 영역에서 활약하고 있다. 이러한 공익 목적 이외에 비즈니스에 참여하는 사례도 있다. 예를 들어 미국 뉴욕의 최고급 호텔들이 객실의 빈대퇴치로 골머리를 앓고 있던 중, 개의 후각을 이용해 빠른 시간에 호텔의 빈대를 찾아내어 퇴치하는 것이 가능하다는 것을 알게 되면서 나중에는 호텔업계뿐만 아니라 아파트, 대학 기숙사, 유람선 등으로 사업영역이 확대되어 많은 매출을 올렸다는 기사가 나오기도 했다.

개의 다양한 활약상 중에서 개의 뛰어난 후각을 활용해 흰개미를 찾아내는 문화재 보호 활동은 언론에서 자주 주목을 받고 있다. 흰개미탐지견 활동은 이미 2007년부터 시작되었다. 문화재청과 삼성생명이 목조문화재 보호를 위해 문화재지킴이 협약을 맺고 삼성생명이 탐지견활동 비용을 후원하면서 위탁운영을 맡은 삼성탐지견센터의 탐지견과 훈련사가 흰개미를 찾아나서는 수사관 역할을 하고 있다. 2016년부터는 후원사가 삼성생명에서 에스원으로 바뀌어 흰개미탐지견 활동을 지원하고 있다.

삼성그룹에서 개를 통해 사회공헌에 참여한 것은 이건희 회장의 의지가 반영된 것이라고 한다. 이 회장은 일본에서 홀로 유학시절을 보내며 개를 길렀는데, 이때 반려견의 중요성을 경험한 바 있고, 또한 서울올림픽을 앞두고 한국의 보신탕문화에 대해 유럽 언론의 비판과 동물보호단체의 항의시위, 한국제품 불매운동 등이 일어나는 것을 보고 충격을 받았다

고 한다. 이후 명견경연대회(영국 독쇼) 후원, 천연기념물 진돗개를 영국 품종협회(켄넬클럽)에 등록시키는 활동과 함께 안내견·구조견·탐지견 등을 육성하면서 공익활동으로 기업의 사회적 책임과 국가이미지 개선을 위해 다양한 노력을 기울였다고 한다. 탐지견 육성을 위해 안내견학교, 탐지견센터 등을 운영하며 문화재 보호를 위한 흰개미탐지견은 탐지견센터에서 훈련·관리되어 문화재 현장에서 훈련사와 함께 참여하고 있다.

흰개미탐지견 활동은 탐지견과 훈련사가 한 팀이 되어 참여하는데, 흰개미탐지견은 훈련사의 수신호와 휘파람의 지시에 따라 목조문화재를 코로 하나하나 훑으며 흰개미와 그 흔적을 찾는다. 우리가 흔히 냄새를 잘 맡는 사람을 '개코'라고 우스갯소리를 하는데, 탐지견의 후각은 인간보다 약 1만~100만배까지 뛰어나며 개의 후각세포는 2~3억개로 인간의 후각세포 500만개보다 40~60배 많다. 더욱이 탐지견은 흰개미에서 나는 특유의 페로몬 냄새를 구별하여 찾아내는데, 훈련을 통해서 다른 개미와 흰개미를 구분할 뿐만 아니라 흰개미와 냄새가 비슷하다는 볼펜 잉크도 구별할 수 있다. 볼펜 잉크 냄새는 흰개미도 착각해서 볼펜 선을 그으면 흰개미가 줄을 따라 간다고 하는데 탐지견이 볼펜 잉크와 흰개미 냄새를 구분한다고 하니 놀라울 따름이다.

탐지견의 예민한 코로 흰개미와 그 흔적을 찾아내면 탐지견은 멈춰선 채 찾은 부분을 가만히 바라보면서 꼬리를 흔들어댄다. 특수목적견은 목표물을 발견하면 크게 2가지 반응을 보이도록 훈련을 받는다. 하나는 짖거나 할퀴는 등 적극적으로 반응보이거나 반대로 가만히 목표물을 바라보는 소극 반응을 보이도록 훈련을 받는다. 흰개미탐지견이 발과 입으로 문화재를 할퀴거나 물게 되면 문화재를 손상할 우려가 있어서 소극적으로 목표물을 바라보는 주시법 훈련을 한다.

흰개미(흔적)를 찾으면 훈련사는 보상으로 테니스공을 몰래 던져주고 흰개미탐지견은 테니스공을 낚아채어 입에 문다. 사실 흰개미탐지견은 흰개미를 찾으면 기둥에서 테니스공이 튀어나온다고 생각하면서 흰개미 찾기 놀이를 하는 것이다. 테니스공을 향한 소유욕과 집착이 탐지견의 커다란 활동동기인 셈이다. 흰개미탐지견은 외향적인 성향과 호기심, 기호품에 대해 강한 소유욕을 가진 견종이 어울린다. 스패니얼종, 래브라도종, 비글, 세퍼드종 등이 탐지활동 견종에 적합하며 현재 에스원탐지견센터에서 훈련시켜 문화재 보호에 참여하는 흰개미탐지 견종은 잉글리쉬 스프링거 스패니얼(English Springer Spaniel)종이다.

▎특수목적견으로 탐지활동에 참여하는 견종 ▎

잉글리쉬 스프링거 스패니얼

래브라도 리트리버

비글

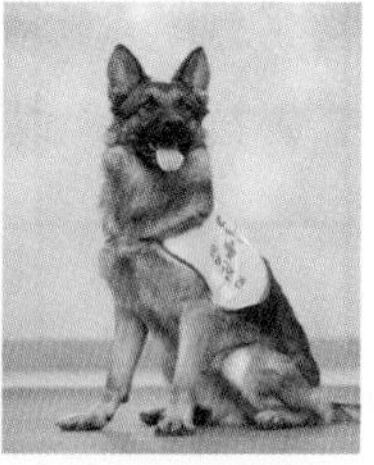
세퍼드

"잉글리시 스프링어 스패니얼종은 체력, 지구력, 집중력이 우수해 탐지 활동에 특화돼 있다. 탐지견은 2년간의 단계별 훈련을 거쳐야 현장에 투입된다. 흰개미 냄새를 찾으면 건물에서 탐지견이 좋아하는 테니스공이 나오는 것으로 알고 있다."

선천적으로 뛰어난 후각이 있다고 해서 모두 탐지견이 될 수는 없다. 후각 이외에도 단계별 전문훈련을 거쳐 탐지견으로 선발되는데, 탐지견 혈통을 이어받은 어린 개가 흰개미탐지견으로 거듭나기 위해서는 최소 2년의 훈련과정을 거쳐야 한다. 생후 6개월 미만의 강아지를 대상으로 처음에는 1년간 기초적인 복종훈련과 함께 낯선 사람과 차량 등 다양한 환경에 적응하는 훈련 그리고 공에 대한 강한 소유욕을 갖도록 훈련을 받는다. 기초훈련을 마치면 6개월간은 탐지물품의 고유한 냄새를 구분하는 방법과 발견 후에 반응하는 방법도 훈련을 받는다. 처음에는 보상으로 받을 테니스공에 흰개미 냄새를 넣어 찾게 하고 다음에는 테니스공을 조각낸 후 찾도록 세밀하게 훈련을 받는다. 이때 흰개미와 다른 개미의 냄새를 구분하고 흰개미 냄새와 유사한 볼펜 잉크를 구별하는 훈련도 병행된다. 마지막으로 6개월 동안 현장실습에 참여하는데, 흰개미(흔적)와 다른 물체를 구별하는 방법 그리고 주변환경에 시선을 뺏기지 않고 탐지활동에만 집중할 수 있도록 훈련을 받는다. 훈련과정에서 탈락한 개들은 흰개미탐지견이 되지 못하고 다른 분야로 전공을 바꾸기도 한다.

흰개미탐지견 훈련 모습(에스원탐지견센터)

전국을 무대로 흰개미를 찾아나서는 수사관, 흰개미탐지견의 활약과 성과

흰개미탐지견으로 보람(수컷), 보배(암컷)가 참여해 왔다. 그 중에서 '보람'이는 폭발물탐지견으로 활동하다가 전공을 바꾸어 흰개미탐지교육을 받은 후 문화재청과 흰개미탐지견 활동이 본격화된 2007년부터 10년간 지속적으로 흰개미탐지활동을 해왔다. 보람이와 함께 초기부터 활동하던 우리(수컷)와 파도(수컷)는 폐활량 등의 건강상 문제로 중간에 그만두고, '보배'가 2010년부터 이어받아 흰개미탐지활동을 해 왔다. '보배'도 보람이와 마찬가지로 폭발물 탐지활동(2005~2010년)을 하다가 활동분야를 흰개미탐지로 전향한 흰개미탐지견이다.

목조문화재 보호를 위한 문화재청과 에스원(삼성생명)과의 흰개미탐지견 협력활동은 2007년부터 시작하였다. 2010년까지는 문화재 소유자·관리자·지자체 등에서 조사요청을 받거나 문화재청에서 조사가 필요한 대상을 선정하면 국립문화재연구소 조사팀과 탐지견센터 훈련사·탐지견이 조사활동에 참여하는 방식이었다. 이후 2011년부터는 흰개미 피해의 체계적인 대응을 위해 5년간 전국의 주요 목조문화재(국보, 보물, 중요민속문화재 등)를 대상으로 흰개미 피해 전수조사를 시행하였다. 전국을 5개 권역으로 나누어 연간 약 70여건, 총 320여건의 흰개미 탐지활동을 진행하였다. 2016년부터는 전수 조사기간을 3년으로 단축시켜 운영하고 있다.

전수조사는 기후 온난화로 흰개미 서식에 유리한 환경이 조성되면서 목조문화재에 대한 위협이 더욱 커지게 되어 주기적인 조사와 함께 조사대상의 확대가 필요했기 때문이다. 2011년 전수조사 이전에는 15건 내외의 문화재(군)를 대상으로 조사하였지만 전수조사 이후에는 해마다 60~70여건의 주요 목조문화재(군)를 조사하고 있다. 전수조사를 전후로 흰개미탐지견 활동도 4~5배 증가한 셈이다.

증가한 문화재조사 대상을 소화할 수 있었던 것은 흰개미탐지견의 역할이 크다. 대개 목조건축물 1개 동을 사람이 직접 눈으로 살펴 조사할 경우에 10~15분 정도가 걸리고 초음파·극초단파 등의 탐지장비의 경우에는 더 많은 시간이 걸려 기둥 1개에 3분 정도가 소요된다. 반면에 흰개미탐지견은 1~2분 내에 건물 1개동의 조사를 마칠 수 있다. 흰개미탐지견은 전문가와 과학장비를 활용하는 것보다 조사시간을 약 10분의 1로 단축시키고 있으며 정확성도 상당히 높다고 한다. 줄어든 조사시간으로 조사대상을 확대하여 기후 변화에 따른 흰개미 피해 확산에 조기 대응하는 효과를 얻게 된 것이다.

흰개미탐지견 탐지활동

흰개미조사팀 추가조사 및 기록

그런데 조사에 걸리는 시간이 짧고 정확도가 높다고 해도 흰개미탐지견 활동에만 의존하기는 어렵다. 흰개미 냄새로 찾아내기 때문에 흰개미가 서식·이동했던 흔적까지도 반응하고 조사범위도 기둥 하부 등 목조건축물의 아랫부분 중심이어서 제한적인 경우가 많기 때문이다. 또한 착오 등의 오류가 있을 수도 있다. 이러한 한계는 탐지견뿐만 아니라 사람과 장비에서도 나타날 수 있기 때문에, 실제 조사에서는 탐지견, 연구원, 장비 등이 모두 동원되어 조사함으로써 오류도 줄이고 체계적인 접근 방법으로 효율성도 높이고 있다. 탐지견이 빠르게 조사하여 흰개미(흔적)를 찾으면 국립문화재연구소 연구원이 피해·흔적 부분을 도면에 기록하고 장비로 함수율(수분 함량)·온도·습도 등을 측정한 후 기록한다. 좀 더 세밀한 조사를 위해서 극초단파나 내시경카메라 같은 장비를 사용하기도 한다. 각각의 장점을 살리면서 조사에 대한 오차 범위를 줄이고 기록화할 수 있는 가능한 자원을 활용하여 흰개미 피해를 조사하는 것이다. 흰개미탐지활동을 통해 사람과 동물, 기계의 유기적인 협력체계를 보여주고 있다. 이후 흰개미탐지활동의 결과는 문화재청을 통해서 지자체에 통보가 되고 흰개미 퇴치와 예방이 필요한 곳은 방제활동이 이루어지고 있다.

"보람이는 생의 70% 정도를 흰개미 조사에 헌신했다. 두 마리 모두 힘이 많이 들었을 텐데 마지막까지 최선을 다하는 모습을 보면서 느낀 점이 많았다"

흰개미탐지견 은퇴식(2016년)

문화재청은 흰개미탐지견(보배, 보람)의 문화재 보호 활동 공로를 기리며 은퇴 기념메달을 수여했다.

보람이와 보배는 2016년 5월에 12살 고령의 나이로 현역에서 물러났다. 국내 1호 흰개미탐지견으로서 언론의 주목과 함께 많은 사람들의 격려를 받으며 은퇴식도 가졌다. 1세대 흰개미탐지견인 보람이와 보배의 뒤를 이어 2세대 흰개미탐지견 세 마리가 새로이 문화재 보호에 참여하고 있다. 2세대 흰개미탐지견들은 2015년부터 훈련과 현장실습을 거쳐 은퇴한 흰개미탐지견을 대신하여 2016년부터 본격적인 흰개미 탐지활동에 나서고 있다.

기업의 전문성과 지속적인 후원이 이루어낸 문화재 보호 대표 사회공헌

흰개미탐지견은 10년간 흰개미를 찾는 수사관으로서 많은 활약을 하며 기후변화 등으로 증가하는 흰개미의 위협에도 적극 대응하였다. 기업의 자원 활용과 전문성이 문화재 보호에 잘 적용된 사회공헌이며 대표적인 민관협력 사례로 볼 수 있다. 흰개미탐지견 활동은 그 공로를 인정받아 2009년 문화재지킴이 우수사례로서 문화재청장상을 받고 2014년에는 훈련사가 문화재청장상을 수상하였다. 표창을 넘어서 10년 가까이 흰개미 탐지 활동에 기여한 탐지견과 함께 단발성이 아니라 꾸준히 이어진 문화재 분야 사회공헌 활동의 모습을 보여준 기업 참여도에 더 큰 의미가 있을 것이다.

문화재를 향해 밀려오는 흰개미의 습격이 거세지고 있지만 그에 맞서는 탐지견의 반격도 만만치 않다. 사람과 동물, 기계가 함께 역할을 나누어 흰개미로부터 문화재를 안전하게 지키기 위한 노력은 지속되고 있다. 문화재 분야 기업 사회공헌으로서 동물이 문화재를 지킨다는 흥미로움과 함께 지속적인 기업 참여로 얻게 된 문화재 보호의 성과 때문에 앞으로 우리들에게 계속 회자되는 대표 사회공헌이 될 것이다.

삼성생명·에스원, 문화재 사회공헌 활동

ㅇ 참여분야 : 목조문화재 생물피해 방제를 위한 흰개미탐지견 지원 및 활동

ㅇ 주요활동
- 문화재청과 문화재지킴이 협약(2007.10.31.)
  * 흰개미탐지견 사회공헌 후원사 변경
    (2007~2015년, 삼성생명 → 2016년~, 에스원)
- 흰개미탐지견 양성(구입, 훈련, 관리 등)
- 목조문화재 생물피해 활동 지원(훈련사 2명, 탐지견 3두)
  * 1세대 탐지견 2두 은퇴(2016.5.18.)

<참 고 자 료>

- 문화재청, 『문화재 생물피해관리 매뉴얼』, 2012.
- 이규식 · 정소영, 「목조문화재의 보존을 위한 한국산 흰개미의 생태적 특성 연구」, 문화재 37, 2004.
- 정소영, 「탐지견을 활용한 목조건축물의 흰개미피해 조사 연구」, 보존과학연구, 31, 2010.
- 흰개미 습격에, 오죽헌 · 선교장도 '몸살'(세계일보, 2104.6.3.)
- 북상하는 흰개미, 강릉 선교장도 위험하다(동아일보, 2014.6.4.)
- 목조문화재 흰개미 비상, 완주 · 익산 지역서 발견-흰개미 2종으로 늘어(서울신문, 2015.7.1.)
- 미(美) 빈대퇴치업 '특수'(연합뉴스, 2010.9.8.)
- 특수목적견의 역할과 미래(아시아경제, 2014.5.7.)
- '마지막 보루' 울릉도마저, 흰개미 공습 안전지대가 없다.(서울신문, 2015.7.1.)
- "이제 좀 쉬렵니다", 흰개미 탐지견 2마리 은퇴(연합뉴스, 2016.5.18.)

게임을 사랑하듯 문화재를 사랑하다

환수, 유물구입 유형

게임을 좋아하시나요? 문화재를 좋아하시나요?

온라인 게임개발 및 서비스 회사 '라이엇 게임즈'는 문화재 보호를 위한 사회공헌에 지속적으로 참여하고 있다. 생각해보면 게임회사와 문화재와의 관계가 어떠한지 그리고 왜? 게임회사가 문화재 분야의 사회공헌에 참여하는지 궁금할 수 있다.

문화재 보존관리 봉사활동 기념촬영

더욱이 라이엇 게임즈는 2011년 12월부터 한국에서 '리그 오브 레전드(League of Legends, 약칭 LoL)' 게임을 서비스하기 시작한 신생기업이고 미국에 본사를 둔 외국계 기업이다. 그래서 게임과 외국계 기업이라는 기업이미지 때문에 문화재와 관련성을 찾기 어렵지만 지금은 경영성과뿐만 아니라 문화재 사회공헌에서도 커다란 성과를 보여주고 있다.

> "게임과 문화재의 공통점은 관심입니다. 리그오브레전드가 오랫동안 사랑을 받은 것은 플레이어들의 관심 덕분입니다. 그래서 문화재도 관심을 가져야 보호될 수 있습니다."

라이엇 게임즈는 기업미션을 이야기할 때 기업의 운영자도 게임 플레이어(Player)임을 강조하면서 모든 플레이어에게 사랑받고 모든 플레이어를 위한 회사가 되고 싶다고 말한다. 플레이어 중심의 라이엇 게임즈는 게임뿐만 아니라 문화재를 좋아하고 문화재를 통해 가장 사랑받는 회사를 지향하고 있다. 문화재에 대한 관심과 참여는 2012년 6월 문화재청과 '문화재지킴이' 협약을 맺으면서 본격적인 문화재 사회공헌을 시작하였다. 라이엇 게임즈는 롤(LoL)게임의 한국형 챔피언과 스킨을 판매한 금액과 기업 사회공헌 예산을 활용하여 후원하면서 임직원의 문화재 현장자원봉사에도 참여하고 있다.

라이엇 게임즈의 사회공헌 운영방식은 해외에 소재한 문화재의 환수, 청소년 문화재체험교육을 중점 지속지원 사업으로 설정하여 후원하면서 해마다 긴급하거나 주요한 문화재 보호 대상에 맞추어 선택적 후원 방식을 취하고 있다. 문화재 사회공헌의 선택과 집중을 구분한 방식이며 지속적으로 규모 있는 기부금을 후원함으로서 의미 있는 사회공헌 성과를 얻고 있다. 특히 게임을 즐기는 청소년들에게 문화재라는 또 다른 세계의 참여와 체험을 제공한다는 점에서 큰 특징을 보여주고 있다.

온라인 게임으로 건강하게 함께 즐기는 e-스포츠 문화 형성과 게임매너에 투자

2014시즌 LoL월드 챔피언십 (서울 월드컵 경기장)

라이엇 게임즈는 온라인게임의 개발과 유통업을 주 사업으로 하며 2006년 9월에 브랜든 벡 CEO와 마크 메릴 사장이 공동으로 창업한 회사이다. 미국 산타모니카에 본사를 두고 있으며 온라인 게임 '리그 오브 레전드'를 개발하여 전 세계에 서비스하고 있다. 롤(LoL)게임은 MOBA(Multiplayer Online Battle Arena)형식의 게임이며, 두 팀으로 나뉘어 다양한 캐릭터를 선택한 후 서로 상대방과 전투를 통해 승패를 겨루는 방식이다. 롤 플레잉과 전략 게임의 요소를 조화시키고 전투액션의 재미를 가미한 장점을 가지고 있다.

롤(LoL)게임은 라이엇 게임즈의 첫 출시 게임으로 2009년 10월 출시한 후 짧은 시간에 전 세계적인 게임으로 자리를 잡았다. 2014년 1월 기준으로 북미·유럽·아시아 등 전 세계 145개국에서 일일 2천7백만명의 플레이어가 롤(LoL)게임을 즐기고 있다. 2014년 10월 우리나라에서 열린 월드 챔피언십에 유료관람객이 4만여명, 예선부터 결승전까지 전 세계 2억 8천만명이 방송으로 시청하여 전 세계인이 함께 즐기는 e스포츠의 성과를 보여주기도 하였다.

브랜든 벡 대표와 롤(LoL)게임은 한국과 인연이 많다. 브랜든 벡 대표는 유년 시절에 LA 한인타운의 PC방을 자주 다녔는데, 그 곳에서 롤(LoL)의 개발과 비즈니스 모델을 구상했다고 한다. 그리고 브랜든 벡 대표는 순두부찌개를 좋아하며 한국 문화에 대해 관심이 많고 롤(LoL)게임을 출시하면서 세계 최고의 수준을 갖고 있는 한국 팬의 마음을 사로잡는 것이 라이엇 게임즈가 성공할 수 있는 길이라고 주변에 자주 언급했다고 한다.

라이엇 게임즈는 2011년 5월 서울에 한국지사를 설립하고 그해 12월부터 서비스를 오픈했다. 롤(LoL)게임은 스타크래프트·리니지 등이 선점한 게임 시장에서 후발주자로 나섰지만 기업철학인 고객중심 서비스를 지속하면서 게임의 무료 다운로드, PC방업계와의 상생, 현지화 버전인 한국형 챔피언 '아리' 개발, 제작·기획 단계부터 준비된 e스포츠의 활성화 등을 통해 상당한 경영성과를 거두고 있다. 온라인 게임시장에서 204주(2012.6.~2016.6.) 연속 시장점유율 1위를 기록한 바 있다.

게임 산업의 성장은 프로선수와 관객이 함께 참여하고 즐기는 스포츠로 진화해 새로운 e스포츠 분야를 개척하게 되었다. e스포츠의 시장 개척이 '스타크래프트'에서 시작되었다면 롤(LoL)게임을 통해 e스포츠의 저변확대와 활성화에 기여했다는 평가를 받고 있다. 롤(LoL)게임은 '전국 PC방 토너먼트'를 통해 동네 PC방에서 직접 대회에 참여하는 기회를 제공하고 시즌별 챔피언스 운영에서 영화관 중계상영, 모바일 시청, 결승전 티켓 유료화 등으로 관람객의 참여도와 콘텐츠로서의 가치 그리고 산업적 가능성을 보여주고 있다. 이러한 성과를 통해 한국e스포츠협회가 주최하는 2012대한민국 e스포츠 게임대상 '최우수 공인종목상'을 수상하고 문화체육관광부 등이 공동주최하는 2012대한민국 게임대상 '인기 온라인 게임상'을 수상하였다.

리그오브레전드(LoL) 한국형 스킨 '신바람 탈 샤코'
탈춤을 소재로 제작된 한국형 스킨이며 일정기간의 판매수익금을 모아 문화재 보호에 기부하였다.

라이엇 게임즈의 경영성과는 수익과 점유율만으로 표현하기에는 부족함이 있다. 경영성과 이외에 여러 언론에서 착한기업이라는 평가를 받고 있다. 이러한 평가가 가능한 것은 경영활동 이외에 기업의 지속가능경영 측면에서 언급되는 나눔·윤리·사회공헌과 관련성이 있다.

라이엇 게임즈는 재미와 함께 건강한 게임문화를 만들고자 여러 가지 프로그램을 운영 중이다. 플레이들의 애로사항을 해결해주는 게임마스터(GM), 욕설과 비매너적인 참여로 피해를 주는 플레이어에게 재제와 추방, 착한 플레이어에게는 포상을 하도록 '매너 캠페인'을 전개하고 있다.

또한 '게임 배심원단'과 '명예로운 소환사' 등의 시스템을 도입하여 게임 참여자들이 스스로 올바른 게임문화 정착에 논의하고 격려하는 참여형 게임커뮤니티를 형성하고 있다. 이러한 캠페인과 시스템의 도입 및 결실은 심리학 박사 등 전문가를 채용하여 게임환경과 문화개선을 위한 전담부서 운영으로 가능하게 되었고, 고객중심 서비스의 기업철학이 이루어낸 또 다른 성과이기도 하다.

온라인 게임과 문화재, 낯선 만남에서 소통하는 파트너로

라이엇 게임즈의 문화재 사회공헌 시작은 여느 기업과 비슷하게 문화재 분야에서 어떠한 사회공헌 활동이 가능한지를 물어보는 문의전화에서 시작하였다. 라이엇 게임즈는 한국법인 설립 초기부터 문화재 분야의 사회공헌을 염두해 두고 문화재청 등 여러 관계기관에 문의를 하고 있었다. 하지만 대다수의 기관은 라이엇 게임즈가 신생 외국계 기업이며 온라인 게임이라는 기업의 특성 때문에 문화재와의 연결성을 찾기가 어려웠다. 문화재청의 담당자도 마찬가지였다. 여러 기업과 문화재 사회공헌 사업을 진행하고 있지만 라이엇 게임즈는 회사 이름도 낯설고 온라인 게임 회사의 특성과 연결된 구체적인 문화재 사회공헌 아이템을 찾는 게 어려웠다.

라이엇 게임즈는 계속해서 사회공헌 사업 개발의 아이템을 찾았고 문화재청도 몇 달간 고민을 해 보았지만 결국 게임과 문화재와의 연결고리를 찾지 못하고 시간만 보내는 상황이었다. 단순히 일회성으로 후원을 받는 일은 쉬울 수 있지만 기업의 경영 활동과 사회공헌 방향 등을 고려해서 지속적인 문화재 사회공헌 계획을 잡는 것이기에 어려웠다. 문화재청 담당자는 더 이상 시간만 미룰 수도 없고 또한 사업 제안이 어렵다는 답변을 전화로 이야기하는 것은 예의에 맞지 않다고 생각했다. 그래서 대전에서 라이엇 게임즈 서울 사무실로 직접 찾아갔다. 한편에서는 낯선 게임회사를 방문해보고 이야기를 나누고 싶은 마음도 있었다.

그런데 흔히 현장에 답이 있고 사람과 만나면 문제가 해결된다고 하는데, 문화재청과 라이엇 게임즈와의 낯선 만남이 문화재와 게임을 연결시키는 새로운 여정의 출구가 되었다. 문화재청은 다양한 문화재 소개와 함께 기업들이 어떠한 문화재 사회공헌을 하는지 또한 어떠한 방식으로 협력과 후원이 이루어지는지를 설명하고, 라이엇 게임즈는 롤(LoL) 게임의 소개부터 온라인게임, e-스포츠, 게임 참여자 등을 설명하였다.

낯선 만남은 서로를 이해하는 소통과 교감의 시간으로 변하고 문화재와 게임을 연결하는 문화재 사회공헌 활동은 점차 정리되기 시작하였다. 문화재청은 문화재와 게임의 교집합을 '청소년'으로 잡았다. 게임의 주 고객층인 청소년이 문화재를 배우고 체험하면서 문화재 보호 봉사활동에 참여한다면 의미가 있기 때문이었다. 롤(LoL) 게임의 매체를 통해 문화재 체험교육에 참여할 청소년 참여층을 발굴하고 문화재를 홍보하는 사회공헌 활동에 라이엇 게임즈가 후원한다면 게임회사만이 가능한 새로운 문화재 사회공헌 협력 모델이 될 수 있다고 생각했다. 더욱이 게임에 대한 청소년들의 과잉적인 몰입이 사회적 문제로 언급되는 상황에서 청소년들에게 문화재를 통해 교육과 자원봉사 참여를 이끌어낸다면 또 다른 사회적 이슈 해결에도 기여하리라 생각했다.

문화재청과 문화재지킴이 협약(2012년)

협약 이후 매년 별도의 후원사업을 개발하여 후원약정식을 추가로 맺고 있다.

문화재청의 제안에 라이엇 게임즈 역시 공감하면서 청소년 문화재 체험교육 프로그램 이외에 추가로 의미 있는 문화재 보호에 참여하고 싶다는 의사를 덧붙였다. 그 결과 문화재 환수, 유물 보존처리, 관람객 휴게실 리모델링 등의 지원과 함께 임직원이 정기적으로 문화재 환경정화 봉사활동에 참여하는 내용을 추가하였다. 이후 문화재청과 라이엇 게임즈는 문화재지킴이 협약을 맺고 본격적인 문화재 사회공헌의 첫발을 내딛기 시작하였다.

라이엇 게임즈의 주력 사회공헌 대상, 문화재 환수와 청소년체험교육

본격적인 문화재지킴이 참여 이후, 라이엇 게임즈는 사회공헌의 차별성을 위해 주력 사회공헌으로 문화재 환수와 청소년 문화재체험교육을 선정하고 이외에는 시기적으로 주요한 문화재 이슈이거나 수혜자 중심의 문화재 보호 활동에 후원하는 방향으로 문화재 사회공헌을 진행하고 있다. 라이엇 게임즈의 사회공헌은 문화재 분야만 집중하면서 큰 규모의 후원금을 통해 주력 사회공헌 대상의 안정적 지원과 다양한 문화재 보호 활동에 참여하고 있다. 2012년 5억원의 사회공헌 지출을 시작으로 매년 5~8억원의 규모로 문화재청과 협력사업을 개발하고 있으며 2016년까지 후원 규모 누적이 35억원을 넘어서 문화재청의 문화재지킴이 협약기업 중 최고 많이 후원한 파트너 기관으로 성장하였다.

우선 라이엇 게임즈의 차별화된 사회공헌 활동이면서 가장 많은 관심과 후원이 집중되는 대상은 해외 소재 문화재의 환수와 지원 활동이다. 활동 초기부터 국외소재문화재재단(이하 국외재단)에 매년 국외문화재 보호 조성 기금을 기부하고 있으며 적립된 기부금을 활용해 안정적으로 국외문화재의 환수와 보존관리 등을 지원하고 있다. 환수의 경우 많은 기업에서 관심을 갖고 있지만 환수 절차의 복잡성, 장기적 시간 소요, 경매 등에 대처하는 긴급성 등 부담요소가 많아서 1년 단위로 사회공헌을 계획하고 성과를 얻기 어려운 대상이다. 그래서 지속적인 기부와 관심이 필요하며 대개의 기업들은 1년 단위 또는 단기적인 성과가 보이지 않으면 참여하기 어려운데 라이엇 게임즈는 이러한 위험요소를 감안하고 국외문화재의 환수와 보존관리에 지속적으로 참여하고 있다.

라이엇 게임즈가 처음 문화재 환수에 기여한 사례는 조선불화 '석가삼존도' 이다. 해외 문화재 전문기관인 국외재단은 라이엇 게임즈의 후원을 받아 문화재 환수 사업을 진행하던 중, 미국 허미티지박물관(Hermitage Museum&Gardens)이 소유하던 조선시대 대형불화가 2011년부터 버지니아박물관협회의 '훼손위험 문화재 10선'에 지정되고 당시 보존처리를 위한 모금이 진행되고 있음을 알게 되었다. 국외재단은 라이엇 게임즈, 문화재청, 국립중앙박물관과 환수 절차·집행과 보존처리 방안 등을 협의한 후 라이엇 게임즈의 기부금을 활용해 긴급히 박물관으로부터 기증받는데 필요한 비용을 사용하고 조선불화 환수를 마무리 지었다. 현재는 국립중앙박물관에서 보존처리 중이며 향후 전시를 기획하고 있다. 조선불화 '석가삼존도'는 18세기에 제작된 것으로 추정되며 일제강점기에 허미티지박물관에서 매입하여 보관하다가 다시 제자리를 찾게 된 사례였다. 사회공헌 차원에서 외국계 기업이 국내 문화재 환수에 기여한 첫 사례이기도 했다.

조선불화 기증 · 후원 기자설명회
라이엇 게임즈 대표가 인사말을 통해 라이엇 게임즈의 문화재 보호 활동의 참여 배경과 문화재 환수 등의 성과를 소개하고 있다.(2014년1월)

문화재 환수 후원사업은 계속되고 있으며 환수뿐만 아니라 해외에 있는 문화재 보호 활동에도 함께 하고 있다. 2016년 라이엇 게임즈는 미국 워싱턴D.C에 소재한 주미대한제국공사관의 복원 사업에 후원하였는데, 주미대한제국공사관은 2018년 개관을 목표로 1~2층은 공사관 집무실 등 옛 공사관 모습을 복원하면서 3층에는 대한제국과 한미외교의 역사현장을 소개하는 전시실을 준비하고 있다. 라이엇 게임즈는 3층 전시실의 꾸미는데 후원하였다. 주미대한제국공사관은 대한제국 시기 세계열강과의 자주외교를 상징적으로 보여주는 역사공간이며 한미외교를 위해 1889년부터 외교공관으로 사용하다가 을사늑약 후 외교권을 박탈당해 외교기능을 상실하였다. 이후 일제강점기에 일본이 강제매입하였다가 다시 매매되었고 개인소유로 있던 공사관을 2012년 문화재청과 문화유산국민신탁 다시 매입하였다.

다음으로 라이엇 게임즈가 관심을 갖고 지속적으로 후원하는 사회공헌 활동은 청소년 문화재체험교육 프로그램이다. 문화재를 통해 소외계층에게 문화체험교육을 지원하면서 라이엇 게임즈 플레이어 대상으로 문화재 현장에서 문화재를 보고 배우며 자원봉사에 참여하는 프로그램을 함께 후원하였다.

문화재체험교육 프로그램은 궁궐, 한양도성, 성균관 등 서울지역의 문화재뿐만 아니라 지역별 서원에서도 캠프식으로 운영되고 있다. 라이엇 게임즈의 문화재체험교육 프로그램의 특징은 우선 교육과 관련된 문화재를 대상으로 전통교육을 체험하면서 문화재의 이해를 돕는 체험교육으로 진행하는 점이다. 과거 학교기관이었던 성균관과 서원에서 문화재의 이해와 체험 이외에 인성과 예절교육을 함께 진행하고 있다. 다음으로 문화재 보호 후원사업과 연결시키는 체험교육 운영방식이다. 예를 들어 2012년 국립고궁박물관의 노부(鹵簿) 보존처리와 휴게실 리모델링 사업을 후원하면서 박물관에서 왕실문화를 주제로 문화재체험교육을 시행하고, 서울 문묘와 성균관의 안내판 개선과 3D 디지털기록화 사업을 후원하면서 성균관에서 유교 문화와 예절교육을 시행하였다. 한편 2017년에는 문화재청에서 시행하는 '톡톡 이순신, 충무공 탐험대'의 문화재교육 프로그램을 후원해 교육 기회 확대에도 기여하였다.

왕실문화체험교육

한양도성 걷기 체험교육

성균관 청소년 예절교육

왕실 유물 등 보존관리와 성균관 안내판 개선 등 시설관리 후원

문화재 환수, 청소년 문화재 체험교육의 주력 사회공헌 사업 이외에도 다양한 문화재 사회공헌 활동이 이루어지고 있다. 우선 보존관리에서 왕실 유물인 노부의 보존처리, 경복궁 등 4대 궁궐 대상으로 내부 공간의 보수정비, 주요 서원의 보존관리를 위한 3D 디지털기록화 사업이 있었다.

조선시대 국왕은 평소에 궁궐에서 거처했지만 왕릉에 제사를 지내거나 혼례로 왕비를 모시러 가는 등 궁궐 밖으로 행차를 하는 경우가 있었다. 국왕의 행차에서 왕실의 위엄을 보여주기 위해 깃발, 무기 및 악기 모양의 의장물을 사용하는데 이러한 의장물을 노부(鹵簿)라고 한다. 라이엇 게임즈는 2012년 노부의 원형 보존을 위해 국립고궁박물관을 후원하여 노부 25점을 보존처리하였다.

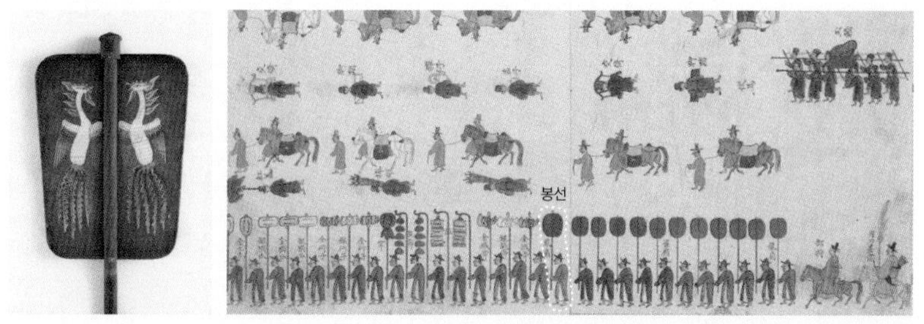

라이엇 게임즈 후원으로 보존처리된 노부 25점 중 '봉선(鳳扇)' (좌측 사진), 영조와 정순왕후의 혼례 모습을 그린 가례도감의궤 반차도(부분)를 보면 봉선을 비롯한 용선(龍扇), 작선(雀扇), 금월부(金鉞斧), 금횡과(金橫瓜) 등 다양한 노부를 들고 행차에 참여하는 모습을 볼 수 있다.(우측 사진)

또한 2016년 경복궁 등 4대 궁궐을 대상으로 진행한 보존관리 후원 활동이 있다. 궁궐 건축물 내부가 오래되거나 훼손된 장판·도배·창호 등을 교체·정비하고 온돌·굴뚝 등을 수리하는데 지원하는 활동이다. 일제강점기에 훼손된 궁궐을 수리·복원해서 옛 궁궐의 위엄을 되찾는 국가적 사업이 진행되는 가운데, 점차 궁궐 건축물의 내부를 개방하고 왕실의 생활용품과 각종 전시행사가 이루어지면서 건축물 내부 정비의 중요성이 커지고 있다. 라이엇 게임즈의 후원으로 경복궁은 천추전과 소주방·생과방, 창경궁 영춘헌·집복헌 등의 내부 보수 정비 그리고 덕수궁 준명당 온돌수리, 창덕궁 건축물 내부 정비 및 굴뚝 정비 등이 이루어지고 있다.

이외에도 2013년 '서울 문묘와 성균관'의 문화재 보존관리를 지원하기 위해 성균관의 명륜당, 대성전 등 주요 건물을 중심으로 3D 디지털 원형 기록과 함께 성균관 홍보 영상물 제작을 후원하였다.

다음으로 시설관리 분야의 후원 사업이 있다. '서울 문묘와 성균관' 사적지의 안내판을 교체·설치하고 궁궐의 조경관리용 장비를 기증하는 활동이다. 우선 2015년 '서울 문묘와 성균관'의 공공디자인 개선 사업으로 현대적 디자인을 적용하여 사적지와 어울리는 안내판으로 교체·설치하는데 후원하였다. 교육 관련 문화재의 후원 사업의 연장선이기도 했다. 그리고 궁궐은 행사장소와 회의실, 관청, 왕실가족의 거처 등의 건물뿐만 아니라 건축물 주변에 다양한 나무들이 조성되어 있기 때문에 건축물과 함께 조경관리도 중요하다. 나무를 심거나 옮기거나 또는 나무를 정리하기 위한 가지치기, 죽은 나무를 제거하기 위한 다양한 활동이 이루어지는데, 이러한 조경관리에 필요한 중장비를 지원하고자 2014년 라이엇 게임즈가 조경관리용 작업용 크레인을 기증하였다. 한편 관람객 서비스 개선을 위해 2012년 국립고궁박물관의 관람객 휴게실 리모델링(의자·테이블 교체 등)에도 후원하였다.

라이엇 게임즈의 4대궁 보존관리 후원 사업 중 경복궁 천추전 내부 보수정비(도배 · 장판 · 창호 교체)후 완료된 모습

'서울 문묘와 성균관' 사적지의 주요 건물과 전경을 3D 디지털로 기록하고 홍보 영상물을 제작하는데 라이엇 게임즈가 후원하였다.

문화재 조경관리용 중장비 크레인차량 기증
궁궐, 왕릉을 대상으로 나무심기, 가지치기 등 조경관리용에 필요한 크레인차량을 라이엇 게임즈가 기증하였다.

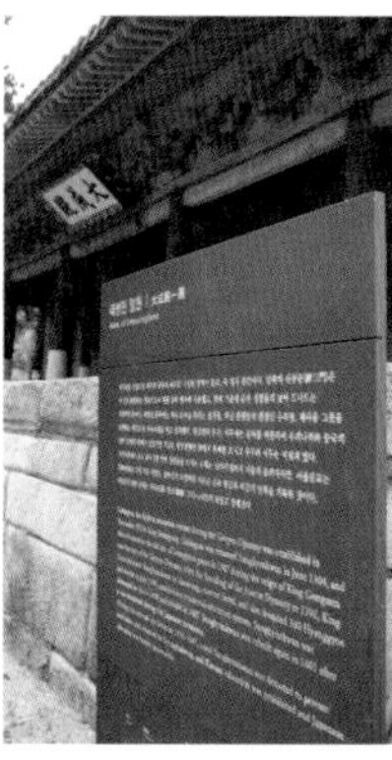

'서울 문묘와 성균관' 안내판 개선 후원
관람객에게 문화재 정보 제공과 함께 공공디자인 차원에서 문화재와 어울리도록 현대적 디자인을 적용한 안내판 개선에 라이엇 게임즈가 후원하였다.

문화재 홍보 및 전시 · 행사 등의 지원

2016년 문화유산국민신탁은 라이엇 게임즈 등 기업, 개인 등에게 후원을 받아 구입·기증한 대한제국·독립운동 관련 유물들을 전시하는 '문화유산국민신탁 소장유물 특별전'을 개최하였다. 라이엇 게임즈는 2012년부터 문화유산국민신탁의 문화재 보호를 위한 국내유물구입 사업을 지원해 이준 열사, 한규설 대감 등의 서화 구입·기증에 기여해왔다. '문화유산국민신탁 소장유물 특별전'은 라이엇 게임즈의 후원·기증 유물과 함께 스타벅스, 포르쉐, 호텔프리마 등에서 후원·기증한 유물을 함께 전시하였는데,

라이엇 게임즈는 그 동안의 유물구입 후원과 별도로 전시회 개최 비용을 추가 후원하였다. 특별전을 통해 대한제국과 독립운동의 의미를 되새기면서 기업·개인 등이 참여한 후원의 가치를 공유하는 전시회가 되었다.

또 다른 문화재 전시 후원 사업은 2016년에 개최한 '정조, 창경궁에 산다. 서화취미(書畫 趣味)' 전시였다. 창경궁 영춘헌은 정조가 거처하던 곳이며 영춘헌 옆에 자리한 집복헌은 정조의 아버지 사도세자와 아들인 순조가 태어난 곳으로 모두 역사성이 깊은 공간이다.

정조와 인연이 많은 창경궁 건물 안에 정조의 글, 시, 편지, 그림 등을 소재로 현대적 감각을 더하여 전시를 하였다. 전시뿐만 아니라 궁중의 일상을 느낄 수 있도록 가구와 소품 등으로 내부 공간을 연출하고 역사도서를 비치해 관람객들이 전시도 보고 체험과 독서·휴식공간으로 이용하도록 조성되었다. 한편 라이엇 게임즈는 유네스코의 자문기구로 역사적 기념물과 유적의 보존 활동을 하는 국제NGO기구 '이코모스' 국제심포지엄이 제주에서 열릴 때 심포지엄 행사를 후원하기도 하였다.

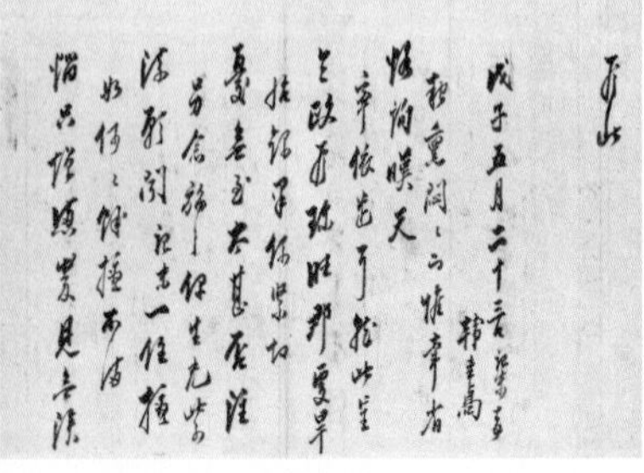

문화유산국민신탁 소장유물 특별전(좌)과 '한규설 간찰' 유물 전시 사례(우)

라이엇 게임즈는 문화유산국민신탁과 함께 근대역사문화 보호 활동을 위해 국내유물구입 후원 사업을 진행하고 있다. 후원한 구입유물 중에서 '한규설 간찰'이 있으며 한규설(韓圭卨; 1848~1930)은 을사늑약(1905년) 당시 참정대신으로 참여해 일제가 강요한 을사늑약 체결을 끝까지 반대하다 감금되고 파면되었다. 국권피탈 이후에 일제의 회유로 남작 지위를 받았지만 거부하고 은거하다가 조선교육회, 민립대학기성회 등 교육 분야에 기여한 애국지사이다.

'정조, 창경궁에 산다. 서화취미' 전시

2016년 라이엇 게임즈가 문화향유 확대를 위해 후원한 전시행사로, 정조와 인연이 많은 창경궁 영춘헌과 집복헌의 내부 공간에 정조의 시(詩) · 서(書) · 화(畵) 등을 소재로 현대적 감각이 더해져 다양한 전시물품을 구성하였다.

라이엇 게임즈는 문화재 홍보의 후원과 참여형 문화재 홍보 캠페인도 운영하였다. 2014년 EBS 문화유산코리아 프로그램의 제작을 후원하여 석굴암과 불국사 등 11건의 세계유산 프로그램이 제작되고 한국의 세계유산을 알리는데 기여하였다. 또한 같은 해에 게임 전문 케이블방송인 OGN(구 온게임넷) 방송을 통해 한국에서 LoL월드챔피언십이 열리는 2개월 동안 월드챔피언십 방송 중 공익광고로 문화재 홍보 영상물을 상영하기도 하였다.

다음으로 라이엇 게임즈는 글로벌 프로젝트와 연결해 독특한 문화재 홍보활동을 하였다. 한국지사를 포함해 미국, 호주, 중국, 브라질 등 각국의 라이엇 게임즈는 롤(LoL)의 챔피언인 '티모'의 피규어를 이용하여 사진을 게재하는 프로젝트를 운영하였는데, 한국에서는 문화재 사회공헌의 일환으로 '티모와 함께하는 문화유산 정찰대(이하 문화유산 정찰대)'를 2014년 3월부터 6월까지 진행하였다. 문화유산 정찰대 프로젝트 참가신청자들은 자기소개서와 문화재 홍보 활동의 정찰대 계획서를 제출하고 그 가운데 정찰대 40명이 선발되었다. 선발된 정찰대원의 임무는 문화재를 찾아가서 '티모' 피규어와 함께 사진을 찍어 라이엇 게임즈 홈페이지에 게재하여 문화재를 소개하면서 문화재의 가치를 공유하는 방식으로 진행되었다. 문화유산 정찰대는 글로벌 프로젝트의 일환으로 운영되었기에 여러 국가의 정찰대원들도 티모와 함께 소개된 우리의 문화재를 공유할 수 있었다. 게임의 캐릭터를 매개체로 활용하여 게임 플레이어들이 자연스럽게 문화재를 찾아가도록 만들고 국내외적으로 문화재를 홍보하는 참신한 프로젝트라고 볼 수 있다.

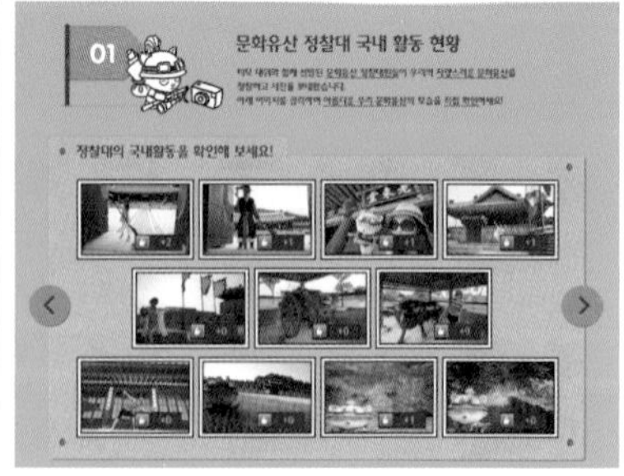

'티모와 함께하는 문화유산 정찰대' 소개

문화유산 정찰대(참여자)가 문화재 현장에서 '티모' 피규어와 함께 찍은 사진을 라이엇 게임즈 홈페이지에 게재하여 문화재를 소개하는 참여형 문화재홍보 프로젝트

문화재 현장자원봉사로 문화재 사회공헌의 공감대 확산 기여

라이엇 게임즈는 문화재 보호의 후원 이외에도 임직원이 참여하는 문화재 보호 자원봉사 활동을 상하반기 정기 행사로 운영하고 있다. 봉사활동 문화재 대상지는 주로 라이엇 게임즈가 후원한 문화재와 연결된 곳을 선정해서 직원들과 함께 사회공헌 사업의 취지와 성과도 공유하고 있다. 임직원들은 회사 안팎에서 들었던 사회공헌 성과를 현장에서 직접 확인하면서 문화재 보호 활동에 직접 참여하는 특별한 체험과 보람을 얻을 수 있었다. 문화재 보호 봉사활동은 한국지사의 직원만이 아니라 한국을 방문한 본사와 해외 지사의 직원들과 함께 진행하기도 한다. 또한 라이엇 게임즈만이 아니라 게임 방송사 등 관련 회사의 직원들도 문화재 보호 봉사활동에 동참시켜 문화재의 이해와 문화재 사회공헌의 공감대를 확산시키고 있다.

라이엇 게임즈 임직원이 창덕궁에서 문화재 일상관리 봉사활동에 참여하고 있다.

문화재를 통해 고객, 사회, 기업이 함께 성장하는 길을 걷다.

라이엇 게임즈가 보여주는 문화재 사회공헌의 특징과 성과는 무엇일까? 우선 문화재 환수라는 차별화된 사회공헌 대상을 지속적으로 후원하였다는 점이다. 두 번째로 청소년이라는 공통분모를 통해 게임업과 문화재와의 연결고리를 적절하게 찾았다는 점을 들 수 있다. 문화재는 문화재의 가치를 공유하는 체험·교육 분야가 중요하며 주 교육 대상자 중 하나가 청소년이다. 그리고 게임의 주 참여층도 청소년이다. 라이엇 게임즈에서 지원하는 청소년 문화재 체험교육은 문화체험교육과 함께 인성교육, 문화재 보호 자원봉사 기회를 제공하고 있다. 이러한 청소년 프로그램은 문화재의 체험교육과 보호 활동 활성화에 부합하는 일이며, 한편에서는 게임을 매개체로 청소년에게 새로운 경험과 체험 기회를 제공하므로 게임 기업의 공익활동과도 연결된다. 실제로 교육 프로그램에 참여한 학생들은 라이엇 게임즈 덕분에 게임의 즐거움뿐만 아니라 문화재 봉사활동의 보람, 역사문화 체험의 재미와 의미를 알게 되었다고 한다.

세 번째로 문화재 환수와 체험교육의 주력 사업 이외에 해마다 특화된 주제로 새로운 후원 사업을 진행하는 점이다. 예를 들어 2012년 조선왕실 분야(왕실유물 보존처리, 고궁박물관 휴게실 개선), 2013년 교육(성균관 안내판과 3D원형기록), 2014년 환수·유물구입, 2015년 광복70주년(전시) 및 교육(서원 3D원형기록), 2016년 4대 궁궐 보존관리(경복궁·창덕궁·창경궁·덕수궁 보수정비) 등 해마다 문화재 이슈, 긴급 지원 대상, 주력사업의 확장성 등을 고려해 후원 대상을 선정하고 있다.

네 번째로 한국형 챔피언(아리), 한국형 스킨(신바람 탈 샤코) 등의 한국형 신규 캐릭터·아이템의 개발과 함께 해당 수익금을 문화재 사회공헌 기금으로 조성함으로서 고객과 소통하는 문화재 사회공헌 활동 환경을 만드는 점이다.

다섯 번째로 수익금과 함께 자체 예산을 포함한 큰 규모의 사회공헌 기부금이 지속적으로 조성된 점이다. 이를 통해서 안정적인 사회공헌 비용의 확보와 함께 연속적인 사업 성과를 얻을 수 있었다.

여섯 번째 문화재 사회공헌 관계기관과의 원활한 소통과 신뢰에 기반한 파트너십이다. 기금조성 과정에서 관계기관(문화재청 등)과 충분한 협의를 거쳐 사회공헌 대상 선정과 운영 방법 등의 사회공헌 모델을 개발하고 있다. 또한 후원 사업에 참여하는 각각의 전문기관과 후원 초기 기획 및 진행과정을 충분히 협의하여 추진성과와 효율성도 높일 수 있었다.

끝으로 라이엇 게임즈가 지닌 문화재 사회공헌의 관심과 비전이다. 라이엇 게임즈는 게임산업을 통해 게임을 즐기는 소비자들의 만족과 재미뿐만 아니라 즐겁고 건전한 게임문화를 만들어 가는데 많은 노력을 기울이고 있다. 이러한 경영철학은 문화재 사회공헌으로 이어져 청소년을 중심으로 많은 사람들이 문화재에 관심을 갖고 문화재를 가꾸고 지켜가는 일에 즐겁게 참여하기를 바라고 있다. 또한 건전한 게임문화를 정착시키기 위한 노력만큼 문화재를 건강하게 가꾸고 지켜가는 일에 기여하고자 한다. 이러한 관심과 비전은 문화를 존중하고 사람을 배려하며 새로운 희망을 가꾸는 일이다. 그리고 라이엇 게임즈는 게임과 문화재 분야 모두에서 가장 멋진 플레이어(player)를 지향하는 듯하다.

라이엇 게임즈 임직원은 연간 2회씩 정기적으로 문화재 환경정화 자원봉사에 참여하고 있다.

라이엇 게임즈, 문화재 분야 사회공헌 활동

ㅇ 후원규모 : 약 35억원(2012년~2016년)

ㅇ 참여분야 : 문화재 보존처리, 교육, 환수, 콘텐츠 개발, 현장자원봉사 등

ㅇ 주요활동
- 국외문화재 보호 : 미국 허미티지박물관 조선불화 환수, 주미대한제국공사관 복원 지원
- 청소년체험교육 및 자원봉사 후원
- 보존관리 : 조선왕실 행차 유물(노부) 보존처리, 4대궁 보수정비, 성균관 3D원형기록
- 시설관리 : 성균관 안내판 개선, 궁궐 조경관리용 중장비 기증, 국립고궁박물관 휴게실 리모델링
- 전시 · 행사 : 문화유산국민신탁 소장유물 특별전, '정조, 창경궁에 살다' 등 후원
- 홍보 · 캠페인 : 세계유산 방송콘텐츠 제작 후원, '티모와 함께하는 문화유산 정찰대' 운영
- 봉사활동 : 임직원 문화재 보호 현장자원봉사(궁궐, 왕릉, 성균관 등)

참고자료

- '[행복한 디지털] 추락하는 PC방 살리자…상생의 손을 잡았다'(동아일보, 2013.3.26)
- '라이엇 게임즈, 한국 문화재사랑 진정성 있다'(한국경제, 2012.11.17)
- 'LoL, e스포츠 그 이상을 꿈꾼다'(스포츠경향, 2013.1.22)
- 라이엇 게임즈, e스포츠 관계자들과 선정릉 찾은 까닭은?(데일리e스포츠, 2013.5.8.)
- '게임만 알던 플레이어 "역사도 재밌네"'(매트로게임, 2013.7.26.)
- "게임문화로 한국문화를 되찾다" 라이엇 게임즈, 문화재 반환에 3억원 지원(인벤, 2014.1.7.)
- 라이엇 게임즈, 서울 문묘 및 성균관 3차원 정밀측량 사업 완료(전자신문, 2014.7.18.)
- 라이엇 게임즈, EBS '문화유산코리아' 제작 후원(헤럴드경제, 2014.10.23.)
- 조선 국왕행차 의장 '노부' 보존처리 완료, 라이엇 게임즈 후원(아주경제,2015.1.15.)
- 라이엇 게임즈, 문화유산국민신탁 소장유물특별전 후원(데일리e스포츠, 2016.2.1.)
- 라이엇 게임즈, 주미대한제국공사관 활용사업 후원(ZDNet Korea, 2016.4.26.)
- 정조의 일상을 한눈에, 라이엇 게임즈 창경궁 전시회 후원(게임메카, 2016.5.3.)

문화재의 아름다움을 찾아가는 여정

전시, 공연 유형

사회의 변화와 특징을 보여주는 단어로 문화, 환경, 여성을 자주 언급한다. 그 가운데 여성과 문화를 연결시켜 문화재 사회공헌에 참여하는 LG생활건강이 있다. LG생활건강은 문화재 사회공헌의 주요 열쇳말을 왕실여성문화로 잡고 그와 관련된 문화재의 보존관리 지원과 함께 문화향유 프로그램을 지원하고 있다.

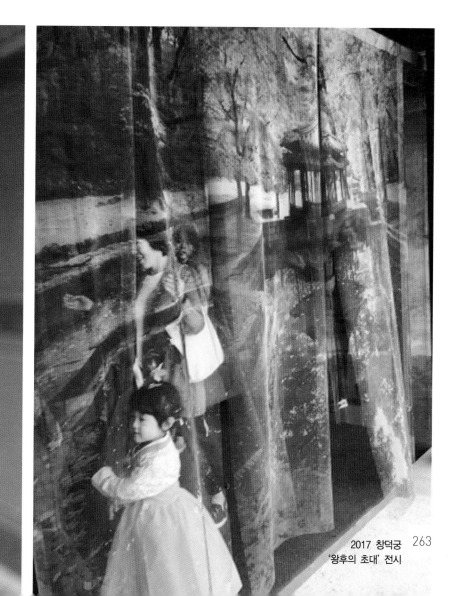

2017 창덕궁 '왕후의 초대' 전시

건강하고 아름다운 생활문화 지원과 브랜드별 사회공헌 차별화

LG생활건강은 일상에서 자주 접하는 치약·비누·세제 등의 생활용품과 함께 화장품, 음료 사업 분야에서 활동하는 기업이다. LG생활건강의 출발은 1947년 락희화학공업사에서 시작되었다. 이후 럭키(1974년), LG화학(1995년)으로 사명이 변경되고 2001년 LG화학이 3개사로 분할되면서 LG생활건강은 생활문화 부문의 독립법인으로 새 출발을 하였다. 해방 이후 초창기 생활문화산업에 참여하면서 화장품 크림, 치약, 화장비누, 합성세제, 샴푸 등을 국내에서 처음 만들어 생활문화 산업 발전에 기여한 발자취를 보여주고 있다.

LG생활건강의 기업비전은 고객의 아름다운 꿈을 실현하는 것이며 그 핵심가치를 건강(Healthy), 아름다움(Beautiful), 활기(Refreshing)에 두고 있다. 기업비전과 사업의 핵심가치는 사회공헌 전략과도 연결되는데, 주 고객층인 여성과 청소년을 중점 대상으로 삼아 건강, 교육, 복지, 지역사회 영역에서 다양한 사회공헌 활동을 진행하고 있다. '건강' 부문은 안면기형 아동 수술, 한 부모 여성가장 건강검진, 저소득가정 아동 치과진료를 지원하고, '교육' 부문에서는 치아건강교육(아동), 친환경적 생활습관교육(청소년), 글로벌 환경리더 양성교육(대학생)을 지원하고 있다. 또한 '지역사회' 부문에서 푸드뱅크·아름다운 가게 등에 현물을 기부하고 자원봉사에도 참여하며, 지역의 여성·장애·노인시설에도 생활용품·화장품·음료 등을 후원하고 있다. 국내뿐만 아니라 글로벌 지역사회의 자립지원을 돕기 위해 해외 화장품 원료 구입의 공정무역 시행과 함께 아프리카에 망고나무 농장 조성과 교육센터 등을 지원하고 있다. 이외에 문화예술 지원과 문화향유 확대를 위한 메세나 활동으로 해금 공연을 후원하고 있으며, 화장품 동물실험 반대 캠페인 및 멸종 위기 동물보호 후원활동에도 참여하고 있다.

LG생활건강 사회공헌 추진 체계(2016 LG생활건강 CSR 보고서 참조)

LG생활건강의 사회공헌활동은 사업과 연계성을 강화하고 지역사회의 변화를 이루는 영향력을 확대하고자 합니다.

비전	Beautiful Dreaming			
지원대상	여성, 아동, 청소년			
슬로건	여성, 아동, 청소년들이 아름다운 꿈을 실현할 수 있도록 지원하며 더 나아가 지속가능한 사회에 이바지			
지원영역	교육	건강	나눔	지역사회

LG생활건강은 기업 내 다양한 브랜드의 특성을 사회공헌과 연결시키거나 브랜드만의 차별화된 사회공헌 프로그램을 운영하고 있다. 예를 들어, 안면기형 어린이 수술 지원의 '오휘, 아름다운 얼굴 캠페인', 어린이 건강치아교육의 '페리오, 키즈 스쿨', 해외 자립경제 및 교육 지원을 위한 '더페이스샵, 희망의 망고나무', 동물보호 관련 '비욘드, 동물보호캠페인', 문화예술과 문화재 보호를 위한 '더 히스토리 오브 후, 해금예찬과 문화재지킴이 궁중문화캠페인' 등이 있다.

전통문화의 가치를 브랜드에 담고, 사회공헌으로 확장하다.

LG생활건강 '후', '해금예찬' 메세나 활동

LG생활건강의 브랜드별 사회공헌 가운데 더 히스토리 오브 후(이하 후) 브랜드는 문화예술 활성화, 문화재 보호 관련 사회공헌에 주력하고 있다. 후 브랜드는 2006년부터 '해금예찬'을 통해 해금 연주자의 국내외 공연 기회를 제공하면서 '국악콘서트 다담'을 통해서는 신인 연주자의 발굴과 함께 다양한 국악 홍보 활동을 진행하고 있다. 해금을 통해 국악의 대중화와 문화체험 및 문화향유의 기회를 확대하는 사회공헌 활동이다.

LG생활건강의 후 브랜드가 문화예술 사회공헌에 참여하게 된 배경을 보면 브랜드의 특징과 연결된다. '후(后)'는 브랜드 명칭에서도 알 수 있듯이 왕후(王后)를 상징하며, 왕실여성이 사용하던 궁중의 화장 재료와 화장 방법 등을 현대 미용과학과 접목하여 고품격의 화장품 브랜드를 지향하고 있다. 고품격의 전통문화를 배경으로 한 브랜드의 지향점은 자연스럽게 전통문화의 가치를 브랜드에 담아내면서 그 배경이 되는 전통문화의 가치를 보호하고 공유하기 위한 활동으로 이어지게 되었다. 그래서 후 로고의 디자인이 국악기 '해금'의 모습을 담아내고 있으며, 화장품 디자인에도 백자 태항아리(보물 제1055호), 백제 금동대향로(국보 제287호) 등에서 영감을 얻은 곡선과 봉황·연꽃 등의 전통 소재가 적용되고 있다.

또한 화장품을 담는 포장상자 제작에 전통공예 화각, 금박, 옻칠 등을 접목하고자 무형문화재 장인이 참여하고 이러한 제품과 문화의 결합은 기업의 문화마케팅과 함께 전통문화의 대중화, 무형문화재 전승활동 지원의 공익 활동과도 연결된다. 무형문화재 고(故) 한춘섭 화각장(華角匠; 경기도 무형문화재 제29호)이 참여해 전 세계적으로 유일한 화각공예를 브랜드 제품에 담아내었다. 화각(華角) 공예기술은 쇠뿔을 끓이고 말린 후 반듯하게 펴내는 등 복잡한 과정을 거쳐서 얻은 얇은 판에 그림을 그리고 목재 가구에 붙여 공예품을 제작하는

LG생활건강 후 브랜드가 손대현 장인(서울시 무형문화재)의 나전칠기 작품을 적용하여 제작한 화장품 포장용기

전통기술이다. 화각장 이외에 김기호 금박장(金箔匠; 국가무형문화재 제119호), 손대현 칠장(漆匠; 서울시 무형문화재 제1호) 등이 참여해 아름다운 전통공예를 화장품 포장 상자에 담아내어 선보이고 있다.

차별화된 왕실여성문화 분야 문화재 사회공헌 전략과 문화마케팅의 확장

전통문화를 소재로 브랜드의 가치를 높이면서 전통문화를 지원하는 방식은 문화재 분야의 사회공헌을 통해 더 구체화되고 활성화되었다. 그 실천은 문화재청과의 문화재지킴이 협약으로 본격화된다. LG생활건강은 2015년 협약을 맺은 후 문화재 사회공헌의 방향성을 왕실여성문화 관련 문화재의 보존관리 지원과 함께 문화향유 확대로 잡았다. LG생활건강 '후(后)' 브랜드 명칭과 왕실여성문화와의 공통분모를 찾은 것이며 사회공헌 주제 선정과 함께 활동 공간도 자연스럽게 궁궐이 되었다. 협약을 전후로 사회공헌과 문화마케팅의 대상이 전통문화에서 왕실여성문화로 보다 구체화되고 차별화되어 전략적인 사회공헌과 문화마케팅 운영이 가능하게 되었다. 더욱이 브랜드 가치와 직접 연결되는 장점도 있었다. 그리고 또 다른 특징은 기존 메세나 지원 사업이었던 국악 공연(해금)을 결합시켜 궁궐에서의 문화향유 프로그램을 지원한 점이다.

첫 문화재 사회공헌 활동 대상은 창경궁이었다. 창경궁은 조선의 9대 임금 성종이 친 어머니, 할머니 세조비, 그리고 선왕인 예종의 부인으로서 어머니뻘에 해당되는 예종비 등 세 분의 왕실여성 어른을 모시기 위해 지은 궁궐이었다. 왕실여성과의 인연이 깊은 곳이기에 LG생활건강(후)의 문화재 사회공헌을 창경궁에서 시작하고 활동 방법은 왕실여성 공간의 보수정비 지원, 왕실여성문화 소재의 전시, 그리고 해금 국악 공연이었다. 3가지 활동 유형을 기준으로 또 다른 지원 활동이 추가되거나 활동 장소도 창경궁에서 경복궁, 창덕궁으로 점차 확대되는 과정을 거쳤다.

우선 궁궐 건물의 보수정비 지원은 창경궁의 통명전·경춘전, 경복궁의 자경전 등이 있다. 지원 대상은 모두 왕실의 여성이 거처하던 공간이었다. 예를 들어 창경궁의 통명전(보물 제818호)은 왕실의 어른이신 국왕의 할머니·어머니가 주로 생활하는 공간이며 국왕이 할머니·어머니를 위해 잔치를 열어드리거나 그 덕을 기리는 뜻으로 칭호를 올리는 행사 등이 자주 진행된 곳이었다. 보수정비 지원 내용은 건물 내부의 오래된 장판, 벽지, 창호 등을 보수하는 것이며 보존관리의 기여뿐만 아니라 창경궁을 찾는 관람객에게 정비된 모습을 보여주어 관람서비스에도 기여하였다.

두 번째 지원 유형은 왕실여성문화를 소재로 한 전시 지원이다. 전시는 주로 왕실여성이 거처하던 공간에서 왕실여성 관련 문화 소재를 활용해 의복, 장신구, 화장도구 등을 전시하고 미디어아트, 사진전, 체험전 등 다양한 형태로 운영되고 있다.

세 번째 지원 유형은 국악(해금) 공연의 지원이다. 강은일·꽃별·신날새 등 유명 해금 연주자들이 궁궐을 찾은 관람객들에게 전통음악, 창작곡 등을 들려주는 공연이다.

창경궁 야간특별관람 기간 중 해금 공연 후원

해금 공연은 주로 왕실여성문화 전시 기간에 통합 프로그램으로 운영되며 궁중문화축전과 함께 궁궐 야간관람 기간에도 운영되어 궁궐의 밤하늘 아래에서 연주되는 애잔한 해금 연주는 고풍스러운 궁궐의 멋을 더해주고 있다.

이외에도 국가무형문화재를 지원하기 위해 보유자·보유단체장에게 2016년부터 해마다 화장품 셋트를 제공하고 있으며 궁궐 천만관객 돌파 기념행사, 문화재지킴이 전국대회 등 문화재 행사에서 관람객에게 제공하는 화장품을 후원하고 있다. 그리고 궁궐의 보존관리를 돕고자 관리용 전기차 등을 기증하였다.

LG생활건강의 여러 문화재 사회공헌 가운데 가장 차별화된 부문은 왕실여성문화를 소개하고 체험할 수 있는 전시 유형이다. 전시의 소재는 궁궐과 함께 왕실여성과 관련된 어보, 의복, 장신구, 화장도구 등이며 설치 미술작품, 특수 필름 사진, 유물 복제, 무형문화재 작품 등을 활용하여 다양한 전시 기법으로 보여주고 있다. 대표적인 몇 가지 전시를 소개하면 다음과 같다.

창경궁에서 보는 또 다른 창경궁, 미디어아트 '왕후의 사계'

창경궁 미디어아트 '왕후의 사계'
미디어아티스트 박상화의 작품으로 창경궁 야간관람을 방문한 관람객에게 창경궁과 왕실여성문화를 소재로 관람체험형 미술작품을 설치 · 운영하였다.

경복궁과 창경궁은 야간에 궁궐을 개방하여 자유롭게 궁궐의 밤풍경을 만끽하도록 특별 프로그램을 운영하고 있다. 대낮처럼 밝은 서울의 도심과 대조적으로 궁궐의 밤은 어두운 밤하늘 아래에서 고즈넉한 역사를 품고 있다. 궁궐 건물 안팎으로 비춰지는 낮은 조도의 조명만이 궁궐의 존재를 알리고 지나온 시간의 이야기를 조심스럽게 건네고 있다. 이러한 매력 때문에 신비롭고 아름다운 궁궐의 모습을 보여주는 궁궐야간관람은 관람객들에게 인기 있는 밤나들이로 자리 잡고 있다. LG생활건강은 야간 관람의 매력을 찾아온 관람객에게 또 하나의 매력을 더하고자 미디어아트를 운영하였다.

미디어아트 '왕후, 사계를 거닐다'는 LG생활건강이 후원하고 미디어아티스트 박상화씨가 제작한 관람체험형 설치미술이었다. 관람객이 많이 지나는 곳이고 자유롭게 드나들며 관람할 수 있도록 명정전 회랑에 설치하였다. '왕후, 사계를 거닐다'는 20m 길이의 회랑을 따라 메시스크린을 겹겹이 설치하고 영상물을 비추는데 영상은 메시스크린을 통과하면서 층층이 영상을 메시스크린에 담아내며 잔잔한 자연의 음향효과를 더한 작품이었다.

영상물의 내용은 궁궐 안 여성의 공간을 중심으로 계절마다 아름답게 표현하고 사계절의 이야기에 따라 왕실여성 관련 옷, 장신구, 생활용품과 혼례·잔치 등의 그림을 함께 담아내었다. 관람객은 바람에 흩날리는 스크린 영상을 보고 듣는 것만 아니라 관람객이 직접 작품 안으로 들어가 산책하듯 거닐면서 감상할 수 있었다. 창경궁 안에 펼쳐지는 또 다른 창경궁과 왕실여성문화를 체험하는 공간인 셈이다. 2년(2015~2016년)에 걸쳐 진행되었으며 2년차에는 메시스크린을 종횡으로 배열하여 명정전 어디에서도 관람이 가능해지고 앞쪽에 별도의 필름 스크린 구역을 추가하여 또 다른 볼거리를 제공하였다.

경복궁 안 스페셜 뮤지엄, 왕실여성문화체험전 '왕후의 초대'

해마다 궁중문화축전이 궁궐과 종묘에서 열리고 있다. 다양하고 창의적인 궁중문화를 체험할 수 있는 문화재 활용 분야의 축제이다. 궁중문화를 주제로 전시·공연·체험행사·교육·의례재현 등이 다양하게 열린다. 그 가운데 LG생활건강은 궁중문화축전 행사 후원과 함께 왕실여성을 주제로 한 전시·체험 프로그램을 운영하였다.

왕실여성문화체험전 '왕후의 초대'는 2016년 처음 경복궁 자경전에서 열렸다. 전시의 소재뿐만 아니라 공간도 왕실여성과 연결시키고 있다. 자경전은 고종이 경복궁을 중건하면서 조대비(신정왕후)를 위해 지은 건물이었다. 왕실의 최고 어른이 거처했던 자경전은 여성 공간의 특성을 건축에 잘 반영한 곳이다. 서쪽 담장에는 국화·매화·대나무·모란 등이 담긴 꽃담, 건물 뒤편에는 십장생 굴뚝이 있다. 아름답고 단아한 품위를 담아내어 많은 관람객이 찾는 명소이기도 하다.

왕실여성체험전은 자경전 정문 서편 행각을 활용해 전시장을 꾸몄다. 왕실여성문화체험전은 말 그대로 왕실여성의 문화를 소개하고 체험하는 전시공간이다. 왕실 여성이 사용했던 의복, 장신구, 화장도구 등을 전시하며, 2017년 전시에서 적의·원삼 등 여성의복, 가채, 장신구와 함께 무형문화재가 직접 제작한 작품으로 전통신발 화혜(화혜장), 부채(자수장), 사주함(화각장), 노리개(매듭장), 원삼(금박장) 등을 전시했다. 무형문화재 작품 덕분에 전시의 품격을 높이면서 자연스럽게 무형문화재를 홍보하는 효과도 얻을 수 있었다. 무형문화재 작품은 국립무형유산원에서 대여를 받아 전시하였다.

전시의 또 다른 특징은 왕실여성의 화장 관련 유물 전시와 체험이었다. 예전이나 지금이나 여성의 아름다움을 더욱 돋보이게 만드는 화장과 화장품은 큰 관심거리일 것이다. 아직 왕실의 화장·미용 관련 연구가 많이 진행되지 않아서 자세한 내용까지 소개할 수 없었지만 간략히 옛 화장도구, 화장법 등을 소개하고 직접 화장품을 체험할 수 있는 기회를 제공하여 관람객들에게는 색다른 경험이 되었다. 화장도구는 영친왕비가 사용했던 청화백자 분합과 화각면빗, 주칠합 3가지를 3D 프린트로 복제하여 전시했다. 분합과 빗은 국립고궁박물관 소장품으로 '영친왕 일가 복식 및 장신구류(국가민속문화재 제265호)' 중에 포함된 문화재이다. 화장 체험은 동백기름으로 머리에 윤기를 나게 하고 홍화씨 기름은 입술에 발라 지금의 립스틱처럼 체험할 수 있었다.

화장·미용 분야는 더 많은 연구와 유물의 발굴·홍보 등이 필요하다. 학술적인 접근도 필요하지만 LG생활건강과 같은 화장품업계에서 연구, 전시, 홍보 등을 지원한다면 실생활과 연결된 문화재를 통해 역사문화의 이해도 높이면서 더 풍성한 문화향유의 기회도 확대할 것이다. 한편 2015년 궁중문화축전에서 김혜순 디자이너가 제작한 여성궁중복식을 패션쇼 형식으로 보여주는 '왕후의 연희' 행사를 경복궁 흥례문에서 진행하였다.

2016 왕실여성체험전 '왕후의 초대'

궁중문화축전 참여 프로그램으로 경복궁 자경전에서 왕실 여성문화를 소재로 의상, 가채, 신발, 노리개, 화장도구 등을 전시하고 전통 궁중미용 화장체험도 할 수 있었다.

'왕후의 초대' 중 영친왕비의 분합과 화각면빗

'왕후의 초대' 전시에서 궁중화장문화를 소개하고자 영친왕 일가 복식 및 장신구류(국가민속문화재 제265호) 중 영친왕비가 사용한 머릿기름분합과 빗을 3D프린트하여 전시하였다.

스토리를 더하고 전시와 체험을 확장한 창덕궁 '왕후의 초대'

창덕궁의 가을은 아름답다. 청명한 날씨도 한몫을 하지만 창덕궁 건물 사이사이에 자리 잡은 나무들과 함께 후원의 숲은 붉게 물들어 가을 분위기를 한껏 고조시킨다. 아름다운 자연과 고풍스러운 건축물을 함께 만끽하려는 사람들이 가을이면 창덕궁 더 찾게 되는 이유이다. 가을을 찾는 창덕궁 관람객에게 또 하나의 문화향유를 제공하고자 LG생활건강은 창덕궁에서 특별 전시를 후원하였다.

첫 전시 유형은 사진전이었다. 궁궐을 주제로 많은 사진전이 있었지만 LG생활건강처럼 왕실여성 공간만을 그 대상으로 삼았던 사진 전시는 없었다. 촬영과 전시는 송광찬 작가가 맡고 전시 작품은 창덕궁의 낙선재에서 전시되었다. 작품 내용은 왕실여성이 거처하던 공간을 기준으로 건물 안과 밖에서 바라보는 시점과 함께 작가의 상상력이 더해져 카메라에 담은 사진이었다. 일반 사진과 함께 적외선 필터로 촬영한 사진을 통해 구중궁궐의 신비로움과 아름다운 여성의 공간을 표현하려고 했다. 또한 적외선 필터를 사용한 작품은 OHP필름으로 제작하여 전시하면서 관람객이 직접 OHP프로젝트에 1개 또는 여러 겹을 올려 다양한 모습을 관람하도록 하였다.

다음해인 2017년 가을에는 낙선재뿐만 아니라 새로운 공간을 활용하여 왕실여성문화 관련 전시와 체험 프로그램 '왕후의 초대'를 개최하였다. 낙선재의 아름다운 공간을 최대한 살리기 위해 최소한의 전시품으로 구성하고, 반대로 다양한 체험공간은 관람객의 주요 동선을 포함하면서 비어있는 공간을 선택했다. 새로운 공간은 인정문(인정전 정문) 앞 옛 궐내각사 터이며, 현재는 회랑처럼 기둥만 남고 지붕 아래 걸린 현판만이 옛 관청의 자리였음을 보여주고 있다. 관청의 기능과 왕실여성문화의 전시 소재가 서로 맞지는 않지만 공간 활용을 통해 문화체험 기회를 확대하고자 전시 공간으로 운영하였다.

낙선재 전시는 왕비의 금보, 옥책, 교명문 등을 소개하는 조형물을 설치하고 국가무형문화재 장인(옥장·화혜장·매듭장 등)이 제작한 궁중의 장신구류 떨잠, 노리개, 청석 등을 전시하였다. 인간문화재 작품은 국립문화유산원에서 대여하였다.

2016년 왕후의 사계 사진전(창덕궁 낙선재)
송광찬 작가의 작품을 설치. 궁궐에서 왕실여성이 바라보는 공간 인식의 다양한 시점을 작가의 상상력을 더하여 촬영한 사진 작품을 전시하였다. 일부는 적외선 필터를 적용하여 신비로움과 아름다움을 표현하고자 했다.

인정문 앞 전시장은 왕실여성문화와 창덕궁을 소재로 삼았으며, 긴 복도 형식의 공간을 활용해 4개의 주제를 담아 관람객이 지나가면서 관람과 체험이 가능하도록 구성하였다. 주제마다 안내판을 설치하였는데, 첫 번째 주제는 왕비의 혼례였다. 가마 모형을 제작하여 설치하고 모형 가마에 이어 가례반차도의 그림을 분할 설치하여 입체적인 관람과 이동이 가능했다. 또한 영친왕비의 유물(떨잠·노리개·비녀 등) 그림을 아크릴판으로 제작한 주렴도 설치했다. 두 번째는 왕실여성이 거처했던 공간을 중심으로 창덕궁 건물의 창호, 단청 등에서 나타난 여러 문양을 반영하여 조형물을 제작·설치했다. 세 번째는 창덕궁 후원의 사계절을 체험하는 공간이며 부용지·관람정·존덕정 등 후원 건물을 중심으로 촬영된 사계절의 사진을 반투명천에 염색하여 설치하였다. 한 면마다 3등분한 천으로 설치되어

지나가면서 후원을 관람할 수 있고 아름다운 후원의 사계절을 내딛는 걸음마다 체험할 수 있는 효과도 있었다. 마지막 공간은 왕비가 거처하는 방의 분위기를 느끼며 기념촬영을 할 수 있도록 모란병풍과 문창살 등으로 내부 공간을 꾸미고 한켠에는 궁중 화장재료였던 홍화씨 기름 립밤, 모발용 동백기름을 체험하는 공간도 함께 설치하였다.

LG생활건강의 문화재 분야 사회공헌은 궁궐에서 보존관리, 전시, 공연 유형을 중심으로 운영하고 있다. 유형으로 보면 다른 기업과 유사하지만 내용으로 보면 '왕실', '여성'을 세부 주제로 선정하여 후원·참여함으로서 커다란 차별성을 보이고 있다. 또한 왕실여성문화 관련 문화재 사회공헌은 고품격의 화장품 브랜드 가치를 지향하는 기업 철학과도 연결되어 효과적인 문화마케팅과 함께 공유가치창출(CSV)의 또 다른 사례를 보여주기도 한다. 한편 문화재의 가치는 그 형태와 의미가 온전히 지켜지는 것도 중요하지만 그 가치를 올바르게 이해하고 함께 공유할 때 문화재에 담긴 가치를 존중하고 지켜가려는 의지와 인식이 성장할 수 있다. 이러한 측면에서 차별화된 왕실여성문화의 전시는 단순한 문화재와 역사문화의 홍보를 넘어 보존 활동에도 기여하게 된다.

2017년 창덕궁 '왕후의 초대' 전시 모습

● 창덕궁 인정전 앞 전시장

① 왕비의 혼례(모형 가마, 가례반차도 등)

② 창덕궁의 아름다운 문양(단청, 창호 등)

③ 창덕궁 후원의 사계절 체험(후원 정자 중심)

④ 왕비의 공간 분위기 연출 및 궁중화장 체험

● 창덕궁 낙선재 전시장

왕실 여성 관련 유물 소개

국가무형문화재 장인이 제작한 궁중의 장식구, 생활용품 전시

LG생활건강, 문화재 분야 사회공헌 활동

○ 참여분야 : 문화재 보존관리, 시설관리, 전시, 체험, 무형문화재 지원

○ 주요활동
- 궁궐 전각 중 왕실여성 관련 건축물의 보수정비 지원 (경복궁, 창경궁)
- 왕실여성문화 주제 전시, 설치미술 후원 (궁중문화축전, 고궁 야간특별관람 등 연계)
- 해금 국악공연, 궁중 복식 패션쇼 등 후원
- 무형문화재(보유자 등) 및 문화재 행사 대상 화장품 지원
- 창경궁 관리용 전기차 기증

참 고 자 료

- LG생활건강, 2016, 『2015 LG생활건강 CSR 보고서』
- LG생건 후, 궁중문화 전도사로 나서(매일경제, 2016.3.18.)
- LG생활건강 더 히스토리 오브 후, 창경궁 가을밤 미디어 아트로 빛낸다(파이넨셜뉴스, 2016.9.27.)
- LG생활건강 '교육 · 건강 · 나눔'으로 실천하는 '아름다운 꿈' 사회공헌(경제풍월, 2016.12.8.)
- LG생활건강 "경복궁에서 왕후의 아름다움을 느껴보세요"(아시아경제, 2017.4.27.)
- LG생활건강, 무형문화재 생활지원 문화재지킴이로 나섰다.(헤럴드경제, 2015.12.29.)

제품과 기술을 활용해 문화재를 알린다

홍보, 캠페인 유형

백번 듣는 것보다 한번 보는 것이 낫고 음식은 먹어봐야 맛을 안다는 말이 있다. 직접 경험이 얼마나 중요한지를 말하는 것이다. 마찬가지로 누구나 문화재를 소중하게 생각하지만 문화재를 직접 보고 느낄 때 우리는 문화재의 가치와 의미를 더 잘 이해할 수 있다. 문화재의 깊은 이해는 문화재 보호에 참여하도록 이끄는 커다란 동기부여가 된다. 그래서 문화재의 가치와 의미를 전달하고 공유하는 문화재 홍보는 중요하다.

2017 최고의 작품을 만나다.
우리문화유산전

문화재 홍보 관련 대표 사회공헌 활동으로 LG전자 사례가 있다. LG전자의 주요 사회공헌 전략 중 하나가 기업의 제품과 기술을 활용해 사회에 기여하는 것이며, 문화재 분야와 연결시켜 디지털 기술·제품을 활용해 문화재 홍보에 주력하면서 문화콘텐츠 개발, 제품 기증, 임직원 자원봉사 활동 등 다양한 문화재 보호에도 동참하고 있다.

LG전자 사회공헌, 따뜻한 기술 · 신뢰의 파트너십 · 함께하는 나눔 그리고 문화재

LG전자는 전기·전자·통신 분야의 글로벌 기업이다. 1958년 '금성사(金星社)'에서 출발하여 1995년 LG전자로 기업명이 바뀌었다. LG전자는 국내 전자산업의 본격적인 태동을 이끌었던 기업이기도 하다. 창업한 다음 해인 1959년 우리나라 최초의 진공관 라디오를 생산한데 이어 선풍기(1960), 냉장고(1965), 흑백TV(1966), 에어컨(1968), 세탁기(1969) 등을 국내에서 처음 생산하였다. 국내 전자산업 발전에 기여한 LG전자의 발자취는 현재 역사가 되어 2013년에 라디오, 흑백TV, 세탁기, 냉장고가 문화재로서의 가치를 인정받고 '등록문화재'가 되었다.

사회공헌과 관련해서 '2016-2017 LG전자 지속가능경영보고서'를 보면, 사회공헌 비전은 '더 나은 삶을 함께 만드는 기업'이며 글로벌 기업으로서 인류 사회의 지속가능한 발전과 성장에 초점을 두고 있다. 주요 전략은 첫째 기술과 제품을 활용하여 차별화된 가치를 제공하는 일, 둘째 신뢰를 바탕으로 이해관계자와의 협력과 상생, 셋째 임직원들의 자발적인 기부와 봉사활동 장려이다. 주 활동 내용이 빈곤해소, 질병퇴치, 환경개선이며 필요에 따라 국제적인 사회문제 해결에도 대응하고 있다. 그리고 임직원의 직접적인 참여를 중시해 회사 단위의 봉사단 운영과 재능기부, 자원봉사를 장려하면서 노조 단위에서도 다양한 사회공헌 참여가 이루어지고 있다.

LG전자 사회공헌 소개

WHAT ARE IMPORTANT ISSUES?

Our Focus

- 지역사회 기부 및 공헌 강화
- 지역특화형 제품, 서비스 개발
- 정부, NGO, 국제기구 협력

- 지역사회의 지속가능한 경제 성장

<Impact Boundary>

지역사회, NGO, 국제기구, 임직원

HOW WE MANAGE IT?

Our Approach

'더 나은 삶을 함께 만드는 기업'을 사회공헌 비전으로 삼고 주요한 사회적 이슈에 대해 장기적인 관점에서 지역사회 발전에 기여할 수 있도록 '따뜻한 기술, 신뢰의 파트너십, 함께하는 나눔'을 위하여 노력하고 있습니다.

Our Evaluation

자사의 사회공헌 활동이 지역사회의 사회적 이슈에 대해 보다 많은 가치를 창출하고 장기적 관점에서 지역사회 발전에 실질적인 기여를 할 수 있도록 사회공헌 프로그램을 매년 평가하여 업그레이드하고 있습니다.

Future Direction

1) 지역사회 이슈 해결형 기술, 제품 개발
2) 신흥시장, 저개발국 소외계층 인재 양성
3) 임직원의 자발적인 나눔 활동 참여 확대

(2016 지속가능경영보고서 참조)

세부 활동별로 보면, 비즈니스 대상 지역·국가를 대상으로 지역사회 문제해결, 환경보호와 관련된 지역사회 밀착형 사회공헌 활동이 특징적이며 예를 들어 아프리카 에티오피아 지역의 자립형 농촌 마을 지원, 직업훈련학교 설립, 캄보디아·미얀마·방글라데시 등 아시아 국가의 이동진료 지원이 있다. 국내에서는 LG화학과 공동으로 2011년부터 친환경 분야의 우수한 사회적경제 단체를 선발·지원하는 LG소셜캠퍼스, 대학생 CSR 리더 교육 등을 진행하고 있다.

또한 제품과 기술을 활용한 사회적 기여로 기존 생산제품의 기증 이외에도 전기 시설이 낙후한 지역에 태양광 발전시스템을 지어 기증하거나(스리랑카·캄보디아), 태양광이 부착된 냉장고 등을 개발·기증(수단·페루), 말라리아 예방용으로 모기 쫓는 에어컨 개발(나이지리아·방글라데시), 장애인용 앱 개발 교육과 대회 개최(아랍에미레이트) 등이 있다. 국내에서는 시각장애인용 스마트폰인 '책 읽어주는 폰' 제품을 개발하여 시각장애인에게 기증하고 있다.

산업기술 발전의 가치로 등록문화재가 된 LG전자 제품

◀ 금성 라디오 A-501 (등록문화재 제559-1호)

1959년 금성사에서 제조한 우리나라 최초의 진공관식 라디오로, 5개의 진공관과 5인치 스피커를 장착하였다.

전자회로의 설계와 제품 생산의 기술 축적 등 전자산업의 발전에 중요한 역할을 담당하였으며, 산업디자인의 역사적 측면에서도 상징적인 의미를 가진다.

◀ 금성 냉장고 GR-120 (등록문화재 제560호)

1965년 금성사에서 제조한 우리나라 최초의 냉장고로, 냉장실과 냉동실이 일체형으로 구성되어 있고 저장용량은 120L이다.

우리나라 최초로 상용화된 가정용 식품보관 냉장고로, 이를 통해 축적된 기술은 후에 실내용 에어콘, 대형 건물의 냉·온방 컨트롤, 대형 냉장시설 등에 응용되는 등 냉장산업의 기술 발전에 중요한 역할을 담당하였으며, 산업디자인의 역사적 측면에서도 상징적인 의미를 가진다.

◀ 금성 텔레비전 VD-191 (등록문화재 제561-1호)

1966년 금성사에서 제조한 우리나라 최초의 흑백 텔레비전으로, 화면의 크기는 19인치이며, 제품에 따라 받침다리를 설치하여 고급 가구의 이미지를 부여하기도 하였다.

텔레비전은 회로기술, 통신기술 등의 복합적인 시스템으로 구성되어 있는 전자제품으로, 이 텔레비전의 개발로 당시 낙후된 전자통신 기술·산업의 발달에 중요한 역할을 하였으며, 산업디자인의 역사적 측면에서도 상징적인 의미를 가질 뿐만 아니라, 영상매체 시대로 진입하게 한 토대를 마련하였다.

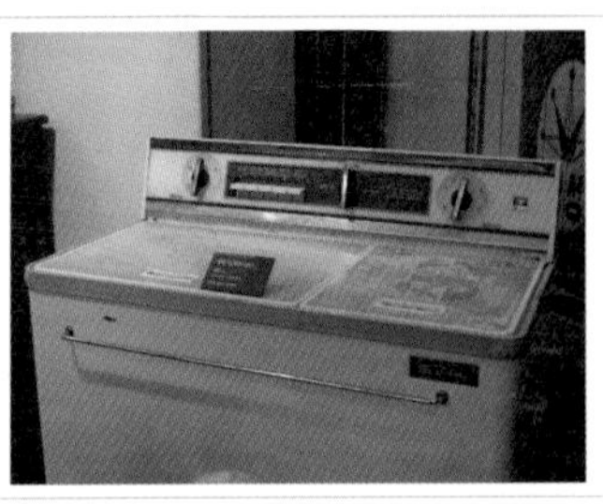

◀ 금성 세탁기 WP-181 (등록문화재 제562호)

1969년 금성사에서 제조한 우리나라 최초의 세탁기로, 세탁과 탈수의 기능이 별개로 된 2조 수동식 구조이며, 세탁용량은 1.8kg이다.

세탁기의 보급은 여성의 사회 진출, 위생의식 및 경제여건의 상승에 따라 가정의 필수품이 되면서 사회적 여건과 기술 채택의 상관관계를 보여주는 중요한 가치가 있다.

* 문화재청 홈페이지 참조 / ㈜LG전자 소장

그리고 임직원 참여 방식으로 평일봉사휴가제도, 세계 환경의 날 연계 글로벌 임직원의 자원봉사 날 행사 개최, 과학교실·전자제품 무상수리 등의 봉사활동, 기부금조성 등이 있다. 2016년도 사회공헌 성과를 보면 54개국 93개 사업장에서 10만 여명의 임직원들이 사회공헌 활동에 참여하고 있다.

해외에 머문 문화재를 디지털영상에 담아 전시

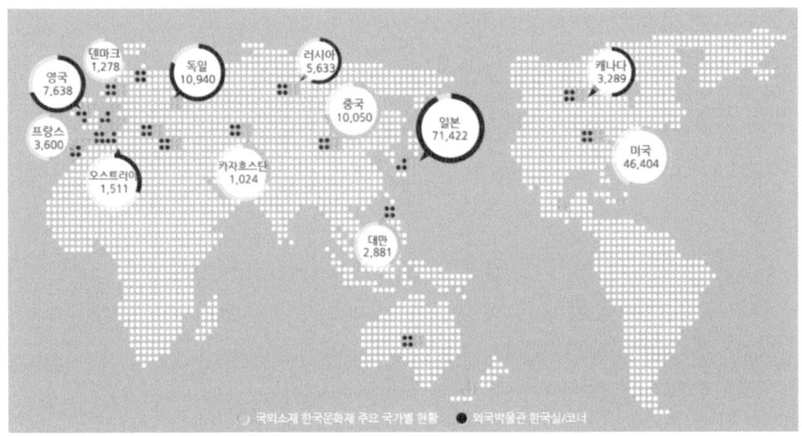

해외에 소재한 우리 문화재의 국가별 현황
국외소재문화재재단 홈페이지 참조

우리 곁에서 쉽게 접할 수 있는 문화재도 있지만 다양한 경로를 통해서 해외에 머물고 있는 문화재도 있다. 현재 조사에 따르면 168,330점(2017년 4월 기준)이 20개국에 있다. 문화재는 형태의 온전한 보존뿐만 아니라 원래 위치에 있을 때 제대로 된 가치를 담아낼 수 있다. 그래서 도난·도굴 등에 의해 불법적으로 제자리를 떠난 문화재는 반드시 돌아와야 한다. 현재 정부와 민간단체 등을 통해서 다양한 문화재 환수 활동이 이루어지고 있다. 반면에 기증·매입 등의 합법적인 경로를 거쳐 해외에 머물고 있는 문화재도 있다. 제자리를 떠난 것은 안타깝지만 해외 박물관·미술관 등에 소재한 유물의 경우에 문화재의 환수 방법 이외에 현지에서 전시, 교육, 홍보 등으로 우리의 역사문화를 보다 적극적으로 알리고 지역사회와의 소통과 교류의 주요한 플랫폼 역할을 할 수 있다.

하지만 아무래도 해외에 있는 우리의 문화재를 쉽게 볼 수 없다는 점에서 못내 아쉬움이 남는다. 해외에 소재한 문화재에 대해 사람들의 관심이 높은데, 가까이에서 볼 수 있는 방법은 없을까? 이러한 질문에 답하기 위한 사회공헌 활동이 LG전자의 문화재 디지털 전시 후원이었다. 전시 후원은 해외에 소재한 문화재를 국내에 널리 알리고 접하기 쉽지 않은 문화재 체험 기회를 확대하는데 효과가 있었다. 한편 LG전자 입장에서는 자사의 제품과 기술을 적용하여 TV모니터로 보여주는 방식 때문에 제품을 활용한 문화마케팅 효과도 뒤따른다. 공공의 이익과 기업의 이익을 공동으로 만들어 낼 수 있는 공유가치창출(CSV) 방식의 사회공헌 접근 방식이다.

해외에 소재한 문화재를 촬영하여 전시한 '다시 만난 우리 문화유산전'은 2015년 미국·일본·독일·러시아 등 7개국의 박물관·미술관에서 소장 중인 한국의 유물 19점을 3D와 2D로 촬영한 후 국립고궁박물관에서 모니터를 활용해 전시하였다. 유물을 직접 보지 못한다는 아쉬움이 있지만, 유물을 360도 회전시켜 전시하는 방법과 3D 영상으로 입체감을 더해 디지털 영상의 장점을 최대한 활용함으로서 관람의 재미와 유익함을 높일 수 있었다. 전시회를 찾은 관람객들은 '해외에 있는 우리 문화재에 대해서 평소 관심이 많았지만 어떤 것이 어디에 있는지 알기도 어려웠고 직접 찾아가서 관람한다는 것도 쉽지 않았는데, 전시회 덕분에 관람 기회가 생겼다'거나 '디지털기술로 촬영한 유물을 보니 신기하고 360도 회전하니 더 집중해서 보게 되었다'거나 '외국에 떠도는 문화재에 대해 더 많이 관심을 갖게 되었다' 등 많은 관심과 새로운 체험에 큰 반응을 보였다.

전시된 유물들은 관람객들에게 아름다운 예술적 가치와 역사문화적 가치 등을 보여주면서 한편으로는 각각의 유물들이 해외에 머물게 된 사연을 전달하고 있었다. 일제강점기 유물수집상에 의해 해외에 건너간 '금동금강령', 한국전쟁에 참여한 미군 장교가 한국의 미술품에 관심을 갖고 여러 유물을 수집하였다가 귀국한 후에 미술관에 기증한 복숭아 모양의 '연적', 북한이 스탈린에게 선물한 계기로 러시아 박물관에 소장 중인 매병·주전자 등의 도자기류 등이 있다. 문화재적 가치와 각각의 사연을 담은 유물들은 국립고궁박물관 실내전시실과 경복궁 야간개방 특별전시 형식으로 야외의 경복궁 근정전 회랑에서도 전시되었다.

2015년 '다시 만난 우리 문화유산전' 디지털 전시 유물 목록과 소장기관

유물 소장 기관	촬영 유물명	촬영 유물 이미지(사례)
캐나다 로얄온타리오 박물관 (3점)	금동사리함 금동여래입상 청자상감국화문병	
미국 호놀룰루 아카데미 미술관 (3점)	분청사기합천장흥고명인화국화문사이호 분청사기선각어문편병 목조동자상	목조동자상
미국 필라델피아 미술관(2점)	백자청화 복숭아 모양 연적 토기 영락장식 귀때항아리	
프랑스 국립 기메 동양 박물관(4점)	금동반가사유보살상 금동보살좌상 배모양토기 청자주전자	백자청화복숭아모양연적
러시아 모스크바 국립 동양 박물관(3점)	청자상감국화절지문과형주자 청자철화국화절지문매병 투구	
독일 라이프치히 그라시 민속 박물관(2점)	백자청화동화거북형주자 수로	
일본 고려미술관(2점)	목조아미타삼존불감 백자철화범선문항아리	청자상감국화절지문과형주자

세계유산 홍보와 다양한 문화재의 아름다움을 전달

2016년 자랑스러운 문화유산전(덕수궁)

2017년 최고의 작품을 만나다 우리 문화유산전(경복궁)

LG전자는 해외의 우리 문화재뿐만 아니라 국내의 문화재 홍보에도 참여하고 있다. 2015년에는 '대한민국 문화유산 사진전'을 통해서 디지털 카메라로 촬영한 문화재 작품을 공모하고 그 가운데 문화재의 가치와 아름다움을 잘 담아낸 작품을 심사 후 선정하여 전시하였다. 공모전 선정 작품과 함께 '백제역사유적지구'의 부소산성·정림사지·공산성·왕궁리 등을 전시하였다. '백제역사유적지구'의 세계문화유산 등재를 기념하여 보다 많은 사람들과 백제역사유적지구의 문화재 가치를 공유하고자 전문작가의 사진작품을 함께 전시한 것이었다. 공모전 형식은 문화재에 대한 일반인들의 관심과 참여를 높이는 계기가 되고, 한편 궁궐 야간관람 기간에 경복궁에서 전시가 진행되어 관람객들에게 특별한 전시를 관람할 수 있는 기회도 제공할 수 있었다.

2016년에는 '자랑스러운 우리 문화유산전'을 개최하여 천연기념물 명승의 아름다운 자연경관과 인간문화재 작품 활동 등의 영상을 모니터에 담아 궁궐(경복궁, 덕수궁)에서 전시하였다. 2017년에는 경복궁 근정전 360도 VR 등 궁궐 관련 영상과 함께 무형문화재 작품의 제작과정 영상과 실물 작품을 동시에 전시하는 '최고의 작품을 만나다, 우리 문화유산전'을 개최하였다. 영상은 한국문화재재단(문화유산채널)이 제작하고 보유한 영

상을 이용하면서 필요한 경우 추가로 촬영하여 상영하였다.

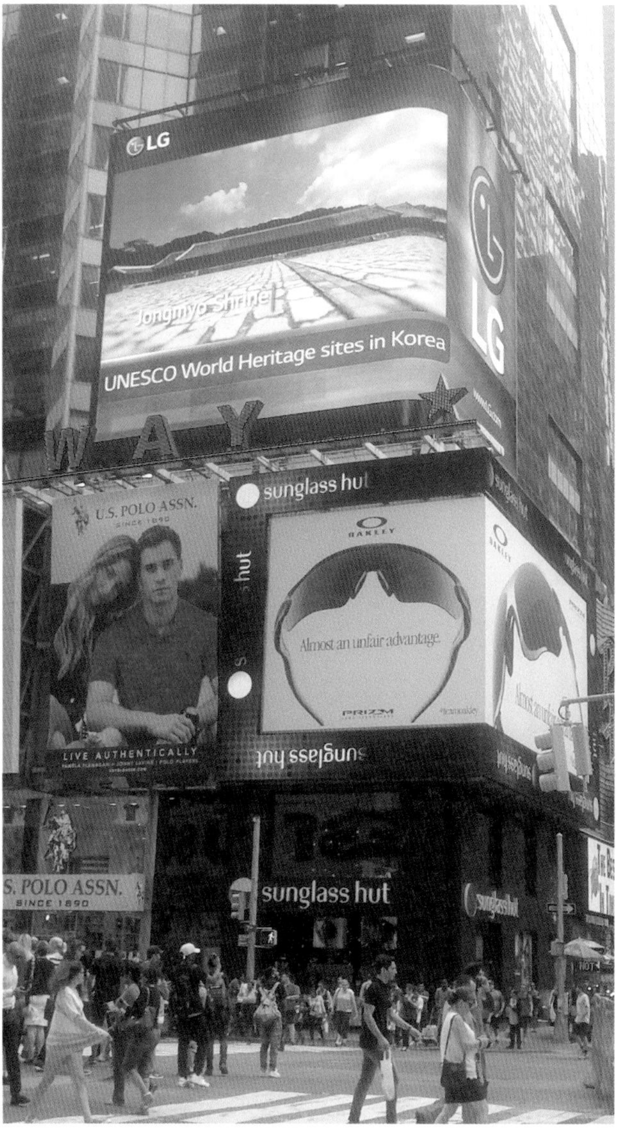

세계의 교차로라고 불리는 뉴욕 타임스퀘어에서 LG전자의 광고스크린을 활용해 1개월간 한국의 세계유산을 홍보하였다.(2016년 8월)

또한 한국의 문화재를 해외에 알리는 홍보도 진행하고 있다. LG전자가 운영하는 미국 뉴욕 타임스퀘어의 광고용 스크린을 활용해서 우리의 세계유산을 홍보하는 활동이다. 뉴욕의 타임스퀘어는 뉴욕 42번가, 7번가, 브로드웨이가 만나는 삼각지대의 광장을 말한다. 타임스퀘어는 '세계의 교차로'라고 불리는데, 수많은 공연장·영화관과 함께 상점들이 밀집되어 항상 뉴욕 시민과 관광객이 북적이는 장소이다. 타임스퀘어를 오가는 1일 유동인구가 약 150만명이며 세계적인 이목을 받는 곳이다 보니, 글로벌 기업들은 이곳에서 브랜드와 제품을 홍보하기 위해 치열한 광고 경쟁을 벌이고 있다. 화려한 네온사인과 스크린을 통해 상업적인 광고가 넘쳐나는 타임스퀘어에서 LG전자는 기업 브랜드·제품 홍보와 함께 2011년부터 공익광고를 함께 싣고 있다.

LG전자 보유 광고매체를 활용한 공익광고 지원 사업은 'LG 희망 스크린'이며 빈곤 퇴치, 환경 보호, 인권 분야 관련 유엔국제기구의 홍보를 돕는 활동이다. 국제기구와 NGO는 사회적 문제 해결과 공익활동을 위해 다양한 활동을 하고 있지만 그 중에서도 사회 문제의 심각성을 알리고 공익활동의 후원과 동참을 이끌어내기 위한 홍보 활동이 중요하다. 적극적인 홍보를 위해서는 비용도 많이 들고 전문 홍보매체가 필요하기 때문에 재정과 홍보 인프라가 열악한 국제기구·NGO에게 홍보 활동은 큰 부담이 될 수 있다. 그래서 국제기구·NGO의 홍보활동을 돕는 것은 여타의 지원보다 중요한 사회공헌 지원 수단이 된다. LG전자는 홍보마케팅 인프라를 활용한 사회공헌으로 뉴욕 타임스퀘어, 런던 피카디리, 서울 광화문의 광고 스크린을 통해 파트너십 기관인 UNDP(유엔개발계획), UNEP(유엔환경계획), WFP(세계식량계획), UNGC(유엔글로벌콤팩트) 등의 캠페인과 홍보 영상물을 상영할 수 있도록 지원하고 있다.

유엔 산하기구뿐만 아니라 문화재청의 문화재 홍보도 돕고 있다. LG전자에서 국내 기관을 대상으로 해외 광고 스크린을 지원한 사례는 처음이며, 2016년 한국의 세계유산을 소개하기 위해 미국 뉴욕 타임스퀘어와 영국 런던 피카디리에 위치한 광고스크린에서 1개월씩 총 2개월간 1일 40회의 홍보 영상을 상영하였다. 2017년에도 런던 피카디리에서 홍보 영상물을 1개월간 1일 40회 상영하였다. 홍보 영상물은 처음에 한국의 세계유산 12개를 소개하고 다음해에는 세계유산과 연관성이 있는 인류무형문화유산과 세계기록유산을 포함하여 12개 유산을 홍보하였다. 연관 편성 방식은 세계유산 '종묘'와 인류무형유산 '종묘제례 및 종묘제례악'을 연결시켜 편성하는 형태였다. 영상물 제작은 한국문화재재단(문화유산채널)에서 제작하여 지원하였다.

LG전자의 문화재 홍보 지원 현황

구 분	해 외	국 내
홍보 지역	미국 뉴욕(타임스퀘어), 영국 런던(피카디리)	궁궐(경복궁 · 덕수궁), 박물관(국립고궁박물관)
홍보 대상	현지 시민, 관광객	문화재 관람객
홍보 내용	한국의 세계유산, 인류무형문화유산, 세계기록유산	국외소재 문화재, 국내소재 문화재 전반
홍보 매체	대형 옥외 스크린	TV모니터 *무형문화재 작품, 등록문화재 재현 등 전시연계

다시 만난 우리 문화유산전(2015년)
해외 7개 박물관 · 미술관에서 소장한 한국의 유물을 디지털 영상으로 담아 국립고궁박물관에서 전시하여 관람객에게 소개하였다.

제품 활용과 임직원 자원봉사로 문화재지킴이 참여

문화재 홍보 활동 이외에도 문화재 보존관리를 위해 전자제품을 기증하거나 자원봉사에 참여하고 있다. 우선 전자제품 기증은 세계유산 창덕궁을 대상으로 로봇청소기와 가정용 청소기를 기증하였다. 궁궐 안 목조건축들도 가정집과 사무실처럼 쓸고 닦고 먼지를 제거하는 일상관리가 필요하며 온돌방 또는 마루의 나무판들 사이에 쌓인 먼지와 이물질 등을 청소하는데 사용하도록 청소기를 기증한 것이었다.

그리고 LG전자는 임직원들의 재능기부를 위한 'Life's Good 봉사단' 운영과 '세계 자원봉사자의 날' 등을 통해 정기, 비정기 봉사활동 프로그램을 운영하고 있다. '세계 자원봉사자의 날' 행사는 세계 환경의 날을 맞이해 2010년부터 해마다 봉사활동 주제를 선정하여 진행하는데, 2016년부터 문화재 환경 보호를 주제로 국내외 법인이 각각 지역사회의 대표적인 문화유산과 자연유산을 보호하기 위해 임직원 자원봉사 활동이 이루어졌다. 2016년에는 국내에서 서울 본사가 창덕궁 환경정화에 참여하고 청주·창원·구미 등의 직원들이 지역 문화재의 환경정화활동을 진행하였다.

세계환경의 날 문화재보호 캠페인

2016년 LG전자가 한국을 비롯해 세계 각국에서 세계환경의 날을 맞이하여 온라인에서 문화재 보호 캠페인을 펼치고 이벤트행사도 함께 진행했다.

LG전자 케냐법인 문화재 보호활동

2016년 LG전자 케냐법인 직원들이 세계 환경의 날을 맞이해 유네스코 세계자연유산인 대지구대의 케냐 호수(Kenya Lake System in the Great Rift Valley)에서 환경정화 봉사활동을 하였다.

그리고 케냐의 대지구대 케냐 호수(Kenya Lake System in the Great Rift Valley), 이란의 칸도반 마을(Kandovan Village), 인도의 함피 기념물(Group of Monuments at Hampi) 등을 대상으로 해외 법인 임직원이 문화재 보호 활동에 참여하였다. 국내외 법인은 자원봉사 참여와 함께 지역별로 문화재 보호의 동참과 문화재의 가치를 홍보하고자 SNS에서 이벤트와 캠페인도 진행하였다.

2017년 세계환경의 날 기념행사에서는 문화재 보존관리, 환경정화 자원봉사와 또 다른 특별한 후원행사를 가졌다. 한국의 대표 문화재인 세계유산 '조선왕릉'(서오릉)에서 임직원이 왕릉의 잡초를 제거하는 봉사활동을 했는데, 봉사활동에 앞서 런던 피카디리 광고스크린을 활용한 한국의 세계유산 홍보와 함께 서오릉에 태양광판 설치를 후원하는 기증식을 가졌다. 태양광판 설치는 문화재의 지속가능한 보존관리를 위해 환경보호가 함께 이루어져야 한다는 인식을 문화재청과 공유하면서 새롭게 시작한 사회공헌이다. 왕릉관리소에 태양광판을 설치해 서오릉관리(사무기기·조명 등)에 필요한 전력을 친환경에너지로 대체함으로서 서오릉의 연간 사용전력 약 30%를 공급하게 되었다. 또한 태양광판은 왕릉의 경관을 해치지 않도록 왕릉관리소 경사면 지붕에 최소 수량으로 부착함으로서 보존관리의 효율적인 면을 극대화한 사례라고 볼 수 있다.

LG전자 세계유산 '조선왕릉' 봉사활동

2017년 세계환경의 날을 기념해 LG전자 임직원이 세계유산 '조선왕릉' 중 서오릉에서 잔디관리 봉사활동을 하고 있다.

조선왕릉(서오릉) 친환경 태양광판 설치

2017년 세계환경의 날 기념 사회공헌으로 문화재의 지속가능한 보호를 위해 친환경 태양광판을 서오릉 관리소(지붕)에 설치하고 서오릉관리 전력에 필요한 연간 전기사용량의 30%를 공급하게 되었다.

장점과 강점을 살린 사회공헌의 효율성과 상생효과

LG전자의 문화재 사회공헌은 주로 문화재 홍보 분야를 중심으로 기업이 보유한 제품과 자원을 활용하는 것이 특징적이다. 문화재의 가치와 의미를 전달하고 공유하면서 새로운 문화체험을 제공하는 방식이다. 또한 글로벌 기업의 특성을 살려 '세계 환경의 날'을 활용해 문화재 보호 활동을 글로벌 사회공헌 이슈로 운영하며 문화재 지역 안에 태양광판을 설치·후원하여 환경과 문화재의 가치를 함께 지켜가는 모습도 보여주고 있다.

일의 효율성을 높이는 방법 중에서 자신의 장점과 강점을 파악하고 집중하는 것이 중요하다고 한다. LG전자는 제품과 보유 자원을 활용해 문화재 사회공헌에 참여함으로서 기업의 장점과 강점을 살린 사회공헌 활동을 보여주고 있다. 한편 기업이 생산하고 보유한 기업 자원의 공익적 활용도를 높여 경제적인 가치 이외에 새로운 공익적 가치를 창출해 나가는 모습을 보여주면서 문화재를 통한 문화마케팅과 공익활동의 상생효과를 높이는 사례를 만들어가고 있다. 또한 환경과 문화재의 지속가능한 보존관리의 교집합을 실천하는 또 다른 상생효과의 사례이기도 하다.

LG전자, 문화재 분야 사회공헌 활동

ㅇ 참여분야 : 문화재 전시, 홍보, 환경정화 봉사활동, 관리장비 · 시설 기증

ㅇ 주요활동
- 디지털 문화재 영상 전시(해외 소재 문화재 등) 및 문화재 사진 공모전
- 한국의 세계유산 등 해외 홍보 지원
  (뉴욕 타임스퀘어 및 런던 피카디리광장 스크린 활용)
- 궁궐 보존관리용 청소 제품 기증
- 친환경 문화재 관리시설 기증 (태양광판 발전 설비)

참고자료

- LG전자 2016~2017 지속가능경영보고서
- LG전자, '책 읽어주는 폰' 시각장애 2500명에게 선물 (서울신문, 2015.12.24.)
- 해외에 있는 우리 문화재, 입체영상으로 만난다.(연합뉴스, 2015.10.28.)
- 한국 세계유산, 타임스퀘어에 뜬다.(문화일보, 2016.8.3.)
- LG전자, 올레드TV로 '자랑스러운 우리 문화유산전' 개최 (경향비즈, 2016.10.5.)
- LG전자, 서오릉에 태양광 패널 지원 · · · 문화유산 보호에 앞장 (뉴스웨이, 2017.6.15.)

문화재의 향기를 전하다

홍보, 캠페인 유형

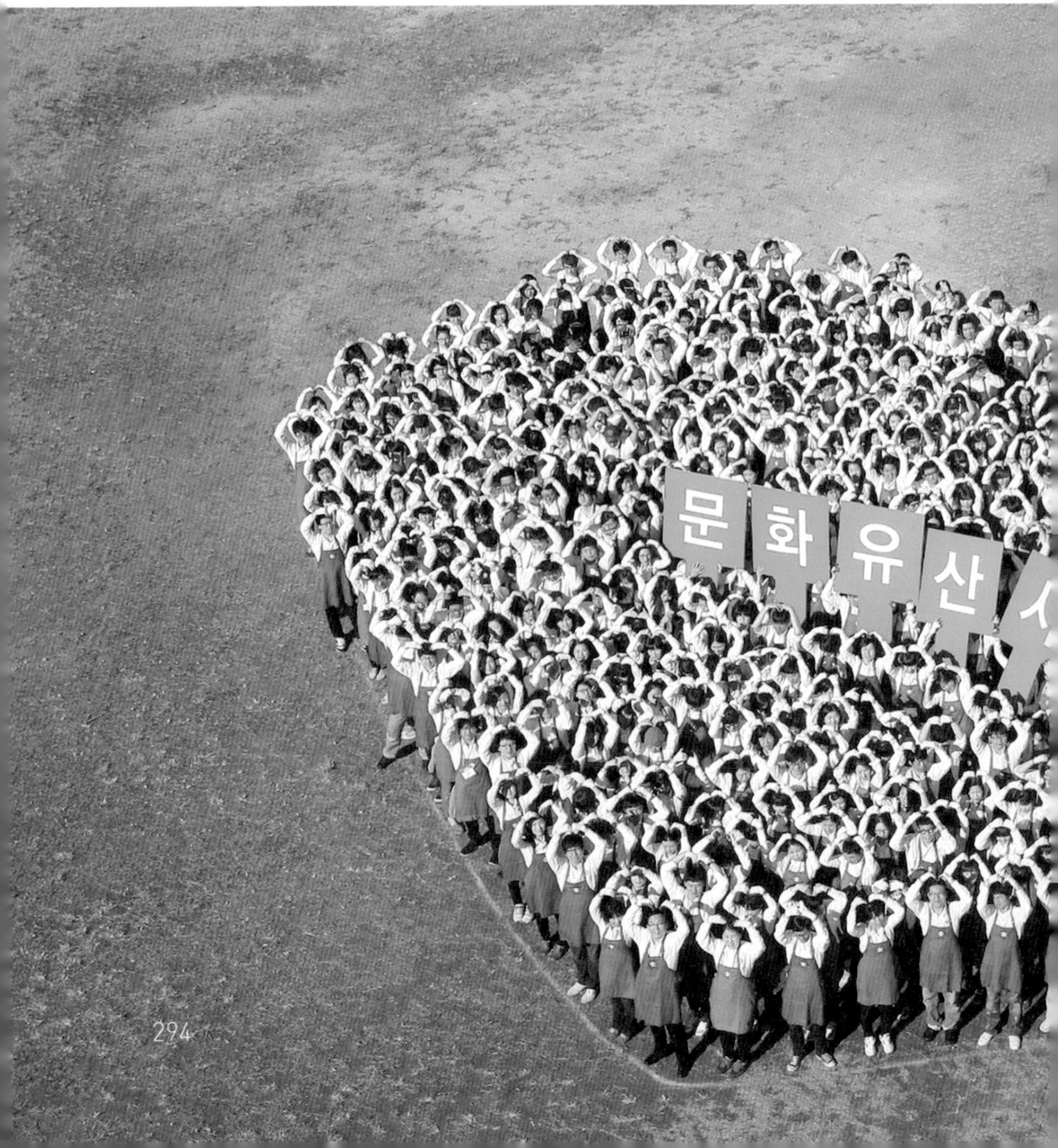

우리는 커피를 즐겨 마시고 있다. 2016년 기준으로 한국은 성인 1명이 1년간 마시는 커피가 377잔이며 세계 6대 커피소비시장이라고 한다. 커피는 음료 그 이상이기도 하다. 일할 때 동료이자 휴식의 벗이 되거나, 고민과 사색의 시간에 따뜻한 격려자가 되기도 하고, 사람들과 이야기할 때에 편안하고 즐거운 분위기를 만들어 준다.

스타벅스커피 코리아, 문화재사랑 홍보 캠페인(황룡사터)

커피의 매력에 빠진 사람들은 다양한 곳에서 커피를 찾는다. 집과 사무실에서 간편히 믹스커피를 이용하거나 최근에 유행하는 커피머신을 사용하는 홈카페족도 있으며, 밖으로 나가 거리에서 자판기를 이용하거나 맛과 분위기 좋은 커피 전문점을 찾아가기도 한다.

스타벅스커피 코리아 사회공헌의 3대 테마, 청년 · 환경 · 전통문화

커피 전문점 중에서 자주 찾아가는 곳이 스타벅스(Starbucks) 브랜드이다. 스타벅스커피 코리아(이하 스타벅스)는 대표적인 커피전문점 브랜드로 1999년 7월 이대점을 오픈하면서 본격적인 국내 커피전문점의 시대를 연 커피업체이다. 17년이 지난 2016년에는 매장이 1,000개를 넘어서고 매출 규모가 1조원 대를 돌파했다는데, 국내 커피시장 규모가 약 6.4조원이며 커피전문점이 4조원대임(2016 커피류 시장보고서 참조)을 감안해 비교해 보면 스타벅스를 찾는 사람이 얼마나 많은지 짐작할 수 있다.

한편, 스타벅스는 직원·고객·협력사·지역사회가 함께 성장하는데 기여한다는 사회공헌의 비전을 가지며 매년 경상이익의 2% 사회공헌 기부를 목표로 삼고 있다. 또한 3대 주요 사회공헌 활동 대상을 선정해 주력하고 있는데 '청년인재양성', '환경발자국 줄이기', '우리문화지키기'이다.

스타벅스커피 코리아의 국내 사회공헌 3대 테마 (홈페이지 참조)

지역사회공헌전문가(DCS)로 선발된 직원은 1년간 DCS 직책이 새겨진 명함을 받고 사회공헌 리더로서 지역NGO와 협력하여 다양한 봉사활동을 기획하고 주도하는 역할을 맡는다.

스타벅스의 주요 사회공헌을 살펴보면 우선 출산·육아로 퇴직한 직원이 육아와 병행할 수 있도록 시간선택제 근무가 가능한 '리턴맘' 프로그램, 장애인 고용 등의 일자리 분야가 있다. 그리고 복지관과 노인·장애인 등을 고용한 자립카페에 리모델링과 전문 바리스타의 교육 등을 지원하는 '재능기부카페', 매장 수익을 지역의 청년 장학금으로 지원하는 '커뮤니티 스토어' 매장 운영, 에너지 절약을 위해 매장의 전등을 끄는 '그린아워' 캠페인 등이 있다. 또한 스타벅스 진출 국가 중에서 유일하게 한국에서 운영하고 있는 'DCS(District CSR Specialist)' 제도가 유명하다. 지역사회공헌전문가[DCS] 제도는 사회공헌 인재양성 프로그램으로 2014년부터 매년 약 80여명의 스타벅스 직원들을 선발해 사회공헌을 주도적으로 기획하고 참여토록 하는 제도이다. 지역사회공헌전문가[DCS]로 선발된 직원은 명함에 사회공헌 담당을 표기하여 책임감을 부여하면서 사회공헌 서적과 운동화를 지급해 사회공헌의 소양을 높이고 발로 뛰는 현장형 사회공헌을 격려하고 있다.

근대 커피문화의 인연으로 근대역사 중심지 덕수궁에서 문화재지킴이 첫발

환경, 청년인재양성, 일자리 등과 함께 스타벅스가 주력하고 있는 대상은 전통문화와 문화재 보호에 참여하는 '우리문화지키기' 활동이다. 스타벅스는 글로벌 기업으로서 지역사회와의 소통과 기여에 대한 관심이 많다. 스타벅스의 사명 선언문에도 지역사회와 환경보호에 기여할 것을 강조한다. 사회공헌 대상으로 문화재에 왜 관심을 갖게 되었을까? 우선 문화재는 지역사회를 대표하는 상징적 의미를 갖고 있기 때문에 지역사회와 소통하는데 주요한 연결고리가 될 수 있다. 그리고 스타벅스는 커피를 문화의 주요 키워드로 바라보며 문화기업을 지향하는 기업철학을 갖고 있는데, 결국 전통문화와 문화재는 스타벅스에게 지역사회와 소통하며 기업철학을 확장시키는 대상인 것이다. 그리고 전통문화·문화재 관련 사회공헌은 많은 사람들의 공통 관심사이기에 기업 이미지와 브랜드 가치를 높여주어 마케팅 효과와 고객의 지지를 얻을 수 있는 장점도 있다.

스타벅스의 문화재 사회공헌은 활동유형별로 보면, 문화재 환경정화 자원봉사와 함께 문화재 홍보, 유물 기증, 문화체험 지원, 문화재 소재 커피매장 리모델링, 장학사업 등이 있다. 주제별로 보면 근대시기 도입된 커피문화의 역사성 때문에 주로 근대시기의 문화재를 그 대상으로 삼고 있다.

스타벅스의 본격적인 문화재 사회공헌은 덕수궁에서 시작하였다. 덕수궁(경운궁)은 고종이 대한제국을 선포하면서 근대 자주국가의 의지를 담아내고 다양한 근대화 사업이 추진되던 역사적 공간이었다. 당시 고종은 '가배'·'가피'라고 불리던 커피를 즐겨 마셨다고 하는데 근대화의 중심 공간인 덕수궁(경운궁)에서 외교관 등 다양한 외국인들과 교류도 빈번해지면서 커피는 덕수궁(경운궁)과도 인연이 많았을 것이다. 참고로 기록에 따르면 개항 초기부터 조선에 왕래한 외국인들이 국내에서 커피를 마시고, 궁궐에서도 외국인이 방문하면 커피를 대접했다는 기록들이 있어서 대한제국 시기 이전부터 커피가 새로운 음료 문화로 향유되고 있었음을 알 수 있다.

덕수궁 보존관리 자원봉사

커피문화와 덕수궁은 근대 시기의 역사문화로 연결될 수 있기에 스타벅스는 자연스레 덕수궁에 대해 관심을 가졌고 본사와도 가까운 장소적인 관련성도 있었다. 이러한 배경에서 스타벅스 임직원들은 덕수궁을 문화재지킴이 주 활동으로 삼고 궁궐 건물을 쓸고 닦는 환경정화활동에 참여하고 있으며 궁궐의 조경관리를 위해 나무와 꽃 등을 심는 활동도 함께 하고 있다. 그리고 덕수궁관리소에서 주최하는 명사들의 문화강좌 '정관헌에서 명사와 함께' 프로그램을 후원해 행사 진행 자원봉사와 참석자들에게 커피를 제공하고 있다.

문화재 보호 지원의 순환기부 모델, 김구 선생 친필 휘호와 텀블러

굴곡의 근대사에서 우리는 일제에 의해 나라를 빼앗기는 일제강점기를 거치게 된다. 당시 나라 안팎에서 조국의 광복을 위한 독립운동이 활발히 진행되고, 독립운동의 상징적 인물이 백범 김구 선생이었다. 2015년 광복 70주년을 기념해 스타벅스는 김구 선생의 친필 휘호인 '존심양성(存心養性)'을 구입·기증하였다. 앞서 진행되었던 815기념 커피구매카드와 텀블러의 수익금으로 조성된 후원금으로 문화유산국민신탁과 함께 광복의 가치와 조국독립에 애쓴 인물을 기리고자 시행한 사회공헌이다. 특이한 점은 1회성의 유물 구입·기증에서 멈추지 않고 스타벅스의 장점인 홍보와 문화상품개발을 연결시켜 문화재 사회공헌을 확장시켜 갔다.

'존심양성' 유물을 구입하여 문화유산국민신탁에 기증하면서 '존심양성'을 소재로 한 텀블러 문화상품도 제작·판매하였다. 한정판 '존심양성'

텀블러는 고객들에게 광복의 가치를 공유하는 특별한 매개체가 되었고 그 수익금은 다시 모아져 다음해인 2016년에 '광복조국(光復祖國)' 친필 휘호의 구입과 기증으로 연결되었다. '광복조국' 역시 텀블러로 제작되어 수익금이 다시 모아지면서 또 다른 유물 구입을 기다리고 있다. '기부금 조성→유물 구입·기증→유물 소재 문화상품 제작·판매→수익금 조성·재기부'로 이어지는 순환기부 모델을 보여주는 것이며 문화상품(텀블러) 제작·판매로 독립운동 유공자와 광복의 역사적 의미를 자연스럽게 홍보하고 공유하는 효과를 얻을 수 있었다. 물론 스타벅스 입장에서도 문화마케팅을 통해 기업 이미지의 상승효과와 함께 사회공헌 활동을 고객과 공유할 수 있었다.

광복 70주년과 관련된 독립유공자 김구 선생의 유물 기증에 이어 2017년에는 대한제국 건국 120주년을 기념해 '주미대한제국공사관'의 복원과 보존관리를 목적으로 기부금을 전달하였다. 주미대한제국공사관은 대한제국이 미국과의 자주 외교를 실현하기 위해 개설한 외교 공간이었다.

‖ 광복70주년 문화재 보호 후원사업의 순환기부 모델 ‖

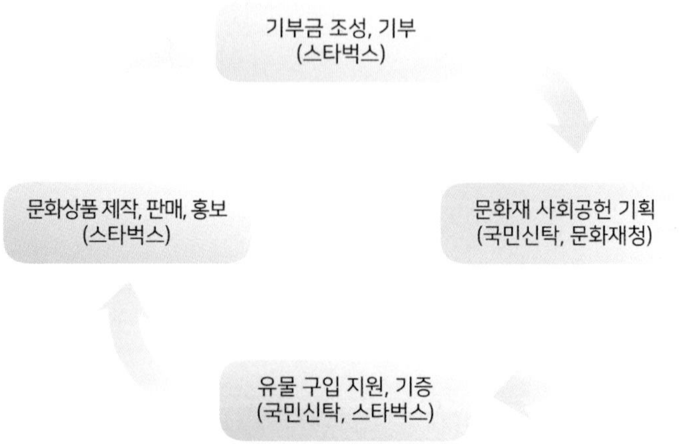

기부금 조성, 기부
(스타벅스)

문화재 사회공헌 기획
(국민신탁, 문화재청)

유물 구입 지원, 기증
(국민신탁, 스타벅스)

문화상품 제작, 판매, 홍보
(스타벅스)

2016년 백범 김구 선생의 친필휘호 '광복조국'의 구입기증과 기념텀블러 제작

대한제국의 외국 공사관 중에서 유일하게 원형이 그대로 보존된 건물이기도 하다. 주미대한제국공사관 건물 옆에는 경복궁 자경전 꽃담과 창덕궁 불로문 등을 재현하여 한국정원을 조성하고 있다. 주미대한제국공사관의 복원이 대한제국 자주외교의 역사성을 회복하는 일이었다면 한국정원은 한국의 전통미를 담아 건물 주변을 한국적 정서로 꾸미는 문화공간 조성의 일환이라고 볼 수 있다. 스타벅스는 한국정원을 조성하는데 필요한 공사비용을 기부하고 소셜네트워크 활용과 함께 공사관을 주제로 텀블러를 제작하여 대한제국과 공사관의 역사를 홍보하였다. 또한 공사관 텀블러의 판매수익금은 공사관의 보존관리에 추가 기부하도록 기획되었다.

문화기획상품을 활용해 문화재 피해를 돕는 활동도 지속하고 있다. 문화재 안전관리의 심각성을 사회적으로 전달한 숭례문 방화사건을 계기로 스타벅스는 2008년 숭례문 텀블러 판매수익금을 경기도 소방재난본부에 전달하여 주요 목조문화재에 소화기를 비치하는데 후원한 바 있다. 숭례문 텀블러 관련 소화기 기증사업은 스타벅스의 첫 번째 문화재 사회공헌이기도 하다. 또한 경주 지진피해를 돕는 활동도 이어졌다. 2016년 경주

지역의 지진피해로 부상자·재산상의 피해와 함께 천년고도의 역사를 품은 문화재도 피해를 입었다. 유형의 피해는 복구를 통해서 회복될 수 있지만 계속되는 여진으로 경주지역은 불안한 지역으로 인식되었고 주 산업인 관광산업이 많이 위축된 상황이었다. 2017년 스타벅스는 경주시티 문화상품(텀블러·머그잔)을 제작·판매해 조성한 수익금과 기업 후원금을 더해 경주지역의 관광활성화를 위한 기부금을 경주시에 전달하였다. 기부금은 경주고도지역의 홍보와 안내해설사 교육 등 관광인프라 지원사업에 사용되고 기부금 전달식에 맞추어 페이스북·트위터 등 SNS에 경주의 문화재 사진과 경주 관광의 사연을 올리면 경주기념 텀블러를 제공하는 '다시 경주愛' 이벤트를 실시하였다.

주미대한제국공사관 복원 및 개관 응원 이벤트

스타벅스커피 코리아는 주미대한제국공사관 기부금 전달 후 관람객 참여 이벤트로 공사관의 성공적인 복원과 개관을 응원하는 공사관 퍼즐맞추기 행사를 진행하였다.

문화공간을 지향하는 커피매장에서 만나는 문화재

또 다른 활동으로 문화재의 소재가 커피 매장의 실내 장식에 사용되어 문화재의 간접적인 체험과 홍보에 기여하는 활동이다. 커피 전문점은 커피의 맛과 함께 매장의 분위기가 중요하다. 커피 전문점 기업들 역시 매장에 관심이 많다. 특히 스타벅스는 커피를 파는 기업이 아니라 커피 매장 안에서 사람들이 휴식을 얻으며 서로 소통하고 영감을 얻을 수 있도록 지원하는 문화기업임을 지향하고 있다. 분위기 있는 매장에 대한 고객의 욕구, 문화공간을 지향하는 기업철학이 교차하는 곳에 문화재가 활용되고 있다. 바로 스타벅스의 이마빌딩점, 충무로점, 경복궁역점 등이다.

우선 광화문의 이미빌딩점에 가보면 전체적인 실내장식은 한옥의 분위기를 연출하고 있다. 매장의 자리를 구분하는 칸막이는 한옥의 창호와 창살 문양을 사용하고 한쪽 벽면에 걸린 커튼에는 조선왕조실록에 실린 '사복시(司僕寺)' 관청의 원문(한문)과 한글 번역본 설명이 디자인되어 있다. 사복시는 조선시대 궁중의 말과 가마를 관리하던 관청이었다. 그리고 또 다른 벽면에는 이성계와 함께 전장을 누비던 8마리의 명마 중에서 유린청(游麟靑), 용등자(龍騰紫)와 함께 허난설헌 목마도 등의 말 그림이 걸려 있다. 사복시, 이성계의 말 그림 등이 스타벅스 매장의 실내장식에 사용된 배경에는 매장의 자리와 관련이 있다. 스타벅스가 입점한 이마빌딩 자리는 조선시대에 사복시 관청이 있던 자리였다. 그래서 옛 사복시 관청 터였던 이마빌딩점을 오픈할 때 전통미를 표현한 한옥의 분위기와 함께 사복시와 관련된 설명과 말 그림 등을 스타벅스 매장에 담고 있는 것이다. 참고로 이성계가 탔던 명마 8마리를 팔준마(八駿馬)라고 하는데, 고려말 홍건적을 토벌할 때 탔던 유린청, 왜구의 장수였던 아기발도를 죽일 때 탔던 사자황(獅子黃), 위화도 회군에 함께 했던 응상백(凝霜白) 등이 있으며 가장 아꼈던 유린청은 홍건적과의 싸움에서 화살을 3발이나 맞았지만 31살까지 살다가 죽었고 태조는 돌로 지은 관에 안장하여 장례를 지내 주었다고 한다.

또 다른 사례로 서울 충무로역점에 가면 등록문화재로 등록된 한국의 고전영화를 볼 수 있다. 매장 한편에 설치된 모니터에는 한국고전영화가 상영되고 주요 장면이 액자에 담겨져 있다. 옛 한국 영화의 메카로서 명성을 갖던 충무로의 역사성을 담아 매장을 영화 소재로 장식하였으며, 한국영화사의 역사이자 문화재의 가치를 지닌 등록문화재 '영화'도 함께 소개하고 있다.

한편 스타벅스는 '헤리티지 시네마' 활동으로 2011년 신촌의 매장에서 등록문화재 '영화' 7편을 무료로 상영한 바 있다. 한국고전영화를 보다 많은 사람들과 공유하면서 다양한 문화재를 경험하는 시간을 제공하는 행사였다. 등록문화재인 한국고전영화는 2007년 처음 문화재로서의 가치를 인정받았으며, 그 기준은 제작 후 50년이 지나고 한국인이 주도적으로 우리의 모습을 담아내어 사회적·문화적으로 큰 영향을 주면서 예술적 완성도가 높은 대상이었다. 현재 가장 오래된 한국영화인 '청춘의 십자로'(1934), 한국 영화사에서 큰 화제를 일으킨 '자유부인'(1956), 최초의 해외 영화제 수상작인 '시집가는 날'(1956)과 함께 '미몽'(1936), '자유만세'(1946), '검사와 여선생'(1948), '마음의 고향'(1949), '피아골'(1955) 등이 등록문화재로 등록되었다.

스타벅스 서울 이미빌딩점

조선시대 궁중의 말과 가마를 관리하던 관청 '사복시'가 있던 곳이다. 이러한 역사적 배경과 연결시켜 사복시, 이성계의 말 등을 소재로 실내장식을 꾸몄다.

스타벅스 서울 충무로점

옛 한국 영화의 메카로서 명성을 갖던 충무로의 역사성을 담아 충무로점 매장 안에 등록문화재 '영화'를 소재로 실내장식을 꾸몄다.

이외에 장학사업으로 백범 김구 선생의 '광복조국' 유물을 기증하면서 독립유공자 후손 중 우수 대학생들에게 장학금을 전달하고 문화재 인재 양성 교육기관인 한국전통문화대학교 학생들에게도 장학금을 지원하였다. 2011년 한국을 방문한 스타벅스 하워드 슐츠 회장이 한국에서 판매한 자서전의 판매 수익금을 한국전통문화대학교에 장학금으로 기부하기도 하였다. 또 다른 활동으로 고궁야간관람, 조선왕릉 세계유산 기념식 등 각종 문화재 행사에 참석한 관람객을 대상으로 커피를 제공하면서 행사 진행요원으로 참여하고 있다.

스타벅스의 문화재 사회공헌은 활동유형으로 보면, 근대 커피문화의 도입과 연결된 근대시기의 역사문화에 관심을 가지면서 환경정화·조경관리 등의 덕수궁 자원봉사 참여, 독립운동 유공자의 유물 구입·기증, 주미대한제국공사관 복원 후원에 참여하였다. 그리고 화재·지진 등의 문화재 재난관리와 관광활성화에 기여하면서 문화재를 소재로 한 매장의 실내장식, 장학사업 등에도 참여하고 있다.

스타벅스의 문화재 사회공헌은 어떠한 특징을 갖고 있을까? 먼저 스타벅스가 보유한 자원을 적극적으로 활용하는 점이다. 문화재 환경정화, 조경관리 분야의 자원봉사에서 직원들이 참여하는 인적자원 활용 이외에 커피매장, 충전카드·텀블러·머그잔 등의 기획상품, 문화재행사 협찬을 위한 커피 제공 등 시설·기획상품·제품 관련 보유자원을 문화재 사회공헌에 활용하고 있다.

또 다른 특징으로 문화재를 위해서 문화재를 활용하는 문화마케팅 운영방식이다. 재난관리·관광활성화, 광복70주년, 대한제국 건국 120주년 등 문화재 이슈와 연결 지어 기획상품을 만들고 문화재 사회공헌의 기부금을 조성하고 있다. 또한 문화재 홍보와 차별화된 커피매장 운영의 접점을 찾아 조선시대 관청, 등록문화재, 궁궐 등을 소재로 커피매장을 전통문화공간으로 꾸미고 있다. 스타벅스는 전통문화와 문화재 보호에 기여함으로서 문화기업의 이미지를 높이는 효과가 있으며, 문화재 측면에서 보면 문화재 보존관리의 지원과 함께 영향력 있는 스타벅스의 브랜드를 통해 문화재 홍보와 문화재 체험의 기회를 확대하는 효과를 얻을 수 있었다.

스타벅스, 문화재 분야 사회공헌 활동

- 참여분야 : 문화재 보존관리, 체험 · 교육, 홍보, 환경정화 지원
- 주요활동
  - 덕수궁 환경정화 자원봉사 및 문화행사(정관헌 명사와의 대화) 후원
  - 문화재행사 자원봉사 및 커피 지원
  - 독립유공자 유물구입, 문화상품(텀블러) 제작 및 홍보캠페인
  - 주미대한제국공사관 복원과 보존관리 후원
  - 문화재 소재 커피매장 문화공간 만들기
  - 전통문화대학교 인재육성 및 독립유공자 후손 장학사업
  - 헤리티지 시네마 프로그램(등록문화재 영화 상영)
  - 오감만족 K-Heritage 전통문화체험 지원

참고자료

- 스타벅스커피코리아 홈페이지
- 2주년 맞은 스타벅스의 이익공유형 사회공헌모델 커뮤니티 스토어(이투데이, 16.10.3.)
- 스타벅스커피코리아, 8300여 명 바리스타 정규직 채용 '열린 직장'(동아일보, 16.4.28.)
- 스타벅스커피코리아, DCS 68명 임명…지역맞춤 봉사 전개(국민일보, 16.2.24.)
- 스타벅스코리아의 톡톡 튀는 혁신경영…미국 본사도 감동시킨 발상의 전환(서울경제, 16.2.24.)
- 스타벅스, 백범 김구 선생 '광복조국' 친필휘호 유물기부(동아일보, 2016.8.4.)
- 세계인의 사랑방 '스타벅스' 편안한 공간 · 행복한 직원. 커피는 문화다(매경이코노미 제1892호, 2017.1.)
- 스타벅스, 주미대한제국공사관 복원에 2억원 후원(한국경제, 2016.5.30.)

제3부

문화재 사회공헌의 특징과 성공 전략

기업 사회공헌, 문화재와의 만남

문화재 사회공헌의 특징과 성과

1. 문화재 사회공헌의 특징

기업의 사회공헌 분야는 다양하다. 주로 취약 계층을 지원하는 사회복지를 중심으로 교육, 문화예술, 체육, 환경, 해외지원, 의료 등 여러 분야에 참여하고 있다. 기업들은 각자가 세운 사회공헌 목표와 비전에 따라 또는 실시간으로 변하는 사회적인 이슈에 맞춰 활동 분야를 선정, 지원하고 있다. 사회공헌 분야에서 다소 생소한 문화재 분야는 어떠한 특징과 장점이 있어서 기업의 참여가 이루어지고 있을까?

- 문화재가 갖고 있는 역사, 예술적 가치에 대한 공감
- 문화재에 대한 사회적 대중적 높은 인지도
- 문화재 이해를 통해 교양을 넓히는 계기
- 전통문화를 가꾸며 지킨다는 자부심
- 문화재를 직간접적으로 체험해 볼 수 있는 특별한 경험
- 다양한 사회공헌 분야(교육, 복지, 환경)와 연결되는 문화재 사회공헌 활동의 확장성
- 지역을 대표하는 문화재를 통해 지역 대표 사회공헌으로 자리매김
- 전통문화와 문화산업 트렌드를 대표하는 최고의 문화마케팅 소재
- 외국계 기업은 물론 국내기업의 이미지와 브랜드 개선, 조직문화 활성화 기여

우선 문화재에 대한 사회적 인지도가 높다는 점이다. 문화재는 학술적으로나 대중적으로 그 역사성과 예술성의 가치를 인정받는 대상이다. 최근에는 문화재 환수, 세계유산 등재, 지역문화 대표 브랜드 등 사회적 이슈로 주목받으면서 대중적인 인지도가 더 높아지고 있다. 그래서 기업은 사회공헌 활동대상으로 문화재 분야를 선정하는데 있어서 이해관계자들(직원·임직원 등)에게 동의와 공감을 얻기가 쉽고 기대효과도 높일 수 있는 장점이 있다.

또 다른 특징으로 문화재 보호 활동은 참여자 스스로 자긍심과 자부심을 가지며 교양을 넓히는 계기가 되어 참여자의 만족도가 높다는 점이다. 참가자들은 문화재 보호 활동에 참여하면서 자연스레 문화재를 접하게 되어 문화재와 함께 관련 역사문화를 이해할 수 있게 된다. 그래서 '책으로만 접했던 우리 역사문화를 현장에서 보고 듣고 체험하게 되어 문화재를 잘 알게 되었다'거나 '가족에게 여행지로 문화재를 추천할 수 있고 간략한 설명도 할 수 있어서 보람을 느꼈다'며 이후 문화재(사회공헌)에 대해 더 많은 관심을 갖게 된다.

대부분의 사람들이 문화재가 소중하다는 것은 알지만 직접 참여해 문화재를 쓸고 닦고 정리하는 사회공헌 활동은 특별한 만족감을 갖게 한다. 그래서 기업(직원·고객) 참여자는 '문화재를 가꾸고 지키는 가치 있는 일에 동참했다는 뿌듯함이 커, 앞으로 더 열심히 참여해야겠다는 동기부여가 생겼다'는 소감을 전하곤 한다. 이외에도 해외에 소재한 문화재를 환수하거나 긴급히 수리·복구가 필요한 문화재를 후원하고, 멸종 위기의 천연기념물 보호 활동에 참여한 이들은 위급한 우리 문화재를 지켰다는 사실에 커다란 자부심을 갖게 된다.

다음으로 문화재 사회공헌 참여는 특별한 경험을 제공할 수 있다. 일반인들이 문화재를 접하는 방법은 박물관에 전시된 유물을 관람하거나 야외에 공개된 건축물, 탑 등을 구경하고 해설을 듣는 정도이다. 그러나 문화재 사회공헌 활동은 멀리서 바라 볼 수밖에 없던 문화재들을 다양하게 체험할 수 있는 계기를 제공한다. 예를 들자면, 목조 건축물에서 건물 마루를 닦거나 문에 창호지를 바르고, 종묘·사당에서 사용하는 제기를 닦을 수 있는 기회 등이다. 이외에도 문화재 현장에서 공연·교육·체험행사 등을 진행하면 현실을 잠시 벗어나 과거로 시간여행을 떠나는 듯한 분위기가 연출되어 참여자와 수혜자에게 아주 특별한 경험으로 남게 된다.

문화재 사회공헌은 교육, 복지, 환경, 문화교류 등 다양한 사회공헌 분야와 연결될 수 있어서 사회공헌 활동의 확장성이 높다. 문화재 사회공헌이라고 하면 대개 유물을 보존처리하거나 건축물을 수리하고 복구·복원하는데 후원하는 방법만을 생각하기 쉽다. 그러나 문화재 분야 사회공헌 활동은 아주 다양하게 운영되고 있다. 예를 들자면 문화재를 올바르게 이해하고 체험할 수 있는 교육·체험, 무형문화재의 전시·공연 등을 지원하여 문화향유 기회를 확대하면서 전승보존 활동에 기여할 수도 있다.

또한 동식물과 명승지를 지키는 자연유산 보호에도 참여할 수 있다.

다양한 문화재 사회공헌의 활동 영역은 기업이 그 동안 운영해 왔던 사회복지, 교육, 예술, 환경 등의 사회공헌 영역과 교차되는 부분이 있다. 그래서 각각의 사회공헌 분야에 문화재를 주제로 (부분)적용하면 또 다른 사회복지, 교육, 예술, 환경 분야의 사회공헌 프로그램을 기획·운영할 수 있다. 예를 들어 청소년 진로체험 교육, 다문화·저소득층·노령층 대상의 문화체험 프로그램에 문화재를 추가하거나 문화재 환경정화 봉사활동을 포함할 수도 있다. 환경 분야는 자연유산을 포함하거나 문화예술 분야는 예술가 지원 사업에 무형문화재를 추가하여 지원할 수도 있다.

또한 문화재 사회공헌은 지역사회를 대표하는 사회공헌 활동으로 자리매김할 수 있다. 문화재는 지역의 정체성과 역사성을 대표하는 문화자산이며 지역 관광과 문화산업을 활성화시키는데 중요한 문화자원으로 평가되어, 지역발전과 지역사회의 대표 브랜드로 운영되는 사례가 늘고 있다. 경주와 공주·부여는 역사문화도시 조성과 함께 신라·백제 관련 문화재를 대표적인 지역브랜드로 내세우고 있으며 제주는 해녀문화를, 수원은 수원화성을, 청주는 직지심체요절을, 예산은 천연기념물 황새를 지역 대표 브랜드로 삼는 등 지역마다 문화재를 활용해 지역의 전통과 역사성, 친환경적인 이미지로 관광과 문화산업 활성화에 많은 노력을 기울이고 있다. 더욱이 세계유산 등재는 지역 브랜드 강화와 관광 활성화에 직결되는 영향력 때문에 최근 다소 과열된 점이 없지 않지만 경쟁적으로 지역의 문화재를 세계유산으로 등재하기 위해 다양한 노력을 기울이고 있는 상황이다.

기업 입장에서는 본사를 포함해 지사·공장·지점 등 다양한 시설이 지역사회에 기반을 두고 운영되기에 지역사회와의 관계를 항상 염두해 두고 있다. 그래서 지역을 대표하는 문화재를 보호하는 것은 지역사회 발전과 함께 사회공헌 활성화에도 기여하는 결과를 낳을 수 있다. 이러한 사례로

한화호텔&리조트, 신한은행, 한국가스공사 등은 본사·지사가 함께 지역마다 대표적인 문화재를 보호하는데 참여하고 있으며 삼성전자는 지역 연고와 관련성 있는 수원화성을 대상으로 사회공헌 활동에 참여하고 있다. 한편 이니스프리는 제주의 청정 이미지를 브랜드 가치로 삼고 제주 지역의 원료를 화장품 제품에 사용하고 있는데, 기업 활동의 주 대상인 제주 지역의 문화재 사회공헌을 연결시켜 문화재 안내판 개선사업을 진행하였다.

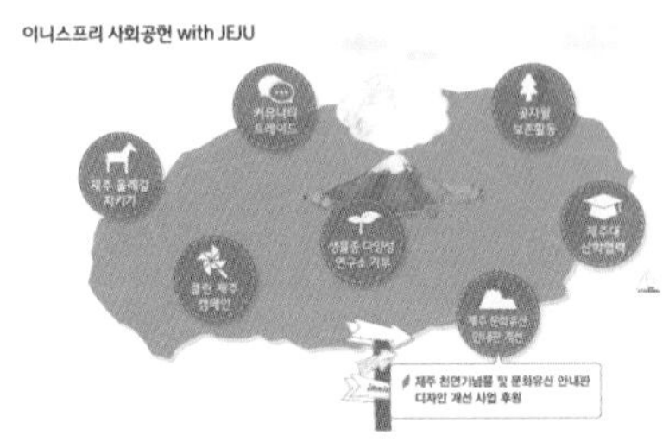

이니스프리 제주지역 사회공헌 소개
이니스프리 홈페이지 참조

제주 천지연 난대림 지역 안내판 개선
이니스프리는 제주 지역의 원료를 사용한 청정 화장품 이미지와 연결시켜 식물 분야 천연기념물 보호에 기여하고자 제주 천지연 난대림(천연기념물 제379호) 지역에 안내판 개선(설치)을 후원하였다.

다음으로 문화재는 사회적으로 높은 인지도를 가진 만큼 최고의 문화마케팅 소재이자 주제가 될 수 있다. 기업은 단순히 좋은 제품을 만들어서 시장에 내놓고 기다리는 것이 아니라, 마케팅을 통해 고객과 소비자가 원하고 필요한 제품을 원활하게 제공하면서 다른 제품·서비스보다 경쟁력을 높이는 경영활동을 한다. 제품뿐만 아니라 기업과 브랜드의 이미지 관리도 마케팅의 커다란 범주 안에서 다루어져 기업에게 마케팅은 중요하다. 마케팅 중에서 문화로 기업의 경쟁력과 이미지·브랜드의 가치를 높이는 문화마케팅이 있다. 문화마케팅은 영화·드라마·문화행사 등을 통해

상품을 노출하는 간접광고, 문화행사·예술가 등의 지원, 제품과 서비스에 문화 요소를 접목시켜 상품화하거나 제품을 활용한 예술작품 제작과 전시 등 다양한 문화마케팅 방법이 운용되고 있다.

문화마케팅 소재로서 문화재는 전통문화를 대표하는 상징성, 수준 높은 예술성과 대중의 높은 인지도 때문에 제품과 브랜드의 품격을 높이는데 효과적이다. 그리고 마케팅을 통해서 문화재의 가치와 의미를 널리 알리는데 도움을 주어 공익에도 기여할 수 있다. 예를 들어, 동서식품은 백제역사유적지구가 세계유산에 등재된 것을 기념해서 '헤리티지 캠페인'을 진행하였고 그 일환으로 커피믹스 포장상자에 백제문화의 대표 문화재인 백제금동대향로를 인쇄하여 문화재를 홍보하였다. 생활밀착형 문화재 홍보 전략이면서 기업 이미지와 브랜드 가치를 높이는 문화마케팅 사례이다. 또 다른 사례로 LG전자는 해외에 소재한 우리의 문화재를 디지털 영상(3D·2D)으로 촬영하고 그 영상물을 LG전자의 모니터에 담아 '다시 만난 우리 문화재'전시회를 개최하였다. 해외 박물관·미술관에 흩어져 있는 다양한 유물을 한 자리에서 볼 수 있고 3D 영상물의 장점을 살려 문화재를 입체적으로 관람할 수 있어서 관람객들에게 상당한 호응을 얻었다. 문화재 홍보와 함께 특별한 문화향유 기회를 제공한 사례라고 볼 수 있다.

이외에 문화재 분야 사회공헌은 한국에 진출한 외국계 기업들에게 지역 커뮤니티 향상과 함께 조직문화 활성화에 기여할 수 있다. 글로벌 기업은 해외 시장에 진출할 때 국가·지역문화의 이해와 존중을 중요시하고 있으며, 문화재는 해당 국가·지역 사회의 대표성과 정체성을 담고 있기 때문에 글로벌 기업과 국가·지역 사회와의 소통 창구로서 문화재가 지닌 영향력은 상당하다. 외국계 기업의 문화재 보호 활동은 기업과 국가·지역 사회와의 관계 형성에 친밀도를 높이고 외국계 기업을 바라보는 시선과

포르쉐코리아는 근대문화의 산물인 자동차의 특성과 연결시켜 근대 시기를 대표하는 문화재 덕수궁을 후원하고 있으며, 임직원 자원봉사 참여와 함께 덕수궁의 야간 조명 개선, 관리용 장비 지원 등을 후원하였다.

평가에 호의적일 수 있다. 결국 외국계 기업-국가·지역 사회와의 소통과 네트워크 활성화는 물론 외국계 기업의 이미지와 브랜드에도 긍정적인 영향을 줄 수 있는 것이다.

그리고 기업의 조직문화 개선에도 도움을 준다. 외국계 기업의 문화재 사회공헌 참여와 후원은 국내 기업의 한국인 직원보다 외국계 기업의 한국인 직원에게 남다른 보람과 자부심을 갖게 한다. 또한 외국인 직원은 고향을 떠나 한국 사회에 살고 있지만 한국의 전통문화를 이해하고 경험할 수 있는 기회가 적기 때문에 문화재 보호의 참여는 색다른 현지문화의 체험이며 특별한 경험이 된다. 이러한 자부심·자긍심과 특별한 경험은 개인의 영역을 넘어 기업 조직으로 확대되어 문화재 사회공헌을 매개로 국내외 직원들 간의 소통을 활성화시키고 조직문화의 새로운 활력소가 될 수 있다.

2. 문화재 사회공헌의 성과, 기여

기업의 문화재 사회공헌은 문화재 보호에 어떻게 기여하고 있을까? 참여·후원의 대상과 방식 등에서 차이가 나겠지만 우선 영역별로 구분해 보면 다음과 같다. ▲문화재 보존관리 영역에서 보면, 훼손되거나 정비가 필요한 문화재를 수리, 보존처리하고, 새로운 문화재를 발굴하거나 재현하는 활동에 기여할 수 있다. 해외로 반출된 문화재를 되찾는 환수운동에도 도움을 줄 수 있다. 이러한 모든 활동이 문화재가 지닌 본래의 모습을 온전히 지켜 가는데 기여하는 것이다. 그리고 ▲문화재 안내시설, 편의시설 지원이 이루어져 쾌적하고 유익한 관람환경이 조성되어 문화재를 방문하는 내외국인 관람객에게 질 높은 관람서비스를 제공하게 된다.

또한 ▲문화재를 활용하여 문화재의 새로운 가치를 발굴하고, 이를 공유하고 확산시키는데 기여할 수 있다. 문화재를 통해서 전시 · 공연 · 교육 · 체험 등 다양한 문화재 체험을 제공하게 됨으로써 문화향유의 기회를 확대시키고 문화복지에도 기여하게 된다. 또한 문화재 보호의 관심과 참여를 이끌어 냄으로서 문화시민의식 향상에도 기여할 수 있다.

이외에 ▲문화재는 지역과 국가, 민족을 대표하는 상징성을 갖기 때문에 지역문화와 문화관광 활성화에 중요한 문화자원이 되며 국가 간의 문화교류에도 중요한 가교 역할을 한다. 그래서 문화재 사회공헌은 지역문화 · 관광 · 외교 분야의 활성화에도 기여하게 된다. 또한 문화재를 소재로 하는 문화상품 개발과 문화행사는 간접적으로 문화콘텐츠와 문화산업 활성화에도 기여할 수 있다.

▲수혜 대상별로 보면, 문화재 사회공헌을 통해 문화재 보호의 주 책임기관인 정부와 지자체는 필요한 재정 · 장비 등을 지원받아 부족한 예산을 보충하거나 긴급한 사안에 대해서는 탄력적 대응이 가능해져 행정력을 높일 수 있다. 또한 전문 인력의 참여와 기술 지원 유형의 사회공헌은 문화재 관리의 전문성과 관리역량을 높이면서 행정서비스의 품질을 향상시킬 수도 있다.

문화재 보호에 기여하는 사회공헌의 성과를 포괄적으로 살펴보았다면 구체적인 성과의 사례를 몇 가지 더 살펴보기로 하자.

기업이 전문성을 갖춘 기술과 장비를 제공하여 문화재 보호의 역량을 높이는 효과가 있다. 예를 들어 목재 건축물의 흰개미 피해를 막기 위해 정부기관과 전문가가 참여하면서 과학 장비를 동원하고 있는데, 기업이 탐지활동에 탁월한 역량을 갖춘 탐지견과 훈련사를 지원함으로서 협업을 통해 흰개미 피해 방지의 시너지효과를 높이고 있다. 이외에도 제철업계의 철제 유물 보존처리, 카메라 기업의 유물 사진촬영, 리조트업계의 왕릉 잔디관리, 호텔업계의 문화재관리서비스 등 기업의 경영활동과 연계된 문화재 보호 활동은 산술적인 후원규모를 넘어서 문화재 보호의 역량을 높이는데 상당한 기여를 하고 있다. 또한 기업의 전문성과 보유 자원을 활용해 문화체험, 문화재 홍보 등을 지원함으로써 다양하고 완성도 높은 문화향유 프로그램을 제공하여 문화재 가치의 공유와 확산에도 기여하고 있다.

문화재와 관련된 시설관리, 편의시설 등의 확충에 대한 기여이다. 문화재 예산은 문화재의 형태를 온전하게 유지하는 보존관리 중심으로 짜여지다 보니 문화재 현장에서는 문화재 관련 시설, 장비 등의 확충과 관람서비스를 향상시키는 예산을 확보하기 쉽지 않다. 예를 들어 이동·운반용 전기차·굴착기·크레인 등의 장비는 문화재 현장에서 관리와 행사 등에 필요한 자재·물품 운반과 인력의 이동, 홍수·화재 등의 피해에 대처하거나 예방활동 등에 사용되고 있다. 그런데 시설·장비 예산이 부족하다 보니 기업이 시설·장비에 후원하게 되면 문화재관리의 역량을 높이는데 기여할 수 있다. 또한 관람객에게 필요한 쉼터, 수유실, 장애인용 휠체어 등 편의시설에 지원하면 문화재 관람의 편의를 제공하게 된다.

이외에 소규모 보존관리에 필요한 정비와 관리 품질을 높이는데 기여하는 성과이다. 건물 형태의 경우, 사라진 건물을 새로 짓고 구조적인 결함이나 화재·홍수 등으로 큰 피해를 입어 복구하는 대규모 보존관리도 중요하지만 시간이 지남에 따라 자연스럽게 발생하는 훼손에 대처하는 소규모 보존관리 대상도 중요하다. 소규모 보존관리는 예를 들어 건물 내부의 도배·장판이 낡고 습기를 머금어 훼손될 수도 있고 문과 창에 바른 창호지가 비바람에 또는 관람객이 구멍을 뚫어 훼손되거나 건물을 장식하는 철제·목제 장식물이 떨어지고 부분적인 훼손이 발생할 수 있다. 이러한 훼손 사례들은 일상적인 관리 차원에서 보수와 정비가 필요하며 시간이 지날수록 더 지저분해지고 냄새가 나는 등 보기에도 좋지 않고 관람객에게 불편함도 전달한다. 그리고 작은 훼손은 커다란 훼손으로 이어질 우려도 크다.

그런데 소규모 보존관리는 부분적이며 금액도 소액이기에 규모가 크거나 시급한 문화재 관리 대상보다 예산을 받기도 쉽지 않으며 연간 단위로 예산과 집행이 이루어져 시간이 걸리기도 한다. 이러한 부분을 보완하는 방법 중에 하나가 기업 사회공헌의 지원이다. 제때에 필요한 보수정비를 도울 수 있고 변화하는 상황에 대처하는 탄력적 비용 지원도 장점이다. 또한 보수정비의 품질을 높일 수도 있는데, 항상 부족한 정부 예산을 효율적으로 운영하기 위해서는 정부 조달가격에 맞추어 진행하기 쉽다. 예를 들어 문과 창호에 바르는 창호에 일반 한지를 사용하지만 기업의 후원으로 조달 가격에 구애받지 않고 무형문화재가 제작한 한지를 사용할 수 있다. 가격이 비싸지만 무형문화재의 한지를 문화재에 사용하여 품격도 높이고 부가적으로 무형문화재를 지원하는 효과도 있다.

문화재체험, 교육 등을 통해 역사문화 소양과 문화재 보호 참여 의식을 높이고 문화교류에도 기여하고 있다. 아는 만큼 배우고 느끼며, 먹어봐야 그 맛을 진정으로 알 수 있다. 아무리 문화재가 소중하다고 하지만 직접 보고 듣고 체험을 해 봐야 문화재의 참 의미와 가치를 이해할 수 있을

것이다. 그래서 문화재를 활용한 체험과 교육은 문화재 보호에 중요한 참여방법이다. 문화재 사회공헌 중 교육·체험 프로그램을 통해 저소득층·청소년·대학생·외국인·다문화가정 등 기업 외부 수혜자뿐만 아니라 기업의 고객·직원·직원가족·파트너사 직원 등이 다양하게 참여할 수 있다. 다양한 참여자들은 문화재 체험과 교육을 통해 문화재와 문화재를 둘러싼 역사문화를 자연스럽게 이해하게 된다. 또한 문화재 체험·교육은 이해를 넘어 문화재를 잘 가꾸고 지켜야한다는 시민의식을 성장시키는 토대가 된다. 이외에도 문화교류와 한류에도 기여할 수 있는데, 예를 들어 국내 기업의 해외법인 현지 직원이나 해외 비즈니스 파트너 기업의 외국인 직원들이 한국을 찾아올 때 문화재를 소개하고 체험하는 프로그램을 제공한다면 한국의 대표 문화를 체험하게 되어 자연스럽게 문화교류, 한류 확산에도 기여하게 되는 것이다.

한편, 정부예산의 비용절감 · 예산확충 및 문화자본 형성에 기여하는 부분이다. 정부입장에서 보면 문화재 종합행정기관인 문화재청의 예산은 2016년 기준으로 약 7,311억원이며 정부 총예산 대비 약 0.19%를 차지한다. 예산이 많을수록 행정의 효율성이 높아진다고 할 수 없지만 문화재를 둘러싼 행정환경의 변화와 사회적 기대를 감안한다면 문화재 분야의 투자 및 참여·후원의 비중이 점차 높아져야 할 필요성이 있다. 예를 들어 문화재 지정 건수가 해마다 늘어나고 그만큼 고비용의 문화재 보수·정비의 비용도 비례하여 증가한다. 또한 문화재 관리 영역도 문화재를 넘어서 주변 환경도 중요해져 역사지구·고도지구 형태의 입체적 관리방식으로 그 보호대상 영역이 확대되고 있다. 그리고 문화향유 확대, 전통문화 및 지역문화 활성화, 한류 확산, 문화산업 촉진을 위한 사회적 기대와 요구가 높아지는 가운데 문화재가 주요한 문화자원으로서 중시되고 있다. 이러한 사회적 환경의 변화를 감안할 때, 기업의 문화재 사회공헌은 총체적인 관점에서 부족한 예산을 보완·확충하고 사회발전의 성장 동력인 문화자본을 형성하는데 기여한다고 볼 수 있다.

정부예산 대비 문화재관리 예산

정부예산 대비 문화재관리 예산 (단위: 억원, %)

연도별	정부		문화관광분야			문화재청			
	재정지출 규모	전년대비	재정지출 규모	전년대비	점유율(정부)	재정지출 규모	전년대비	점유율(정부)	점유율(문화)
2011	3,090,567	5.5	42,405	7.8	1.36	5,228	0.3	0.17	12.4
2012	3,254,076	5.3	45,757	8.8	1.41	5,577	6.7	0.17	12.2
2013(추경)	3,489,883	7.2	51,452	12.4	1.47	6,148	10.2	0.17	11.9
2014	3,558,050	2.0	54,130	5.2	1.52	6,199	0.8	0.17	11.5
2015	3,754,000	5.5	61,181	13.0	1.63	6,887	11.1	0.18	11.3
2016	3,864,000	2.9	66,306	8.4	1.72	7,311	6.2	0.19	11.0

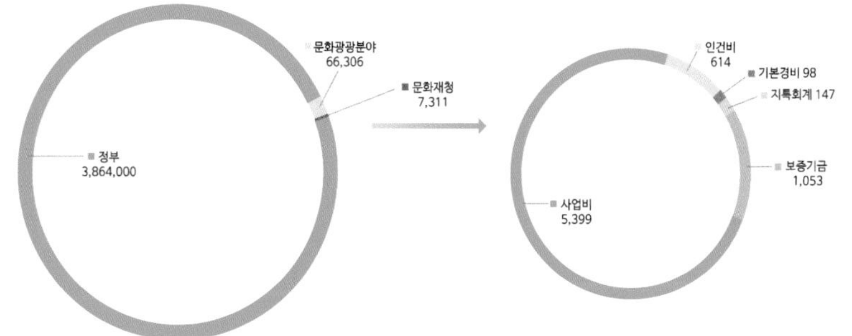

* 출처 『통계로 보는 문화유산 2016』 (2016.12.31.)

정부예산과 관련된 또 다른 측면에서 문화재 행정의 탄력적 집행과 운영을 지원하는 기여 형태이다. 정부 예산의 운영방식은 비탄력적인데, 정부기관과 국회를 거쳐 정해진 예산항목과 규모는 변경하는 것이 쉽지 않다. 물론 계획을 사전에 잘 세워서 그에 맞는 예산집행이 이루어지는 것이 정석이지만 예상치 못한 일이 발생할 수도 있다. 예를 들어 건물을 보수·정비하려고 해체를 하였더니 새로운 유물이 발견되어 발굴과 함께 공사

를 진행해야 하거나, 일부분만 보수·정비하려고 했지만 건물의 구조적인 문제가 발견되어서 전체를 대상으로 정밀조사와 보수·정비를 해야 하거나 문화재 교육·전시 공간으로 활용하려는 건물이 낡아서 보수정비가 추가로 필요한 경우 등, 여러 가지 예기치 못한 상황이 문화재 현장에서는 많을 수 있다. 이러한 경우에 예산과 실제 비용 집행과의 오차가 발생하게 되며, 정해진 예산항목 이외에 다른 예산에서 가져와 보완하는 일은 어렵고 예산 범위 내에서 단계별로 진행하거나 다음 년도 예산에 추가로 반영해 사업을 진행하게 된다. 그리고 국외문화재 환수와 관련해서 국외문화재 구입 예산을 확보하고 있지만 만약에 국외문화재가 경매에 나와 (예상)낙찰금액이 준비된 예산보다 많으면 긴급히 추가로 예산을 확보하기 어렵고 응찰에 참여하기도 쉽지 않다.

이러한 비탄력적인 예산집행과 긴급한 상황에 대비하여 기업이 부족한 예산과 장비 등을 적정한 시기에 지원하고 국외문화재 환수기금을 조성함으로써 정부 예산과 행정력의 비탄력적인 문제를 해소시켜 효율적인 문화재 보호에 기여할 수 있게 된다.

문화재 사회공헌의 성공 전략과 실행

1. 전략적 기획의 특성

좋은 문화재 사회공헌 프로그램은 무엇일까? 문화재 보호에 기여하면서 기업 이미지 향상에도 도움을 준다면 금상첨화일 것이다. 하지만 좋은 문화재 사회공헌을 만들기란 말처럼 쉽지 않다. 기업이 가진 예산과 인력 등의 제한도 있고 좋은 아이디어로 프로그램을 기획해도 공공성이 강한 문화재이기에 접근도 쉽지 않다. 자칫 잘못하면 문화재를 이용해 기업을 홍보한다는 오해도 낳을 수 있다.

그렇다고 마냥 어려운 것만은 아니다. 앞서 소개한 문화재 사회공헌의 활동 유형과 특징, 기업별 사례를 참고하면 도움이 될 것이며 구체적으로 성공적인 문화재 사회공헌을 기획하고 실행하기 위한 전략적 특성과 실행 프로세스 등을 참고하는 것도 도움이 될 것이다. 우선 성공적인 문화재 사회공헌을 기획·개발하는데 필요한 주요 전략적 특성과 함께 구체적인 사례를 살펴보자. 차별성, 지속성, 확장성, 화제 연계성, 파트너십 등이 있다.

● 차별성

'차별성'은 다른 기업 또는 동종 업계의 사회공헌 프로그램과 구별되며 독특한 차이점을 보여줄 수 있는 특성이다. 차별성은 대개 경쟁력과 우수

성을 담보하게 되어 기업과 사회공헌의 인지도, 지지도를 쉽게 높여주기 때문에 기업이 가장 선호하는 특성이기도 하다. 우선 문화재 분야 사회공헌에 참여하는 것 자체가 차별적 요인으로 작용될 수 있다. 아직 활성화가 덜 된 사회공헌 분야이며 공공성이 큰 영역이기 때문이다. 차별성을 높이는 주요 요소로 기업 경영(철학·사업영역·보유자원 등)과 문화재의 연결성, 그리고 차별화된 문화재 대상을 선정하는 요소도 있다.

차별화의 주요 요소로 ▲'연결성'은 기업 경영과 문화재와의 공통점 및 관련성 등을 고려해 최적화된 사회공헌 프로그램을 개발하는 것이며, 사회공헌 활동과 기업 이미지 등을 가장 부각시켜 많은 관심과 참여·지지를 이끌어내는데 도움이 될 수 있다. 사회공헌 연구에 따르면 기업의 사업영역과 사회공헌 주제와의 적합성이 높을수록 기업 이미지·브랜드·호감도와 구매의사 증대 등에 도움이 된다고 한다. 예를 들어 신세계조선호텔이 문화재 관리를 위해 호텔식 관리와 서비스를 지원하는 사례가 있다.

다음으로 ▲'문화재의 차별적 선정'은 어떠한 문화재를 사회공헌 대상으로 선정할 때 차별성이 부각될 수 있는지에 대한 전략적 요소이다. 국민적 관심이 높은 문화재가 그 대상일 수도 있고 반대로 잘 알지 못하는 문화재를 선정할 때 차별성이 더 부각될 수도 있다. 예를 들어, 문화재 환수 또는 세계유산 등재와 관련되어 사회적 관심이 큰 대상이거나 반대로 천연기념물(동물·식물 등)과 등록문화재 등 잘 알려지지 못한 문화재를 대상으로 사회공헌이 이루어질 때 차별성이 커지고 있다. 그런데 사회적 관심이 큰 문화재는 많은 기업의 주 관심 대상이기도 하다. 많은 기업들이 참여하다보면 희소성이 떨어져 단점이 될 수도 있다. 단점을 극복하기 위해서는 선점하는 방법 이외에 기업과의 연결성, 사회공헌 기획력이 중요하다. 기획력의 경우 LG전자의 조선왕릉의 태양광판 친환경 관리시스템 설치 지원 사례가 있는데, 왕릉을 대상으로 많은 기업이 참여하는 상황에서 문화재와 환경 이슈를 결합하여 차별성을 부각시켰다.

● 지속성

다음은 '지속성'이다. 지속성 역시 사회공헌 연구 등을 통해서 기업 이미지와 사회공헌의 효과를 높여주는 주요 특성으로 알려져 있다. 일회성, 홍보성이 아닌 지속적인 사회공헌 활동이 기업 사회공헌의 신뢰도를 높이고 기업의 이미지에도 도움을 주기 때문이다. 문화재 분야도 지속적인 참여와 후원이 기업 사회공헌의 긍정적 인식과 성과를 높이며 문화재 보호에도 기여할 수 있다. 예를 들어 문화재와 무관할 수 있는 외국계 게임 회사 라이엇 게임즈가 지속적으로 문화재 보호에 참여·후원함으로써 고객·파트너기관·언론 등에게 사회공헌의 진정성을 전달할 수 있고 단기적 성과를 얻기 힘든 국외문화재 환수와 지원도 지속적인 후원을 통해 성공할 수 있었다.

지속적인 문화재 사회공헌의 운영방식은 어떻게 가능할까? 우선 가장 쉬운 방법은 ▲문화재 분야를 연간 단위 또는 특정 이슈에 따라 계속 참여·후원하는 방법이다. 다음으로 ▲참여·후원 대상 문화재를 선정한 후 후원을 지속하는 방식이다. 대상 문화재는 선정 범위에 따라 달라질 수 있다. 예를 들어 특정한 문화재(경복궁)로 한정할 수 있으며, 특정 문화재를 포함한 유사한 부류(궁궐류; 경복궁·창덕궁·창경궁 등)를 묶어 하나의 후원 대상으로 삼을 수도 있다. 또한 유사한 부류(궁궐류)를 해마다 경복궁→창덕궁→창경궁 순으로 단계별로 후원하여 하나의 후원 대상(류)을 지속할 수도 있다. 이외에 더 넓게 주제별로 왕실문화 관련 문화재(궁궐·왕릉·종묘)를 대상으로 삼거나 무형문화재와 천연기념물 등 문화재 유형별로 참여·후원 대상을 선정하여 지속적인 문화재 사회공헌을 진행하는 방식이다.

▲문화재 대상(주제)만이 아니라 참여·후원방식에 따라 지속성을 유지하는 방식도 있다. 특정 문화재이든 문화재 유형별이든 참여·후원방식을 제한하지 않고 다양한 참여·후원방식을 적용하여 지속성을 담보하는 방

식이다. 예를 들어 △특정 문화재(경복궁)를 대상으로 월·분기·연간 단위로 임직원이 자원봉사 꾸준히 참여하는 것도 지속성을 유지의 하나의 방법이지만 △특정 문화재(경복궁)를 대상으로 봉사·기부·체험·교육·공연·전시 등 다양한 활동 유형을 접목하여 진행한다면 특정 문화재를 지속적으로 보호한다는 명분도 얻을 수 있고, 다양한 활동을 적용할 수 있으니 프로그램 기획과 참여 동기 부여에도 도움이 되는 실리적 효과도 있다. 반대로 △특정 활동 유형을 여러 문화재에 적용하여 특정 활동 유형의 지속성을 담보하는 방식도 있다. 예를 들어 청소년 문화재교육(특정 활동유형)을 특정 문화재(경복궁)만이 아니라 왕릉·서원 등 여러 문화재 대상으로 확장하면서 지속시킨다면 청소년 문화재교육(특정 활동유형)을 통해 일관성 있는 활동 유형으로 지속적인 문화재 사회공헌을 운영하는 사례를 보여줄 수 있는 것이다.

확장성

지속성과 연결될 수도 있는 '확장성'이 있다. 지속성이 성공적인 사회공헌의 전략적 특성이지만 시간이 지날수록 기업과 대중의 관심이 떨어질 수 있는 위험요소이기도 하다. 지속성의 위험요소를 줄이면서 차별성도 심화시킬 수 있는 것이 확장성의 특징이다. 그렇다고 백화점식으로 사회공헌 활동 대상의 가짓수를 넓혀가는 것은 오히려 효과가 반감되거나 역효과가 날 수 있기 때문에 문화재 사회공헌의 목적, 활동 유형과 방식 등이 유기적으로 연결될 때 지속성의 확장과 진정성을 보여줄 수 있다.

확장성의 적용방식으로 ▲다른 분야 사회공헌 활동을 문화재 분야에 적용하는 방식이 있다. 기업이 그 동안 잘 해왔던 타 분야의 사회공헌이라면 문화재 분야 적용에 더 효과적일 수 있다. 예를 들어 청소년·소외계층·다문화가정을 대상으로 교육, 진로체험, 문화교류 사회공헌 활동을 진행해 왔다면 관련 사회공헌 프로그램에 문화재 소재를 추가로 넣어 운영하거나 별도의 문화재 분야의 교육, 진로체험, 문화교류 프로그램을 기획할 수도 있다.

그리고 ▲문화재 분야 안에서 다양한 문화재 대상과 활동 영역으로 확장하는 방식이다. 앞서 지속성의 특성에서 설명한 내용과 연결되는데, 확장 유형별로 도식화해 보면 다음과 같다. △후원 대상의 확장으로 '특정 문화재(경복궁)'→'유사 문화재 부류(경복궁·창덕궁·창경궁·덕수궁)'로의 확장, 그리고 △'특정 문화재(경복궁)+특정 활동 유형(전시)'→'특정 문화재(경복궁)+다중 활동 유형(전시+공연+교육 등)'으로의 확장, △'특정 문화재(경복궁)+특정 활동 유형(전시)'→'다중 문화재(경복궁·창덕궁·창경궁·덕수궁)+특정 활동 유형(전시)'등으로 구분해 볼 수 있다. 사례로서 보면 궁궐을 대상으로 문화재 보수정비와 편의시설 등의 사회공헌 사업을 진행하였다면 점차 궁궐 이외에 왕릉·서원 등 다른 유형의 문화재로 확장하여 진행할 수 있다. 에쓰-오일의 사례처럼 천연기념물 보호 대상을 처음 수달에서 시작하여 해마다 두루미·어름치·장수하늘소로 하나씩 후원 대상을 확대해 나가는 방식도 참고할 수 있는데, 특정 문화재 분야(천연기념물)의 지속성을 유지하면서 유형별(포유류·조류·어류·곤충류)로 추가 선정하여 확장성의 효과를 얻은 결과이다.

‖ 문화재 사회공헌의 전략적 확장성 유형과 사례 ‖

구분	확장 유형
문화재 확장	특정 문화재(경복궁) → 유사 문화재 부류(경복궁 · 창덕궁 · 창경궁 · 덕수궁)
	특정 문화재(경복궁) + 특정 활동 유형(전시) → 다중 문화재(경복궁 · 창덕궁 · 창경궁 · 덕수궁) + 특정 활동 유형(전시)
활동영역 확장	특정 문화재(경복궁) + 특정 활동 유형(전시) → 특정 문화재(경복궁) + 다중 활동 유형(전시+공연+교육 등)
※ 기업 사례 (에쓰-오일)	천연기념물 보호(지속성) / 특정 문화재 → 유형별 문화재 (확장성) * 수달(2008) → + 두루미(2009) + 어름치(2010) + 장수하늘소(2013)

● 화제 연계성

다음으로 '화제 연계성'이 있다. 문화재는 사회적으로 관심이 높은 대상이기도 하며 사회적 화제와 트렌드의 중심에 서는 경우도 많다. 자연스레 문화재에 대한 사회공헌도 문화재를 중심으로 움직이는 화젯거리와 트렌드에 대해 관심을 가져야 할 필요가 있다. 예를 들어 문화재로 새로 지정되거나 세계유산 등재가 될 때 관람객이 늘어나며 그에 따르는 관람서비스와 편의시설 등이 필요한 경우가 있다. 또한 광복 70주년(2015), 임시정부 건국과 3·1운동 100주년(2019) 등과 같이 특정한 역사적 기념일은 독립운동과 관련된 인물, 유물, 유적지에 대한 관심이 함께 증가하면서 독립운동과 연결되어 주목받는 문화재 사회공헌의 참여 기회가 생기기도 한다. 이외에 영화·드라마·소설 등의 문화콘텐츠가 인기를 끌면서 배경과 소재로 활용된 문화재가 관심을 갖게 된다.

사회적 화제에 문화재가 중심에 서 있든지 다른 사회 화젯거리로 문화재의 관심이 높아지든지 점차 문화재가 사회적으로 주요한 화두이고 화젯거리가 되는 일이 많아지고 있다. 이러한 화젯거리는 학술과 지역관광 분야로만 한정되지 않고 문화재 사회공헌의 참여와 후원 기회를 확대하는데 주요한 역할을 할 것이다. 그래서 문화재 사회공헌도 문화재를 둘러싼 화제와 사회 인식의 변화에 더 많은 관심을 갖고 기획과 참여가 이루어질 때 보다 효과적인 성과와 의미를 만들어낼 것이다.

● 파트너십

이외에 '파트너십'도 중요한 전략적 특성이다. 사회공헌 담당자들은 사회공헌의 주요 성공 요인으로 전문기관과의 파트너십을 손꼽고 있는데, 문화재 분야는 전문성이 더 요구되어 문화재와 운영방식을 잘 이해하는 전문 기관과의 파트너십이 중요하다. '화제 연계성'과 '파트너십'의 전략적 특성은 아래의 실행 프로세스에서 추가로 상세히 설명하겠다.

2. 전략적 기획과 실행

전략적인 실행 프로세스는 구체적인 운영방식과 접근방법 등을 통해 실제적인 문화재 사회공헌 프로그램 기획과 계획 수립에 도움이 될 수 있는 내용으로 정리하였다. 과정별로 보면 사례조사, 화젯거리 및 트렌드 점검, 전략적 기획 방안, 파트너 선정과 협의 순이다.

● 문화재 분야 사회공헌 사례조사

다양한 문화재 사회공헌 활동 현황을 파악하면서 문화재와 관련된 사회적 화제와 트렌드를 점검하고 기업의 참여 방식과 규모, 차별화를 검토하기 위한 기초적인 단계이다.

우선 문화재 분야의 사회공헌 활동 현황을 파악하는 것이 필요하다. 대상 문화재, 운영방식과 협력관계, 참여 규모 등 기본적인 내용을 이해하면서 다른 기업 특히 동종업계의 사회공헌 사업과 중복을 피하는데 도움이 된다. 문화재와 관련된 정부(문화재청)·지자체·문화예술지원기관·민간단체 등에서 제작한 보고서·백서·안내책자·홈페이지 등을 참조할 수 있다. 이외에 논문 등의 학술연구 자료와 함께 정부기관에서 발주한 정책연구 자료도 있다. 참고로 정부기관의 정책연구관리시스템(PRISM)은 문화재 관련뿐만 아니라 다른 분야의 정책연구 자료를 검색하는데 도움이 된다.

그런데 문화재 영역은 무형문화재와 천연기념물 등이 포함되어 문화예술, 자연환경 분야와 겹치는 부분이 있다. 무형문화재의 경우에 인간문화재가 참여하는 음악·무용 등의 공연과 공예품·회화 관련 제작·전시, 청소년·소외계층·다문화의 문화체험 등으로 문화예술 분야의 사회공헌과 연결되어 운영되기도 한다. 만약에 기업의 사회공헌 핵심 사업이 문화예술 분야이거나 문화재를 통해서 다양한 문화체험을 제공하는데 관심이 있다

면 문화예술 사회공헌 분야의 자료도 함께 참조하면 도움이 된다. 문화예술 사회공헌과 관련된 주요 기관으로 한국문화예술위원회, 한국메세나협회, 문화예술협력네트워크, (사)문화예술사회공헌네트워크 등이 있으며 해당 홈페이지에서 참여기업의 현황과 보고서, 연구자료 등을 참조할 수 있다.

문화재 분야 사회공헌과 관련하여 자료를 찾아보는 것과 함께 부족한 부분은 직접 전화, 방문 등을 통해서 세부적인 자료를 요청하거나 인터뷰를 통해 운영현황을 자세히 확인하고 기업 참여와 후원이 필요한 부분, 제약요소, 관련 기관과의 협력 등을 확인할 수 있다. 이외에 문화재 사회공헌 관련 언론기사를 검색해 보는 것도 도움이 된다.

문화재지킴이 홈페이지(문화재청)

한국메세나협회 홈페이지

문화재 분야 사회적 화제와 트렌드 확인하기

다음은 문화재 관련 사회적 화제와 트렌드 등을 확인하는 일이다. 문화재는 가치 있는 과거의 유산을 그 대상으로 삼기 때문에 시간적으로 과거를 품고 있지만 현재와 소통하면서 다양한 보존과 활용의 방향을 만들어 간다. 모든 문화재가 소중하지만 사회적인 화제로 부각되거나 트렌드와 연결된 문화재는 자연스레 사람들에게 더 주목받고 문화재 보호의 참여와 지원이 늘어나게 된다. 사회적 이슈로 연결된 문화재 보호 활동의 사례를 살펴보자.

지진·홍수·대설·폭풍 및 도난·방화·철거 등 자연과 사람에 의한 피해로 문화재가 훼손될 수 있다. 피해를 입은 문화재는 사회적인 관심을 받게 되어 긴급히 문화재를 복구함과 동시에 다양한 예방법을 마련하게 된다. 또한 대상 문화재(지역)에 대한 관심이 커지면서 문화재 보호를 위한 다양한 홍보와 캠페인 등이 이루어질 수 있다. 예를 들어 2016년 경주 지역 지진피해를 입은 문화재 복구에 기업이 직접 기부하거나 문화상품을 개발하여 기부금을 조성하고 문화재사랑 캠페인을 진행하기도 하였다. 또한 숭례문 방화의 피해를 복구하는 과정에서 기부(현금·현물), 자원봉사, 캠페인 등의 참여·후원이 이루어지고 문화재의 또 다른 화재 피해가 없도록 문화재의 안전관리 차원에서 소화기 기증, 불꽃탐지기·CCTV 설치, 방염제 처리 등 지원방식이 확대되기도 하였다.

다음은 문화재가 새로 지정되거나 가치가 재조명되는 경우가 있다. 예를 들어 세계유산에 등재가 되면 사회적으로 큰 관심을 받는다. 언론에서는 등재된 세계유산이 얼마나 중요한지, 어떻게 보존되고 전승되어 왔는지, 주요한 관람·관광 포인트가 무엇인지 등 다양한 소개가 이어지고 정부와 지자체에서는 국가와 지역문화의 대표 브랜드로 내세우면서 문화관광의 메카로 활성화시키기 위한 각종 정책과 행사가 많아진다. 정부·지자체 외에 전문기관과 NGO 등도 보다 체계적이고 품격 있는 세계유산 보호를 위해 다양한 활동에 참여하게 되며 기업 입장에서는 새로운 사회공헌의 수요가 늘어나게 되는 것이다. 세계유산 체험을 위한 교육·행사, 홍보를 위한 홍보물 제작과 해설사 양성, 관람객 편의시설을 위한 쉼터·수유실·안내판의 개선(설치) 등과 함께 추가적인 복원, 정비 사업 등에도 참여할 수 있을 것이다.

대한제국 황실음식문화 재현 및 콘텐츠 개발 협약식
대한제국 건국 120주년을 기념하여 신세계조선호텔, 배화여대, 문화유산국민신탁, 문화재청이 협력하여 황실음식문화 연구, 재현 등의 문화재지킴이 사업 진행

경주 지진피해 문화재 복구 지원 협약식
KT&G, 문화재청, 문화유산국민신탁이 협력하여 지진피해를 입은 고도보존육성지구의 전통한옥을 지원

또한 문화재와 관련된 역사적인 기념일(기념해)도 문화재 사회공헌 사업과 연결할 수 있다. 예를 들어 숭례문 방화를 계기로 문화재의 안전과 문화재 사랑의 인식 개선을 위해 마련된 날이 문화재 방재의 날(2월10일)이다. 이 날은 화재 대비 소방훈련, 전기·가스·소방시설의 안전점검 등을 실시하고 있는데, 기업은 문화재 안전관리와 관련된 안전점검의 재능기부, 소방시설의 장비·물품 기증 등을 할 수 있다. 다음으로 역사적인 기념일과 연결해서 보면, 최근에 광복70주년(2016), 대한제국 건국 120주년(2017)을 맞이하게 되었다. 지나온 역사의 기록과 흔적은 문화재에 담겨지기 때문에 과거를 공유하고 체험하면서 과거의 역사성을 온전히 지켜가는 방법 중에 하나가 문화재 보호와 연결된다. 그래서 광복절의 역사적 의미와 시대정신은 독립운동과 관련된 문화재와 유물을 보존하고 활용하는 것으로 확장될 수 있다. 또한 근대 자주국가의 출발을 알린 대한제국의 건국 120주년 기념은 대한제국과 관련된 덕수궁·환구단 등의 유적지 보호 활동과 함께 대한제국 시기의 근대 문화와 관련된 다양한 문화재와 유물을 보존하고 체험할 수 있다. 광복과 대한제국 건국의 기념은 문화재라는 창구를 통해 지나온 역사를 기억하고 기념하는 대상에 머물게 하지

않고, 현재와 소통하고 공감하는 사회공헌 활동을 가능하게 한다. 예를 들어 광복70주년을 맞이해 스타벅스에서 대표적 독립운동가 백범 김구 선생의 유물을 구입·기증하고 문화상품으로 기획해서 독립운동의 뜻과 의미를 공유하는 사회공헌 사업으로 운영하였다. 대한제국 건국 120주년을 맞이해 신세계조선호텔은 관계기관과 함께 대한제국 황실의 서양식 연회음식을 실제로 재현하는 활동을 하였다.

이외에도 영화, 책, 예능 프로그램 등을 통해서 관심을 받게 된 역사적 사건, 인물, 유적지 등도 사회공헌 사업과 연결될 수 있다. 예를 들어 영화 '명량'이 인기를 끌면서 이순신에 대한 관심이 더욱 커지고 이순신·임진왜란과 관련된 역사적 장소와 문화재가 부각되기도 하였다. 기업 사회공헌과 연결시켜 유적지를 정비하고 안내판·편의시설 등의 관람서비스를 개선할 수도 있고 유적지 탐방과 역사체험교육을 통해 이순신의 리더십과 역사체험을 배우는 기회를 제공할 수도 있다.

기획요소와 실행방안

우선 본격적인 전략적 기획요소와 실행방안을 살펴보기 전에 문화재 사회공헌의 참여·후원의 영역을 넓게 보는 시각이 필요하다. 기업은 문화재 보존관리의 영역을 넘어서 문화재의 가치를 높이고 문화재를 통해 문화향유 기회를 확대하는 활용 분야까지 다양한 사회공헌 활동을 할 수 있다. 물론 대개의 기업들은 문화재 보존관리 분야를 선호한다. 회화·불상·도서 등의 보존처리 또는 옛 고건축의 내외부를 보수정비하거나 문화재를 환수하는 활동은 문화재와 직결된 보호 방법이기에 기업 내부나 사회적으로 관심과 지지를 얻기에 수월하다. 그런데 문화재의 가치를 높이고 문화향유의 기회를 확대하는 활동도 중요하다. 예를 들어 전시, 공연,

교육, 체험 등의 행사를 후원하는 것은 이벤트성 행사 협찬이 아니라 문화재의 가치를 공유하는 것이며 안내판, 쉼터, 수유실, 관람로, 장애인 휠체어 등의 관람 편의시설을 설치·개선하는 지원은 관람서비스 환경을 향상시키는데 도움을 준다. 그리고 문화재 관리용 차량·중장비 등은 문화재 현장의 관리 운영을 지원하기 때문에 문화재의 가치를 유지하는데 도움을 준다. 그래서 문화재의 직접적인 보존관리뿐만 아니라 문화재 보존관리를 위한 운영과 서비스, 환경 개선과 함께 문화재의 가치를 공유하고 확대하는 분야로 시야를 넓혀 다양한 문화재 사회공헌의 참여와 후원을 고려해 보는 것도 중요하다.

전략적 기획과 관련해서 먼저 기업의 비전, 목표, 철학, 사업 분야 등의 연결성을 고려해 볼 수 있다. 예를 들어 '한독'은 건강과 관련된 기업의 활동과 목표를 가지고 있기에 건강과 문화재를 연결시켜 보호 대상을 무형문화재로 정하고서 인간문화재의 건강증진을 후원하고자 종합건강검진 등을 무료로 지원하고 있다. '포스코'는 철강업과 연결시켜 철제로 된 문화재의 보존처리(증기기관차)와 철 재료를 활용한 무형문화재의 작품을 제작하는데 후원하고 있다. '한컴'은 한글 워드프로세서를 개발·운영하는 기업으로서 한글 창제에 기여한 세종대왕의 업적을 기리고자 세종대왕을 모신 왕릉의 보존관리와 관람 편의시설을 후원하고 있다.

다음은 기업과 관련된 보유자원, 지역, 고객, 사회공헌 등과 접목하여 사회공헌을 기획할 수도 있다. 예를 들어 기업의 사업 분야로 '한화호텔&리조트'는 골프장 사업과 연결된 잔디관리 기술·장비·인력을 후원하여 세계유산 '조선왕릉'의 잔디를 관리하고 있다. 지역적 기획 요소와 관련해서 기업의 본사, 지역사무소 등과 연결시켜 후원과 자원봉사 활동을 실시하기도 하는데 '신한은행'은 본사 가까이에 있는 숭례문을 보호하고 지역별 은행지점은 지역의 주요 문화재 보호에 참여하고 있다. 또한 '라이엇 게임즈'는 주 고객인 청소년에게 문화재 체험 기회를 제공하기 위해 문화재 관련 체험교육 프로그램을 후원하고 있다. 그리고 기존 사회공헌 활동 분야를 확장시키는 방식으로 새롭게 문화재 분야를 추가하거나 기존의 사회공헌 활동 대상을 문화재 분야와 접목할 수도 있다. 예를 들어 동물보호와 관련된 사회공헌 사업을 진행해 오던 하림은 문화재(천연기념물)로 지정된 독수리에게 먹이를 제공하는 사회공헌을 실시해 기존의 동물 분야 사회공헌 대상을 확장하였다.

문화재 사회공헌의 전략적 기획 요소와 적용

기획 요소	기획 내용 및 사례
비전, 목표, 철학	건강 (기업 비전) + 무형문화재 보호 ⇒ 무형문화재의 건강을 지키며 문화재 보호 기여 * 한독 / 무형문화재 무료 건강검진 후원
사업 분야	철강업 (기업 활동) + 문화재 보호 ⇒ 금속 분야 문화재의 보존과 지원 * 포스코 / 철제 문화재 보존처리(증기기관차), 금속공예 분야 무형문화재(제작 · 전시) 후원
사회공헌	동물복지 (사회공헌) + 문화재 보호 ⇒ 문화재 중 천연기념물(동물) 분야의 후원 참여 * 하림 / 천연기념물 독수리 보호를 위해 독수리 먹이(닭고기) 후원
보유 자원	리조트업 장비 · 기술 · 인력 (기업 보유 자원) + 문화재 보호 ⇒ 골프장 잔디관리 기술로 왕릉의 잔디 관리를 지원 * 한화호텔&리조트 / 세계유산 조선왕릉 잔디 관리 후원
사업장	기업의 본사사업장 · 공장 · 대리점 등 지역연계 + 문화재 보호 ⇒ 지역단위 전 직원의 문화재 봉사 및 후원 참여 * 신한은행 / 문화재봉사단 운영 및 지역 영업지점별 문화재 보호 참여
고 객	청소년 (주요 고객층) + 문화재 보호 ⇒ 청소년 대상 문화재 체험교육 및 참여 이벤트 후원 * 라이엇 게임즈 / 청소년 문화재체험 및 예절교육 후원, 문화유산정찰대 프로젝트
제 품	제품의 특성(대중성) + 문화재 보호 ⇒ 문화재 홍보를 위한 제품과 문화재 소재의 결합 (문화연출) * 동서식품 / 백제금동대향로 + 커피믹스 포장상자 (백제역사유적지구 세계유산 등재 기념) * 스타벅스 / 백범 김구 친필휘호 + 텀블러 (광복70주년 기념)

기업과 문화재와의 연계성을 고려한 방법론적 차원에서 후원과 참여 방식을 기획하는 일도 중요하다. 우선 기업이 지원할 수 있는 보유 자원을 확인하는 일이다. 보유 자원은 직접 지원과 간접 지원으로 구분할 수 있는데, 직접 지원 가능한 보유 자원은 기부금과 현물 제공이 있으며 기부금은 기업의 예산, 직원들의 모금, 기업과 직원의 매칭펀드 조성, 제품·서비스의 수익금 등의 방식으로 기부금을 조성하여 지원할 수 있다. 이외에도 기술과 장비를 지원할지, 직원들의 재능기부 또는 자원봉사로 참여가 가능한지 등을 확인하는 것이 중요하다.

그리고 간접적인 지원은 기업 안에서 홍보·마케팅·인사·제품 연계 등 다른 부서와의 협력을 통해 협조·지원이 가능한 자원을 확인하는 일이며 홍보매체 및 현물(제품) 지원, 자원봉사 인증 등을 연결시켜 참여·후원의 폭을 확대할 수 있다.

기업의 활용 가능한 모든 보유자원을 각각의 특성에 따라 자원별로 활용을 할 수 있지만, 이들 자원을 단계적 또는 종합적으로 폭넓게 활용할 수도 있다. 예를 들어 기부금(사회공헌·마케팅 등 예산, 제품 판매 수익금, 직원 모금 등)을 전달하면서 직원들이 재능기부와 자원봉사로 문화재 환경정화 활동에 참여할 수 있다. 자원봉사에는 직원만이 아니라 직원 가족·협력사·고객 등이 함께 참여할 수 있고 자원봉사와 함께 문화재 체험교육 프로그램도 병행하면 유익한 문화향유 기회도 제공할 수 있다. 그리고 기부금 전달, 재능기부·봉사, 교육 등의 활동과 함께 SNS(소셜네트워크)를 통해 관련 문화재를 홍보할 수도 있고 홍보 과정에서 온라인 이벤트 행사를 연결시켜 사람들의 관심과 참여를 추가로 이끌어내는 것도 가능하다.

참고로 문화재 사회공헌은 참여·후원 활동 자체만으로도 의미 있는 일이며 사회적 관심을 받는 활동이지만, 이와 더불어 수혜를 받는 문화재도 함께 관심이 커진다. 문화재에 대한 관심은 문화재와 문화재를 둘러싼 인물·사건 등의 역사문화적 배경에 대해 궁금증을 갖게 하며 직접 현장을 방문하고픈 생각을 키운다. 사회공헌 활동이 부가적으로 문화재 홍보와 체험교육 참여에 기여하는 셈이 된다. 한편 이러한 문화재 사회공헌의 특성 때문에 기업에서는 어떠한 문화재를 대상으로 참여·후원할지 많은 고민을 하게 된다. 그런데 소위 유명한 문화재만을 대상으로 선택하다보면 유명세 때문에 기업들의 참여가 집중되면서 다른 기업의 사회공헌 활동과 중복되어 차별성도 없고 사회적인 관심과 반응이 떨어질 수도 있다. 반대로 관리의 손길이 미치지 못하거나 문화재로 지정되지 않았지만 문화재적 가치를 지닌 미지정문화재에 후원함으로서 사회공헌 활동이 더 큰 의미를 가질 수도 있다. 유명하거나 대중적인 문화재 대상이 사회공헌 측면에서는 긍정과 부정의 양면성을 가질 수 있음을 고려해 볼 필요가 있다.

● 파트너 기관 선정 및 협력

사회공헌 담당자들은 사회공헌의 주요 성공요인으로 전문성 확보, 전문기관과의 파트너십을 손꼽는다. 전문성 확보를 위해 담당자의 전문 역량을 높이거나 전문인력을 채용할 수 있다. 기업 내부에 사회공헌 전담조직을 구성하거나 외부에 별도의 재단을 꾸려서 운영할 수도 있다. 그런데 전문화된 직원·조직·재단만이 완전한 해결책은 아니다. 다양한 사회공헌 분야의 전문성을 모두 확보하기도 어렵고 세세한 운영까지 직접 담당하기에는 부담감도 크다. 또한 사회공헌 사업에 필요한 자원·인력·시설 등을 기업 자체적으로 모두 동원하기도 쉽지 않다. 결국 사회공헌의 전문성을 심화시키며 운영의 효율성과 성과를 높이고 새로운 사업영역의 확장을 위해서 전문기관과의 파트너십은 중요하다.

파트너 대상기관으로 사회공헌의 정보 제공과 사업개발·기획 등을 전문적으로 진행하는 사회공헌 전문기관이 있고 해당 분야와 관련 있는

NGO·사회복지기관, 정부·지자체 등이 있다. 문화재 사회공헌 관련 파트너 기관은 정부기관으로 문화재행정업무를 총괄하는 문화재청이 있고 지역 단위로 지자체(문화재 담당부서), 문화재단 등이 있다. 전문기관으로 한국문화재재단, 문화유산국민신탁 등이 있으며 또한 NGO기관으로 문화재보호 관련 민간단체 연합회인 한국문화재지킴이연합회 외에 아름지기, 예올, 한국내셔널트러스트문화유산기금 등이 기업과 파트너십을 맺고 다양한 문화재 사회공헌 활동을 진행하고 있다. 참고로 문화예술 기관에서도 공연·전시·교육의 한 분야로 무형문화재 공연·전시, 문화재 체험교육 등을 진행하고 있다.

파트너 기관의 역할은 기획과 운영에 직접 참여하거나 간접적으로 사업운영에 협조 또는 지원 형태로 참여하는 방식이 있다. 파트너 기관을 선정할 때에는 파트너 기관의 활동영역과 특성, 장점 등을 우선적으로 고려하며 문화재의 특성상 문화재를 소유하거나 관리하는 주체의 협조와 참여가 필요하기에 소유·관리자와의 네트워크가 잘 형성된 기관이 중요하다. 또한 단일 기관과 파트너십을 맺어 신속한 의사결정과 집중도 있게 사업을 진행하는 것도 중요하지만 사회공헌 활동의 효율성과 홍보 및 자원동원의 확장을 위해서 다양한 기관과 파트너십을 맺어 참여와 역할을 분담하고 내실 있게 진행하는 방식도 필요하다.

3. 또 다른 전략적 접근

● 기업이 만든 문화재도 보호하자

기업이 만든 문화재를 보호한다? 무슨 말일까? 이 말은 문화재를 만드는 주체가 누구인지부터 설명할 필요가 있다. 문화재는 문화의 산물 중에서 보존가치가 있는 것을 대상으로 하는데, 문화(재)를 만들고 공유하는 주체는 사람들이다. 기업 역시 사람들이 모인 또 하나의 사회이며 기업이 만든 상품들은 그 시대의 과학 · 기술, 사회현상 등을 반영하고 있어서 또 다른 유형의 문화 산물로 볼 수 있다. 또한 새로운 기술의 도입, 기술 향상의 과정과 그 결과로 얻게 된 제품과 서비스는 사람들의 삶과 사회 변화에 많은 영향을 주며 새로운 문화양식을 만들어내기도 한다. 그래서 사회적 변화와 문화양식을 반영하는 기업의 상품은 시대를 읽어내는 중요한 문화코드이며 문화자산이 될 수 있다. 결국 기업이 만든 상품은 기업의 입장에서 보면 수익창출을 위한 경제적 가치의 산물이지만 좀 더 넓게 사회적으로 보면 문화적 가치를 담고 있는 문화산물이기도 하다. 그래서 기업이 만든 제품도 보존할 가치가 있다면 문화재가 될 수 있으며, 가치 있는 기업의 제품을 잘 보존하고 관리하는 것은 또 다른 유형의 문화재 보호에 기여하는 활동이 된다.

구체적으로 문화재가 된 기업 제품들은 대개 문화재 유형 중 등록문화재에 속한다. 등록문화재는 지정문화재가 아닌 것 중에서, 근현대시기의 문화양식을 대표하며 보존 가치가 있는 대상을 말한다. 우리나라의 기업들도 창업의 역사가 오래되면서 기업 제품들이 당대의 사회현상과 기술 발전을 대표하는 상징성을 가지며 다양한 문화적 가치를 담아내어 등록문화재로 등록된 사례가 있다. 예를 들어 금성사(現 LG전자)의 라디오·세탁기·흑백TV·냉장고 등이다. 라디오·세탁기·냉장고·텔레비전은 세상을 바꾼 발명품으로도 잘 알려져 있다. 과학기술의 발달과 함께 기업의 대량

생산 시스템을 통해서 가전제품은 사람들의 삶의 방식을 바꾸고 사회 변화를 이끌어 왔다. 이러한 발명품들은 서구에서 먼저 만들어지고 보급되면서 우리나라에도 전해졌는데, 국내에서 처음 만들어낸 가전제품들이 국내의 생활문화와 미디어 혁신을 본격적으로 가속화 시키는데 기여한 점, 그리고 기술축적과 산업발전의 중요한 대표성과 상징성을 갖기 때문에 문화재로서의 가치를 인정받게 된 것이다. 이외에 삼성전자의 64K D램도 등록문화재이다. 국내 최초이며 세계에서 세 번째로 만든 상용 반도체로 기술 선진국의 진입과 함께 정보사회의 본격적인 도약에 기여한 가치를 인정받고 있다. 현대자동차의 포니1도 국내에서 처음 만든 고유 상용차 모델로서 등록문화재이다.

그런데, 몇몇 사례를 제외하면 문화재급의 기업 제품을 찾기가 쉽지 않다. 기업의 역사가 오래되고 더 많은 국산화와 산업기술의 발전 단계를 보여주는 제품이 있을 법한데, 거의 초기 제품들은 시대에 뒤떨어진 폐물로 취급되거나 성장과 발전에 목표를 두다보니 과정과 단계별 성과물들의 중요성을 잘 인지하지 못하는 경우가 많다. 어쩌면 연구실과 창고에서 버려져 있거나 누군가의 소장품으로 간직되어 아직 세상에 알려지지 않았을 수도 있다.

예를 들어, 혁신의 시작이었지만 그 가치를 알지 못하고 뒤늦게 초기 제품을 찾기 위해 현상금까지 걸게 된 유명한 사례가 있다. 바로 '아래아한글 1.0 패키지'이다. 한글은 우리의 생각과 말을 표현하는 문자로서 가장 소중한 문화자산 중 하나이다. 한글 창제와 한글의 사용은 그 자체로 역사성과 가치를 갖는다. 그런데 우리가 사는 디지털 시대에는 한글문서 소프트웨어가 또 다른 역사성과 가치를 담고 있다. 대표적인 워드프로세서로 '아래아한글' 프로그램이 있다. '아래아한글'은 1984년 '아래아한글 1.0'의 개발을 시작으로 한글을 디지털 문자코드로 완벽히 구현해 한글의 디지털화와 정보사회 발전에 기여했다고 평가 받는다. 또한 '아래아한글'

국립한글박물관은 한컴의 한글1.0버전을 찾기 위해 포상금을 내걸기도 하였다.

은 한글 사랑의 국민 정서와 연결되는 소프트웨어이기도 하다. 1998년 '아래아한글' 개발사인 한컴이 MS에 매각되고 '아래아한글' 개발을 포기한다는 사실이 알려지자 한글지키기 운동이 일어나고 국민주 모금과 기업 후원금으로 한컴을 회생시키기도 했다. 이렇듯 '아래아한글'은 디지털시대의 산업발전과 함께 한글 사랑의 대표성을 보여주기 때문에 그 역사적 행보의 첫발을 내딛었던 '아래아한글 1.0'은 문화재적 가치를 갖고 있는 것이다. 그런데 귀중한 '아래아한글 1.0 버전'은 아직 직접 볼 수 없다. 소프트웨어의 특성상 초기 버전은 오류가 많아서 곧 이어 수정버전 개발이 진행되어 첫 개발품의 가치를 인지하지 못한 점과 함께 당시 컴퓨터 보급률이 높지 않아서 구매·소장한 사람들도 적기 때문에 찾기 힘든 상황이다. 이렇다보니 한글박물관에서는 1.0 버전을 찾는 포상금까지 걸게 되었다.

'아래아한글 1.0' 워드프로세서의 사례는 특정 제품만의 문제가 아니다. 그 동안 많은 기업과 산업 전반에서 개발과 성과를 향해 앞만 보고 달리다보니 해당 분야의 시작과 새로운 도약을 상징하던 제품들이 사라지는 우리네 사회 현상의 한 단면을 보여주고 있다. 최근에는 문화재적인 관점뿐만 아니라 기업과 산업 분야의 자료 보존관리 중요성 차원에서 과거의 제품을 찾고 복원하기 위한 노력들이 나타나고 있다. 예를 들어 국내 온라인게임의 서막을 연 '바람의 나라'는 1996년 처음 출시된 이래 지금까지 서비스되고 있는데, 게임 아카이빙의 중요성을 인식하면서 디지털 콘텐츠의 역사성 복원을 위해 1996년 초기 버전을 2014년에 복원한 사례가 있다.

'바람의 나라' 1996 버전
넥슨컴퓨터박물관 홈페이지 참조

개인에게 지나온 과거는 삶의 기억이자 추억이기도 하다. 머릿속에 남겨진 기억보다는 일기장과 같이 그 때의 기록이나 추억이 담긴 물건을 통해 더 선명하게 과거를 떠올릴 수 있다. 개인을 포함해 가족·학교·기업 등 다양한 사회 주체가 남긴 기록과 물건 등은 하나하나가 모여 집단적 기억과 경험을 담은 매체가 되며 소중한 문화자산이 될 수 있다. 기업 역시 사회 구성원의 한 주체로서 산업분야를 중심으로 기억과 경험 그리고 기술적 진보와 문화양식을 남겨왔다. 기업이 만들어낸 제품을 상품적 가치로만 보지 말고 사회적 가치, 문화적 가치로 볼 필요가 있다. 오래된 상품이 아니라 기술적 진보와 역사성을 담은 문화자산으로 인식하는 것이다.

기업 안팎에서 잠자고 있을 오래된 제품·장비 등을 꺼내어 새로운 가치를 부여하고 아카이빙을 통해서 체계적인 제품의 관리와 활용이 필요하다. 이러한 작업은 오래되고 낡은 제품을 미래적 가치가 담긴 오래된 미래로 탈바꿈시키는 과정이 된다. 작게는 기업의 역사와 문화재를 가꾸는 일이 되며 더 나아가서는 산업분야의 지역적·국가적 문화자산이 될 수 있다. 결국 모두를 위한 문화재 보호의 길이 되며 한편으로는 역사와 전통을 기반으로 한 기업의 브랜드 가치를 높이고 차별화된 기업만의 사회공헌으로 발전시킬 수도 있다. 지금부터라도 개발 초기 또는 중요한 산업 발전단계의 제품, 제품 생산에 사용된 기계, 관련 행정자료와 데이터, 포스터 등의 홍보 자료 등을 찾아내는 문화재 보호의 길을 가는 것은 어떨까?

사회공헌 방법에 차이는 없다. 현금 · 현물 기부도 중요하다.

기업 사회공헌의 차별화 전략과 함께 사회적 기여와 기업마케팅의 두 마리 토끼를 잡을 수 있는 공유가치창출(CSV) 유형의 사회공헌이 관심을 받으면서 현금·현물 등을 기부하는 사회공헌은 상대적으로 저평가되는 경향이 있다. 기업이 돈으로 기업 이미지를 포장한다든지, 기업의 잘못을 덮기 위한 방편으로 손쉽게 기부금을 낸다든지, 사회공헌 전략이 없어서 기부로 사회공헌을 대충 해결한다든지 등등 현금·현물로 기부하는 것에 대한 사회적 인식이 곱지 않을 때가 많다. 그리고 단순한 기부보다는 기업의 경제적 가치도 함께 창출되고 기업의 전문기술이 접목된 재능기부도 이루어질 때 전략적인 사회공헌이며 사회공헌 담당자가 제대로 일을 한다고 인식하는 경향도 강하다.

과연, 기부 형태의 사회공헌은 미흡하고 부족한 사회공헌의 방법일까? 기업의 경제가치 창출, 전문성 연계, 캠페인 등으로 확장될 수 있는 소위 전략적이며 차별화된 사회공헌은 기업이나 사회적인 측면에서 보면 중요하다. 수익과 홍보 측면에서 기업의 이해관계와도 맞아 떨어져 기업 입장에서 더 관심이 가기도 한다. 하지만 수혜자 입장에서 보면 기부를 통해 직접적인 혜택을 받는 것이 더 중요할 수도 있다. 그리고 환경·재해·복지·문화·인권 등의 사회문제 해결과 공공이익 창출을 위해서 정부·지자체·국제기구·NGO 등의 자체 예산만으로 해결하기 어려운 과제들이 많이 있다. 기부활동의 강점은 사회문제 해결과 공공이익 창출을 위한 부족한

자원을 보충해주면서 새로운 패러다임을 만들어 가는데 필요한 기반과 동력이 될 수 있는 장점이 있다.

경영전략 중에 기업의 약점을 보완하기보다는 조직역량의 강점을 적극적으로 활용하는 것이 기업의 성장과 변화에 중요한 역할을 한다는 전략이 있다. 기업의 강점을 활용하는 경영전략은 사회공헌에도 적용될 수 있을 것이다. 기업은 본연의 역할이 이윤창출이며 경영활동으로 얻게 된 수익의 일부 또는 보유자원을 사회에 환원·공유할 수 있는 큰 장점을 가지고 있다. 그리고 어떠한 사회조직보다도 기업의 기부활동은 사회적 책임과 공헌에 이바지할 수 있는 기업만의 강점이기도 하다. 기부방법의 사회공헌을 저평가하기 보다는 필요한 곳에 올바르게 사용되는지를 정확히 파악하고 점검해서 최선의 효과를 얻을 수 있도록 노력하는 것이 사회공헌의 효과를 높일 수 있는 방법일 것이다. 사회공헌 접근방식에 대한 선호보다 각각의 활동이 다 필요하다는 인식을 가지고 운영 효과를 극대화시키는 방법을 찾는 것이 더 중요하기 때문이다.

● 문화재마케팅, 문화재를 중심에 둔 문화마케팅이어야 한다.

사회공헌을 기획할 때, 기업 입장에서는 공익적 효과와 기업의 혜택도 함께 기대하게 된다. 기업과 브랜드의 이미지와 평판이 좋아지고 홍보에도 도움이 되기를 바라는 것이다. 이러한 기대는 최근에 공유가치창출(CSV), 공익연계마케팅 등으로 불리며 사회 공익성과 기업 비즈니스 모두에 기여할 수 있는 사회공헌 전략이 주목받으면서 더 커지게 되었다.

그런데 기업의 사회공헌 활동과 혜택에 대해 사회적 시선이 곱지만은 않다. 경영진과 경영상의 잘못된 행위를 감추거나 기업 홍보가 주목적이라고 보는 시각이 크다. 점차적으로 부정적인 시각이 개선되고 있지만 현장의 기업 사회공헌 담당자들은 좋은 일을 하고도 제대로 인정받지 못한다고 아쉬움을 표하기도 한다. 기업의 부정을 희석시키고 홍보 목적만을 위한 사회공헌은 비판받아 마땅하지만 공익을 위한 참여와 지원은 올바르게 평가하고 좋은 결과에 대해서는 지지를 보낼 필요가 있다.

그렇다면 문화재 사회공헌으로 얻게 되는 기업의 혜택은 무엇일까? 먼저 사회공헌을 통해 얻게 되는 부가적 혜택이 있다. 문화재를 보호하는 사회공헌 활동 과정과 그 결과를 통해서 얻게 되는 효과를 말한다. 문화재 보존관리의 참여와 후원은 문화재의 원형과 가치를 보존하는 일이기에 활동 그 자체로서 기업의 이미지 개선과 홍보 효과에 도움이 된다. 또한 문화재 관련 안내판·편의시설 개선과 시설관리용 장비를 기증하게 되면 후원 대상과 후원 안내 문구를 통해 기업의 이름을 남길 수 있기 때문에 지속적으로 역사적인 장소에 기업 후원의 역사가 기록되니 이 역시 기업 이미지 개선과 홍보에 효과가 클 것이다. 문화재 환수와 같이 사회적 이슈가 큰 후원활동은 기업 고객을 넘어 사회 전반적인 지지를 얻을 수 있어서 기업의 이미지와 평판에 상당히 긍정적인 효과를 얻을 수 있다.

부가적인 혜택 이외에 문화재를 활용한 문화마케팅 방식으로 얻게 되는 혜택도 있다. 문화마케팅은 문화를 활용해 기업의 홍보와 이미지를 개선함으로서 기업의 가치와 경쟁력을 높이는 마케팅 전략이다. 문화향유·문화소비·한류 등의 트렌드에 발맞추어 문화마케팅의 효용성과 사회적 관심은 더욱 커지고 있는데, 특히 문화양식의 대표성과 전통적 요소를 담고 있는 문화재는 문화마케팅의 주요 대상으로 주목받고 있다. 그런데 문화재를 소재로 한 문화마케팅은 기업 입장에서 상당한 부담과 접근 방식의 어려움을 안고 있다. 문화재는 역사의식·정체성·자긍심 등과 연결되어 공공적 가치가 크며 대표적인 역사문화의 상징물로 인식되기 때문에 사회적으로 기업 등의 사적 이익이 침범하는 것을 상당히 경계하는 경향

이 많다. 또한 기업의 후원을 표기하는 방식도 보수적이다. 후원 표기가 마치 기업이 문화재의 공적 가치를 독점하는 듯한 인상을 줄 수 있고 후원·기증 안내판이 문화재(시설물)와 미관·경관상 조화롭지 않으면 전체 문화재 분위기를 해치는 역기능을 우려하기 때문이다.

이러한 배경에서 문화재를 활용한 문화마케팅은 일반적인 문화예술 분야의 문화마케팅과 다르게 인식하고 접근하는 방법이 필요하다. 대개의 문화예술 관련 문화마케팅은 문화예술 단체의 지원을 통해 대중적인 문화향유를 확대하면서 기업의 이미지·홍보를 높이는 마케팅 효과를 얻고 있다. 문화재 분야의 경우, 지원 받는 단체와 수혜 받는 사람들(관람객)뿐만 아니라 문화재 자체에 대한 공익적 기여가 중요하다. 다시 말해 문화재를 중심에 둔 공익형 문화마케팅이 되어야 하며 문화재의 보존과 홍보, 가치 창출에 기여하는지가 중요하다. 문화재 보호의 공익성이 담보되지 않으면 부가적인 기업 혜택, 관람객 문화향유 등의 효과가 퇴색되거나 오히려 역기능이 작용되어 반감을 불러일으킬 수도 있다.

문화재 중심의 공익형 문화마케팅의 중요성을 보여주는 하나의 사례가 있다. 비슷한 조건과 상황으로 보여질 수 있지만 전혀 다른 결과를 낳기도 한다. 예를 들어, A기업은 세계적인 명품 브랜드 회사였다. 세계적인 장소에 유명한 모델들과 함께 패션쇼를 열었던 경험을 갖고 한국을 대표하는 장소로 궁궐을 선택하였다. 궁궐의 품격과 명품 브랜드의 가치를 연결시켜 궁궐에서 패션쇼를 개최하고 싶은 기대가 컸었다. 그리고 문화재 보호를 위한 거액의 후원금을 낼 의사도 갖고 있었다. 하지만 열망했던 A기업의 패션쇼는 궁궐에서 열지 못했다. 그 이유는 무엇일까? 궁궐이 가진 역사성과 문화재적 가치를 중심에 두지 않고 기업의 마케팅에 중심을 두다보니 궁궐은 문화재가 아니라 단순한 행사장처럼 비춰졌고 A기업이 문화재를 이용한다는 부정적인 이미지 때문에 결국 패션쇼 개최에 실패한 것이었다.

반대로 외국계 기업이지만 문화재를 이용하는 것이 아니라 문화재를 중심에 둔 활동은 자연스럽게 기업의 이미지를 높이는데 기여하는 마케팅 효과를 얻기도 한다. 예를 들어 라이엇 게임즈는 문화재 환수를 비롯해 교육, 보존처리 등 문화재 보호 활동에 지속적인 참여와 후원이 이루어지면서 라이엇 게임즈의 기업 이미지 향상과 함께 국내 기업에게 더 적극적인 문화재 사회공헌 참여가 필요하다는 메시지를 전달하는 사회적 효과를 형성하기도 하였다. 그리고 에르메스는 장인정신을 중시하는 기업 철학과 접목한 인간문화재의 작품 활동을 지원하여 문화재 사회공헌의 효과와 함께 장인정신에 기반한 기업의 가치를 더욱 견실하게 구축하는 효과도 얻을 수 있었다.

사회공헌 방식이든 문화마케팅 방식이든 문화재 분야의 기업 참여와 후원은 기업보다 문화재에 중심을 둔 공익형 사업 기획이 중요하다. 문화재 분야의 특성만이 아니라 점차 기업의 사회적 책임과 공익활동에 대한 사회적 기대가 높아지는 상황을 종합적으로 고려할 때 공공성 중심의 기업 사회공헌은 다른 무엇보다 중요한 전략적 기획요소가 될 것이다.

부 록

참고 자료

- 문화재청, 문화재연감(2014~2015)
- 문화재청,『통계로 보는 문화유산 2016』
- 문화재청, 2014,『한문화재 한지킴이 활동 안내서』(개정)
- 문화재청, 2011,『기업의 문화재 분야 사회공헌 활성화 전략 컨설팅』
- 문화재청, 2010,『문화재를 가꾸는 아름다운 사람들-한문화재 한지킴이 활동백서』
- 문화재청, 2007,『문화재 보존을 위한 민간참여 운동의 현황과 과제』(국제 심포지엄)
- 장호수, 2011,『문화재학 이론과 방법』, 백산자료원.
- 장호수, 2012,『문화재 보존 활용론』, 민속원.
- 박동석, 2014,『문화재보호법』, 민속원
- 전국경제인연합회,『2016년 주요 기업 · 기업재단 사회공헌백서』
- 한국메세나협회,『2016 연차보고서』, 한국메세나협회
- 은재호 외, 2009,『한국의 협력적 거버넌스』, 대영문화사.
- 배지양, 2015,『기업 사회공헌활동, CSR의 이해』, 커뮤니케이션북스.
- 이경운, 2014,『기업 사회공헌활동 길잡이』, 책과나무.
- 윤홍근, 2015,『문화마케팅 입문』, 지식의 날개.
- 심상민, 2002,『문화마케팅의 부상과 성공전략』, 삼성경제연구소.
- 박태규 외, 2016,『한국의 제3섹터』, 삼성경제연구소.
- 강경환 · 조유진, 2016,『왜, 세계유산일까?』, 눌와.

사진 출처

|국립고궁박물관 27(상), 117(1줄_좌), 176(상), 250(좌), 251(좌)쪽 |국립무형유산원 46쪽 |국립중앙박물관 251(우)쪽 |국외소재문화재재단 119(좌), 249쪽 |대동문화재단 49쪽 |동서식품 99쪽 |라이엇게임즈 240~241, 243, 244, 253(모두), 255, 257, 259쪽 |마인드디자인 163(좌)쪽 |문화유산국민신탁 112(좌), 114, 254(모두)쪽 |문화재청 24, 25(좌), 27(하_좌,중), 28, 32(모두), 34~35(모두), 38, 43, 53(좌), 91(우), 94(모두), 119(우), 141(모두), 142, 148~149, 150, 160, 185, 188, 196, 210(모두), 222~223, 228, 236(우), 237, 247, 282(모두), 316, 332쪽 |바쉐린콘스탄틴 117(1줄 우, 2줄 모두)쪽 |삼성물산 53(우), 93(우), 96(우)쪽 |에스원탐지견센터 223(모두), 234, 236(좌)쪽 |스타벅스 113(모두), 294~295, 297, 299, 301(모두), 302, 304(모두)쪽 |신라문화원 89쪽 신세계조선호텔 112(우), 208~209, 211(모두), 213(모두), 214(모두), 217(모두), 219(모두)쪽 |신한은행 152(모두), 155(모두), 156, 157, 158, 161(모두)쪽 |아름지기 123(모두), 124(모두)쪽 |에쓰오일 190~191, 194, 197, 199(모두), 201(모두), 202, 203(모두), 205쪽 |문화희망 우인 163(우), 250(좌)쪽 |유네스코 21쪽 |장영기 21, 27(하_우), 91(좌), 96(좌), 286(모두), 314쪽 |제주축산진흥원 29쪽 |포스코 90(모두), 98(우), 100쪽 |하림 184쪽 |한국문화재재단 25(우), 29(하), 180~181쪽 |한국메세나협회 71쪽 |한국민물고기협회 143(좌)쪽 |한독 166~167, 173(모두), 174, 176(하)쪽 |한국만화영상진흥원 35(2번째)쪽 |한국전기안전공사 93(좌)쪽 |한화호텔리조트 12, 134~135, 136, 143(우), 144(모두), 146(모두), 310쪽 |LG생활건강 98(좌), 262~263, 265, 266, 268, 269(모두), 272(모두), 274(모두), 276(모두)쪽 |LG전자 278~279, 285(모두), 287, 290(모두), 291(모두)쪽 |LG하우시스 97쪽

* 이 책에 실린 사진은 대부분 저작권자의 사용 허가를 받았으나, 일부 저작권자를 찾지 못한 경우는 확인되는 대로 허가 절차를 밟겠습니다.

• <역사문화> 출간도서 - 조선의 왕실 시리즈

조선의 왕실 시리즈는 한국학이나 역사를 연구하는데 있어 인물 연구가 중요하면서도 기초적인 것이라는 것을 알면서도 연구의 작업량이 워낙 방대하여 누구나 손쉽게 접근하지 못한 면이 많았다. 이에 역사의 중심이자 핵심인 왕실의 인척 관계를 정리하고, 역사 속에서 커다란 역할을 했던 각 인물에 대한 정리를 하기 위한 기획 시리즈이다.

연번	도서명	출간일	가격	비고	연번	도서명	출간일	가격	비고
1	태조대왕과 친인척	1999년 2월 23일	8,000		27	중종대왕과 친인척 3	2001년 7월 27일	12,000	
2	정종대왕과 친인척	1999년 9월 21일	10,000		28	인종대왕과 친인척	2008년 11월 7일	15,000	
3	태종대왕과 친인척 1	2008년 8월 14일	15,000		29	명종대왕과 친인척	2002년 2월 28일	10,000	
4	태종대왕과 친인척 2	2008년 8월 14일	15,000		30	선조대왕과 친인척 1	2002년 10월 17일	11,000	
5	태종대왕과 친인척 3	2008년 8월 14일	15,000		31	선조대왕과 친인척 2	2002년 10월 11일	12,000	
6	태종대왕과 친인척 4	2008년 8월 14일	18,000		32	선조대왕과 친인척 3	2002년 8월 24일	11,000	
7	태종대왕과 친인척 5	2008년 8월 14일	15,000		33	광해군과 친인척 1	2002년 11월 25일	9,000	
8	태종대왕과 친인척 6	2008년 8월 14일	15,000		34	광해군과 친인척 2	2002년 11월 25일	9,000	
9	세종대왕과 친인척 1	2008년 8월 8일	15,000		35	인조대왕과 친인척	2000년 11월 30일	10,000	
10	세종대왕과 친인척 2	2008년 8월 8일	15,000		36	효종대왕과 친인척	2001년 3월 26일	10,000	
11	세종대왕과 친인척 3	2008년 8월 8일	15,000		37	현종대왕과 친인척	2009년 1월 24일	18,000	
12	세종대왕과 친인척 4	2008년 8월 8일	15,000		38	숙종대왕과 친인척 1	2009년 1월 24일	15,000	
13	세종대왕과 친인척 5	2008년 8월 8일	15,000		39	숙종대왕과 친인척 2	2009년 1월 24일	15,000	
14	문종대왕과 친인척 1	2008년 8월 8일	15,000		40	숙종대왕과 친인척 3	2009년 1월 24일	13,000	
15	문종대왕과 친인척 2	2008년 8월 8일	15,000		41	경종대왕과 친인척	2009년 1월 24일	13,000	
16	단종대왕과 친인척	2008년 8월 8일	15,000		42	영조대왕과 친인척 1	2009년 1월 24일	15,000	
17	세조대왕과 친인척	2008년 10월 6일	18,000		43	영조대왕과 친인척 2	2009년 1월 24일	12,000	
18	예종대왕과 친인척	2008년 11월 7일	15,000		44	영조대왕과 친인척 3	2009년 1월 24일	15,000	
19	성종대왕과 친인척 1	2007년 5월 23일	15,000		45	정조대왕과 친인척 1	2009년 1월 24일	15,000	
20	성종대왕과 친인척 2	2007년 5월 11일	14,000		46	정조대왕과 친인척 2	2009년 1월 24일	12,000	
21	성종대왕과 친인척 3	2007년 2월 26일	15,000		47	순조대왕과 친인척	2009년 2월 14일	18,000	
22	성종대왕과 친인척 4	2007년 2월 26일	14,000		48	헌종대왕과 친인척	2009년 2월 14일	12,000	
23	성종대왕과 친인척 5	2007년 2월 26일	13,000		49	철종대왕과 친인척	2009년 2월 14일	13,000	
24	연산군과 친인척	2008년 11월 7일	18,000		50	고종황제와 친인척	2009년 2월 14일	15,000	
25	중종대왕과 친인척 1	2001년 6월 23일	8,000		51	순종황제와 친인척	2009년 2월 14일	12,000	
26	중종대왕과 친인척 2	2001년 7월 11일	10,000		52	부록 - 색인집	2009년 2월 27일	15,000	